日本語能力試験 N3 に出る

日本語単語 スピード マスター

Quick mastery of vocabulary

In preparation for
the Japanese Language Proficiency Test

STANDARD 2400

英・中・韓 訳付き

倉品　さやか
Kurashina　Sayaka

Jリサーチ出版

はじめに

　もっと単語を知っていたら、いろいろ話せるのに……と思った
ことはありませんか？

　この本は、シリーズ前編の『日本語単語スピードマスター BASIC
1800』に続く、一つ上のレベルの単語集で、約2,400の語を取り
上げています。単語は、初中級や中級のテキスト、以前の日本語
能力試験の出題基準など、さまざまな資料を参考に、生活でどの
ように使われているかを考えて選びました。

　この本では、一つ一つの言葉をばらばらでなく、テーマごとに
整理しながら覚えていきますので、興味のあるユニットから始め
てください。それぞれの語についても、意味だけでなく、例文や
よく使われる表現、関係のある言葉なども一緒に学べるようにし
ています。

　例文は、会話文を中心に、日常よく使われる表現を紹介してい
ます。覚えたら、生活の中ですぐ役立つことでしょう。これら例
文が2枚のCDに収められていますので、単語や表現を覚えなが
ら、聞き取りや発音の練習もできます。電車の中や寝る前に使う
のもいいでしょう。どんどん活用してください。また、赤いシー
トを使って、どれだけ覚えたか、チェックしながら勉強を進める
ことができます。

　この本でたくさんの言葉を覚えて、たくさん話してください。

倉品さやか

この本の使い方

How to use this book ／本書的使用方法／이 책의 사용법

覚えておきたい基本語に □ をつけています。

A □ mark has been placed next to important basic words and expressions. ／
想要记住的基本词汇能脱口而出。／외워 두어야 할 기본어에 □을 달았습니다.

❷❹ □ **棚** (shelf／架子／선반)
　　　たな

▶これをあそこの棚に置いてください。
　　　　　　　　　　　　　　　お

(Please put this on the shelf over there.／请把这个放在那边的架子上。／
이것을 저곳의 선반에 두어 주세요.)

▶**本棚** (bookshelf／书架／책장)
　ほんだな

例文や熟語の例などを紹介します。
れいぶん じゅくご　 れい　　 しょうかい

Example sentences, idioms and phrases will be introduced. ／
介绍例句和熟语等。／예문이나 숙어의 예등을 소개합니다.

▶は、CDに音声が収録されています (▷は音声なし)。
　　　　　　　おんせい しゅうろく　　　　　　　　　 おんせい

A recording of ▶ is available on the CD (▷ is not recorded). ／
▶收录在 CD 里。(▷没有声音)。／
▶는 CD 에 음성이 수록되어 있습니다. (▷는 음성 없음)

□□□□で示した言葉と同じグループの言葉などを紹介します。
　　　　 しめ　 ことば　 おな

Words marked with a □□□ will be introduced along with other words in the
same group.／介绍□□□所表示的词语和与其同一组的词语。／□□□ 에서 표시한 말과 같은
그룹의 말등을 소개합니다.

同 **同義語** synonym ／同义词／비슷한 말
　 どうぎご

対 **対義語** antonym ／反义词／반대말
　 たいぎご

語 **会話で多い言い方** Commonly used conversational expressions ／
　 かいわ おお い かた　　 口语中经常使用的说法／회화에서 많이 쓰는 어법

て **ていねいな言い方** Polite forms ／礼貌的说法／정중한 말투
　　　　　　 い かた

もくじ Contents／目录／목차

PART **1**

テーマ別で覚えよう、基本の言葉

<ruby>別<rt>べつ</rt></ruby> <ruby>覚<rt>おぼ</rt></ruby>

<ruby>基本<rt>きほん</rt></ruby>の<ruby>言葉<rt>ことば</rt></ruby>

Basic words - memorizing by theme

基本单词—按话题分类记忆

테마별로 외우자, 기본적인 말

★ 例文は会話 表 現が中心で、短縮や変形など、話し言葉の特徴はそのままにしています。
<ruby>例文<rt>れいぶん</rt></ruby> <ruby>会話<rt>かいわ</rt></ruby> <ruby>表現<rt>ひょうげん</rt></ruby> <ruby>短縮<rt>たんしゅく</rt></ruby> <ruby>変形<rt>へんけい</rt></ruby> <ruby>話<rt>はな</rt></ruby>し <ruby>言葉<rt>ことば</rt></ruby> <ruby>特徴<rt>とくちょう</rt></ruby>
The example sentences focus mainly on conversational expressions. Abbreviations, spoken variations and other distinctive features of spoken Japanese are left as is. ／例句是以口语表达方式为中心，其省略、变形以及口语本身的特点无任何变化。／예문은 회화 표현이 중심이고 단축이나 변형등，회화체의 특징은 그대로 두고 있습니다．

★ 表記については、漢字とひらがなを厳密に統一していません。
<ruby>表記<rt>ひょうき</rt></ruby> <ruby>漢字<rt>かんじ</rt></ruby> <ruby>厳密<rt>げんみつ</rt></ruby> <ruby>統一<rt>とういつ</rt></ruby>
Orthography (whether a word is written in kanji or hiragana) has not been strictly standardized. ／关于书写方式，没有将汉字和假名进行那个严密的统一。／표기에 대해서는 한자와 히라가나를 엄밀하게 통일하지는 않았습니다．

UNIT **1**

時間・時
じ かん とき
(Time／时间·时候／시간·시)

---

❶ ☐ **昨日**て (yesterday／昨天／어제)　　　　　　　（同 きのう）
　　さくじつ

　▶ 昨日は大変失礼いたしました。
　　　たいへんしつれい
　　(I sincerely apologize for what happened yesterday.／昨天真是太失礼了。／어제는 무척
　　실례했었습니다.)

❷ ☐ **一昨日** (the day before yesterday／前天／그저께)
　　いっさくじつ

---

❸ ☐ **昨年**て (last year／去年／작년)　　　　　　　（同 去年）
　　さくねん　　　　　　　　　　　　　　　　　　　　　　　　　　　　きょねん

　▶ 昨年の春に入社しました。
　　　はる にゅうしゃ
　　(I joined the company in spring of last year.／去年春天进公司了。／작년 봄에 입사했습니다.)

---

❹ ☐ **しあさって** (three days from today／大后天／글피)

---

❺ ☐ **先々週** (the week before last／上上周／지 지난주)
　　せんせんしゅう

---

❻ ☐ **先日** (the other day／前几天／일전)
　　せんじつ

　▶ 先日はお忙しい中、ありがとうございました。
　　　いそが なか
　　(Thank you for taking time out of your busy schedule to assist me the other day.／前几天
　　在您繁忙的时候打扰您了,真是谢谢了！／일전은 바쁜 가운데 감사합니다.)

---

❼ ☐ **当日** (that day, day of (something)／当天／당일)
　　とうじつ

　▶ 当日はチケットを忘れないようにしてください。
　　　　　　　　　　わす
　　(Please remember to bring your ticket on the day of the event.／到那天别忘了拿票。／
　　당일은 티켓을 잊어버리지 않도록 해 주세요.)

時間・時 1

家族 2

人 3

人と人 4

名前・住所 5

食べ物・料理 6

家具・家電・家庭用品 7

毎日の生活 8

交通・移動 9

建物・施設・部屋 10

❽ □ **翌日** (the following day／第二天／다음날)
よくじつ

▶ 試験の翌日には解答が発表されました。
しけん　　かいとう　はっぴょう
(The answers to the exam were posted on the following day.／考试的第二天,发表了答案。
／시험 다음 날에는 해답이 발표되었습니다.)

▷ **翌週、翌月**
よくしゅう よくげつ
(the following week, the following month／第二周、第二个月／다음 주, 다음 달)

❾ □ **近いうちに** (soon, in the near future／最近／가까운 시일에)
ちか

▶ また近いうちに会いましょう。
あ
(Let's get together again sometime soon.／最近我们再聚吧。／또 가까운 시일에 만납시다.)

❿ □ **後日** (later, in the future／过几天／후일)
ごじつ

▶ 後日、サンプルをお送りします。
ごじつ　　　　　　　おく
(I'll send you a sample later.／过几天,我把样品给送过去。／후일, 샘플을 보내드리겠습니다.)

⓫ □ **今後** (hereafter, in the future／今后／앞으로)
こんご

▶ このカードは今後、使えなくなるそうです。
こんご　つか
(Apparently, this card is set to be discontinued.／听说这张卡以后都不能用了。／이 카드는
앞으로, 사용할 수 없어진다고 합니다.)

▶ 会社を辞めた後、どうするんですか。 ——今後のことはまだ何
かいしゃ　や　　あと　　　　　　　　　　　　　　　　　　　　　　　　　なに
も決まっていないんです。
き
("What will you do after you quit your job." "Everything is still up in the air."／你辞掉工作
后,准备做什么呢？ —今后的事情,我还没怎么打算呢。／회사를 그만둔 후 어떻게 합니까? —앞
으로의 일은 아직 아무것도 정해져 있지 않습니다.)

⓬ □ **当時** (at that time, back in those days／当时／당시)
とうじ

▶ 学校に通っていた当時、駅前にはお店が少ししかありませんで
がっこう　かよ　　　　とうじ　えきまえ　　　みせ　すこ
した。
(Back when I went to school, there were only few shops in front of the train station.／
上学的那个时侯,车站前面只有几家小店。／학교에 다니던 당시, 역 앞에는 가게가 조금밖에 없
었습니다.)

⓭ □ 以前 (before, previously／以前／이전)　　　**対 以後**

▶ 以前はどこで働いていたんですか。
(Where did you work before?／你以前在哪里工作呢？／이전에는 어디에서 일하고 있었습니까.)

⓮ □ 以後 (after, from now on／以后／이후)　　　**対 以前**

▶ 今回は本当に申し訳ありませんでした。以後、気をつけます。
(I'm very sorry for what I did. I'll be careful from now on.／这次真是对不起了，以后我会注意的。／이번은 정말로 죄송했습니다. 이후 주의하겠습니다.)

⓯ □ 以来 (since then／以来／이래)

▶ ここに来るのは大学を卒業して以来です。
(This is my first time to come here since graduating from college.／来这里是大学毕业以后的事了。／여기에 오는 것은 대학을 졸업한 이래입니다.)

⓰ □ 以降 (from (time) onward, after／以后／이후)

▶ 7時以降だったら、うちにいると思います。
(I should be home after seven.／七点钟以后，我想我在家的。／7시 이후라면 집에 있을 것입니다.)

⓱ □ 時期 (time, period／时期／시기)

▶ 今はまだ結婚する時期じゃないと思います。
(I don't think this is the right time for me to marry.／现在还不是结婚的时期。／지금은 아직 결혼할 시기가 아니라고 생각합니다.)

⓲ □ 延期(する) (postponement／延期／연기 (하다))

▶ 明日のハイキングは延期になりました。
(Tomorrow's hiking trip has been postponed.／明天的远足延期了。／내일 하이킹은 연기가 되었습니다.)

時間・時 1
家族 2
人 3
人と人 4
名前・住所 5
食べ物・料理 6
家具・家電・家庭用品 7
毎日の生活 8
交通・移動 9
建物・施設・部屋 10

⓱ □ **上旬** (first ten days of the month, early／上旬／상순)
じょうじゅん

▷ **7月上旬** (early July／7月上旬／7월 상순)
がつ

⓴ □ **中旬** (second ten days of the month, mid-／中旬／중순)
ちゅう

㉑ □ **下旬** (last ten days of the month, late／下旬／하순)
げ

㉒ □ **月末** (end of the month／月末／월말)
げつまつ

▶ **家賃はいつも月末に払っています。**
やちん　　　　　げつまつ　はら
(I always pay my rent at the end of the month.／房租总是在月末支付。／집세는 항상 월말에 내고 있습니다.)

㉓ □ **年末年始** (year-end and new-year (holidays)／年末年初／연말연시)
ねんまつねんし

▷ **年末年始の営業時間のご案内**
えいぎょうじかん　　あんない
(notice on business hours for the year-end and new-year holidays／年末年初的营业时间通知／연말연시의 영업시간 안내)

㉔ □ **ゴールデンウィーク** (Golden Week (group of holidays in spring)／黄金周／골덴위크)

㉕ □ **元旦** (New Year's Day／元旦／설날)　　　　**同 元日**
がんたん　　　　　　　　　　　　　　　　　　　　　がんじつ

㉖ □ **普段** (usually／平时／보통)
ふだん

▶ **休みの日は普段何をしていますか。**
やす　ひ　ふだんなに
(What do you usually do on your days off?／休息日都做些什么呢？／쉬는 날은 보통 무엇을 하고 있습니까?)

▷ **普段着** (everyday clothes／便服／평상복)
ぎ

㉗ □ **平日** (weekday／平时／평일)
へいじつ

▶ **平日は仕事があるから、夜にしか行けない。**
しごと　　　　　よる　　い
(I can only go at night on weekdays because of my job.／平时都有工作，只有晚上去。／평일은 일이 있으니까 밤에 밖에 갈 수 없다.)

㉘ □ **祝日** (しゅくじつ) ((public) holiday／节日／축일)

㉙ □ **休日** (きゅうじつ) (holiday, day off／休息日／휴일)

▶ 今日は休日運転だから、この駅には急行は止まらないよ。
きょう　　　　きゅうじつうんてん　　　　　　　　　　えき　　　　　きゅうこう　　と
(The holiday timetable is in effect today, so express trains won't stop at this station.／
今天是休息天,快车不停这个站哟。／오늘은 휴일 운전이니까 이 역에는 급행은 멈추지 않는다.)

㉚ □ **期間** (きかん) (period／期间／기간)

㉛ □ **延長(する)** (えんちょう) (extension／延长／연장 (하다))

▷ 契約期間を延長する
けいやく　きかん
(to extend the contract period／延长合同时间／계약 기간을 연장하다)

㉜ □ **シーズン** (season／季节／시즌)　　　　　　　　　同 季節
きせつ

▶ もうすぐ花見のシーズンですね。
はなみ
(The cherry blossom season is almost here, isn't it?／快到赏花的季节了。／이제 곧 꽃구경 시즌이군요.)

㉝ □ **臨時** (りんじ) (temporary, extraordinary／临时／임시)

▷ 臨時休業 (temporary closing／临时休业／임시휴업)
きゅうぎょう

㉞ □ **休暇** (きゅうか) (vacation／休假／휴가)

▶ 来月、1週間ほど休暇をとるつもりです。
らいげつ　　しゅうかん
(I plan to go on vacation for about a week next month.／下个月准备请一周假。／다음 달 1주간 정도 휴가를 얻을 생각입니다.)

㉟ □ 夜中 (at night, middle of the night／深夜、半夜／한밤중)
よなか

▶ ときどき、夜中に目が覚めるんです。
め　　さ

(I sometimes wake up in the middle of the night.／有时候半夜会醒来。／가끔 한밤중에 잠이 깹니다.)

㊱ □ 深夜 (late at night, middle of the night／深夜／심야)
しんや

▶ こんな深夜に電話したらだめだよ。
でん わ

(You shouldn't call people in the middle of the night like this.／这么晚了，打电话不好啊。／이런 심야에 전화하면 안 돼.)

▷ 真夜中 (midnight, middle of the night／深更半夜／한밤중)
ま よ なか

㊲ □ 明ける ((a certain period) ends／亮／밝다)
あ

▷ 夜が明ける、週明けに
よ　　あ　　　しゅう あ

(to dawn, at the beginning of next week／天亮了、一周开始时／밤이 밝다, 주초에)

㊳ □ 初め (beginning, at first／开始／처음)
はじ

▶ 初めはあまり興味がなかったのですが、だんだんおもしろくなってきたんです。
きょう み

(I didn't care for it much at first, but it became more and more interesting as time passed.／开始的时候不太感兴趣，渐渐地变得有意思了。／처음은 그다지 흥미가 없었습니다만, 점점 재미있어졌습니다.)

▷ 今年の初め (beginning of this year／今年开始的时候／올해 초)
こ とし

㊴ □ 後 (later／以后／나중)
あと

▶ 後で電話します。
でん わ

(I'll call you later.／一会儿给你电话／나중에 전화하겠습니다.)

▶ 1時間くらい後のほうがいい。
じ かん

(It would be better to do it an hour later.／一个小时候比较好。／1시간 정도 지난 후가 좋아.)

時間・時　1
家族　2
人　3
人と人　4
名前・住所　5
食べ物・料理　6
家具・家電・家庭用品　7
毎日の生活　8
交通・移動　9
建物・施設・部屋　10

㊵ ☐ **際** (when, whenever／时候／때)
さい

▶ 外出の際は必ず鍵をかけてください。
がいしゅつ　　　　かなら　かぎ
(Please be sure to lock up whenever you go out.／外出的时候,请一定锁门。／외출할 때는 반드시 열쇠를 잠가 주세요.)

㊶ ☐ **同時** (simultaneous／同时／동시)
どう じ

▶ 器用じゃないから、二つのことを同時にできないんです。
きよう　　　　　　　　ふた
(I'm not very handy, so I can't do two things at the same time.／我没那么聪明,不能两件事情同时做。／재주가 없어 두 가지 일을 동시에 할 수 없어요.)

㊷ ☐ **たった今** (just now／方才、刚才／방금)
いま

▶ ごめん、待った？ ―ううん。たった今来たところ。
ま
("I'm sorry. Did you wait long?" "No, I just got here."／对不起啊,等了很久吗？ ―嗯,刚刚才来。／미안 기다렸니? ―아니. 방금 왔어.)

㊸ ☐ **早め** (early／提前、早些／빨리)
はや

▶ 遅れるといけないから、早めに出よう。
おく　　　　　　　　　　　　　　で
(We can't be late, so let's leave early.／迟到就不好了,早点儿出发吧。／늦으면 안 되니까 빨리 나가자.)

㊹ ☐ **現在** (present, now／现在／현재)
げんざい

▶ ここは昔、工場でしたが、現在は倉庫になっています。
むかし　こうじょう　　　　　　　　　　そうこ
(This was a factory a long time ago, but now it's a warehouse.／这里过去是工厂,现在是仓库了。／여기는 옛날의 공장이었습니다만, 현재는 창고가 되었습니다.)

㊺ ☐ **過去** (past／过去／과거)
か こ

▶ 検索して過去の記事を読むこともできます。
けんさく　　　　　き じ　　よ
(You can also search for past articles you want to read.／检索就能读到过去的报道。／검색해서 과거의 기사를 읽을 수도 있습니다.)

46 □ **未来** （みらい） (future／未来／미래)

▶ 100年後？　そんな遠い未来のことはわからないなあ。
（ねん ご　　　　　　とお）
(One hundred years from now? That's too far in the future to say.／一百年以后？那么遥远的未来谁知道啊。／100년 후? 그런 먼 미래의 일은 모르겠다.)

47 □ **将来** （しょうらい） (future／将来／장래)

▶ 将来は自分の家を持ちたいです。
（じ ぶん　いえ　も）
(One day I'd like to have my own home.／将来想有一个自己的家。／장래는 자신의 집을 갖고 싶습니다.)

48 □ **一生** （いっしょう） (all one's life／一生／평생)

▶ 一生、ここで働くつもりはありません。
（はたら）
(I don't plan on working here all my life.／没有打算在这里工作一辈子。／평생 여기에서 일할 생각은 없습니다.)

49 □ **永遠** （えいえん） (forever, ever／永远／영원)

▶ 宝くじなんて、永遠に当たらない気がする。
（たから）　　　　　　　　（あ）
(I don't think I'll ever win the lottery.／彩票,我觉得永远都中不了。／복권 따위 영원히 당첨되지 않을 것 같은 생각이 든다.)

50 □ **現代** （げんだい） (present age, modern times／现代／현대)

▶ これも、現代の若者の特徴です。
（わかもの　　とくちょう）
(This is another characteristic of today's youths.／这也是现代年轻人的特征。／이것도 현대의 젊은이의 특징입니다.)

51 □ **今日** （こんにち） (today, this age／今天／오늘날)

▶ 今日、私たちの生活は、世界経済の影響をますます受けるようになっています。
（わたし　　　せいかつ　　　せ かいけいざい　　えいきょう　　　　　　　　　　う）
(Our lives today are becoming increasingly exposed to effects of the global economy.／今天,我们的生活越来越受到世界经济的影响。/ 오늘, 우리들의 생활은 세계경제의 영향을 점점 받게 되었습니다.)

時間・時　1
家族　2
人　3
人と人　4
名前・住所　5
食べ物・料理　6
家具・家庭用品・家　7
毎日の生活　8
交通・移動　9
建物・施設・部屋　10

(52) □ 時代 (era, period／时代／시대)
じだい

▶ 親と子の関係は、いつの時代も変わらないと思います。
おや こ かんけい か おも
(I think that the relationship between parents and children has remained the same throughout time.／父母和孩子的关系，不管是什么时候都不会变。／부모와 아이의 관계는 어느 시대도 변하지 않는다고 생각합니다.)

▷ 江戸時代、学生時代
えど がくせい
(Edo period, (one's) school / college days／江户时代、学生时代／에도시대, 학생 시절)

(53) □ ～年代 (the __ (decade)／～年代／~년대)
ねんだい

▷ 90年代のヒット曲を集めたCD
きょく あつ
(a CD of hit songs from the 90s／收集了九十年代热门歌曲的CD／90년대의 히트곡을 모은 CD)

(54) □ 世紀 (century／世纪／세기)
せいき

▷ 21世紀、今世紀
こん
(21st century, this century／二十一世纪、本世纪／21세기, 금세기)

(55) □ 経つ (to elapse, to pass／流逝、过去／지나다)
た

▶ あれから1時間経つけど、まだ連絡が来ない。
じかん れんらく こ
(An hour has passed since then, but he still hasn't contacted me.／从那时起，都快过一个小时了，还没有联系。／그로부터 1시간 지나지만, 아직 연락이 없다.)

(56) □ ～ぶり (for __ (time)／隔了～／~만)

▶ 7年ぶりに昔の友だちと会った。
ねん むかし とも あ
(I met an old friend whom I hadn't seen for seven years.／隔了7年才见到过去的朋友。／7년 만에 옛친구와 만났다.)

(57) □ 日にち (date／天数、日期／날짜)
ひ

▶ 引越しの日にちが決まりました。
ひっこ き
(My moving date has been set.／搬家的日期定下来了。／이사 날짜가 정해졌습니다.)

❺❽ □ 日時 にちじ (date and time／日期与时刻／일시)

▶ 詳しい日時が決まったら、教えてください。
くわ　　にちじ　　き　　　　　　　　おし
(Please let me know the exact date and time once they've been decided.／详细的日期和时间定下来了，就告诉我。／상세한 날짜가 정해지면 가르쳐 주세요.)

❺❾ □ 日付 ひづけ (date／日期／일시)

▶ 日付のところは、今日の日付を書けばいいんですか。
ひづけ　　　　　　きょう　　ひづけ　　か
(Should I fill in the date box with today's date?／日期的地方，写今天的日期可以吗？／날짜인 곳은 오늘 날짜로 쓰면 됩니까.)

❻⓪ □ 今回 こんかい (this time／这次，这回／이번)

▶ 今回はだめだったけど、次、また頑張ればいいよ。
こんかい　　　　　　　　　　　つぎ　　　　がんば
(It didn't turn out well this time, but just try again next time.／这次不行，下次再加油吧。／이번은 안됐지만, 다음에 또 열심히 하면 된다.)

❻① □ 次回 じかい (next time／下回／다음번)

❻② □ 機会 きかい (opportunity／机会／기회)

▶ お互い忙しくて、なかなか会う機会がありません。
たが　　いそが　　　　　　　　　あ　　きかい
(We're both busy, so we don't have many opportunities to get together.／很忙，一点儿都没有见面的机会。／서로 바빠서 좀처럼 만날 기회가 없습니다.)

❻③ □ チャンス (chance／机会／찬스)

▶ 安く買いたかったら、今がチャンスですよ。
やす　　か　　　　　　　　いま
(If you want to get it for cheap, now's your chance.／想买得便宜，现在就是机会。／싸게 사고 싶으면 지금이 찬스입니다.)

❻④ □ きっかけ (start, opportunity／契机、机缘／기회)

▶ 飛行機で隣の席になったのがきっかけで、彼と付き合うように
ひこうき　　となり　　せき　　　　　　　　　　　かれ　　つ　あ
なりました。
(I started dating him after we happened to be seated together on a plane.／在飞机上他坐旁边，从那时起，就和他交往上了。／비행기에서 옆 좌석이 된 것이 기회가 되어 그와 사귀게 되었습니다.)

UNIT 2

家族
かぞく (Family／家人／가족)

---

❶ □ **夫婦** ふうふ (husband and wife／夫妇／부부)

▶ 夫婦で山に登ることもあるんですか。 ――ええ、ときどき。
(Do you go mountain climbing together as a couple? —Yes, sometimes.／夫妻俩有时候也去登山吗？―嗯，有时候会去。／부부가 산에 오르기도 합니까? ―네, 가끔.)

▶ その時は、兄夫婦の家に泊まらせてもらいました。
(When we went, we stayed at my older brother and his wife's place.／那个时候，我们就住在哥哥夫妇家。／그때는 형 부부의 집에 묵었습니다.)

---

❷ □ **姉妹** しまい (sisters／姐妹／자매)

▷ 三(人)姉妹 (three sisters／三姐妹／세 자매)

❸ □ **兄弟** きょうだい (brothers／兄弟／형제)

---

❹ □ **主人** しゅじん (husband／丈夫／남편)

▶ いつも主人がお世話になっています。
(You're always a great help to my husband.／我丈夫总是受您照顾。／항상 남편이 신세를 지고 있습니다.)

▶ 田中さんのご主人は、銀行にお勤めだそうです。
(I heard Tanaka-san's husband works at a bank.／听说田中的丈夫在银行工作。／다나카 씨의 남편은 은행에 근무한다고 합니다.)

---

❺ □ **長男** ちょうなん (eldest son／大儿子／장남)

▶ あそこの家は、長男より次男のほうがしっかりしている。
(The second son from that family is more responsible and mature than the eldest one.／那家的二儿子比大儿子懂事。／저 집은 장남보다 차남 쪽이 야무지다.)

❻ □ 次男 (second son／二儿子／차남)
じなん

❼ □ 三男 (third son／三儿子／셋째아들)
さんなん

❽ □ 長女 (eldest daughter／大女儿／장녀)
ちょうじょ

❾ □ 次女 (second daughter／二女儿／차녀)
じじょ

❿ □ いとこ (cousin／堂兄姐妹, 表兄姐妹／사촌)

⓫ □ 姪 (niece／侄女／여자 조카)
めい

⓬ □ 甥 (nephew／侄子／남자 조카)
おい

⓭ □ 親せき (relatives／亲戚／친척)
しん

▶ 毎年 正月は、親せきの家を訪ねます。
まいとししょうがつ　　　　　　　　　　いえ　たず
(I visit my relatives every New Year's.／每年的新年，都要拜访亲戚家。／매년 설날은 친척 집을 방문합니다.)

⓮ □ 親類 (relation, kin／亲戚／친척)
しんるい

⓯ □ 孫 (grandchild／孙子／손자)
まご

⓰ □ 子孫 (descendants／子孙／자손)
し そん

▶ 彼はそんな偉い人の子孫なんですか。すごいですね。
かれ　　　　　えら ひと
(He's the descendant of that rich and powerful family? That's amazing.／他是那个伟人的子孙吗？好厉害啊！／그는 그렇게 훌륭한 사람의 자손입니까? 굉장하군요.)

時間・時　1

家族　2

人　3

人と人　4

名前・住所　5

食べ物・料理　6

家具家電・家庭用品　7

毎日の生活　8

交通・移動　9

建物・施設・部屋　10

UNIT **3**

人
ひと （People／人／사람）

---

❶ □ **赤ん坊** （baby／婴儿／아기）　　　　　　　同 **赤ちゃん**
　　あか　ぼう　　　　　　　　　　　　　　　　　　　　　あか

---

❷ □ **少年** （boy／少年／소년）
　　しょうねん

▶私も少年の頃は、いろいろ夢や希望を持っていました。
　わたし　　　　ごろ　　　　　　　　　ゆめ　きぼう　も
（I, too, had lots of hopes and dreams for the future when I was a boy.／我少年时期，也拥有各种梦想和希望。／나도 소년이었을 때는 여러 꿈과 희망을 가지고 있었습니다.）

---

❸ □ **少女** （girl／少女／소녀）
　　しょうじょ

▶10歳くらいの少女が、ひとりで道に座っていました。
　　さい　　　　　　　　　　　　　みち　すわ
（A young ten-year old girl was sitting alone on the street.／有个十岁左右的少女，一个人坐在路上。／10세 정도의 소녀가 혼자서 길에 앉아 있었습니다.）

❹ □ **お嬢さん** （one's daughter, young lady／女儿／아가씨, 따님）
　　じょう

▶山田さんのお嬢さんは、礼儀正しくていい子ですよ。
　やまだ　　　　じょう　　　　れいぎただ　　　　こ
（Yamada-san's daughter is a really nice, polite girl.／山田先生的女儿，是个有礼貌的好孩子。／야마다 씨의 따님은 예의 바르고 좋은 아이입니다.）

---

❺ □ **青年** （youth／青年／청년）
　　せいねん

▶10年ぶりに会った彼は、立派な青年になっていました。
　　ねん　　あ　　かれ　りっぱ
（It's been ten years since I last saw him. He's grown up to be a really splendid young man.／十年没见他了，都成一个出色的青年了。／10년 만에 만난 그는 훌륭한 청년이 되어 있었습니다.）

---

❻ □ **中年** （middle-aged／中年／중년）
　　ちゅうねん

▶客の多くは中年のサラリーマンでした。
　きゃく　おお
（Most of the customers were middle-aged salarymen.／客人的大部分都是中年的白领阶层。／손님의 대개는 중년의 월급쟁이였습니다.）

1 時間・時

2 家族

人 3

4 人と人

5 名前・住所

6 食べ物・料理

7 家具・家電・家庭用品・

8 毎日の生活

9 交通・移動

10 建物・施設・部屋

❼ □ **女子** (woman／女子／여자)
じょ し

▷ 女子トイレ、女子社員、女子大生
　　　　　　しゃいん　　だいせい
（ladies' toilet, female employee, women's college student／女厕所、女职员、女大学生／
여자 화장실, 여사원, 여대생）

❽ □ **男子** (man／男子／남자)
だん し

▶ うちの学校ではいつも、男子よりも女子のほうが成績がいいんです。
　　　 がっこう　　　　　　　　　　　　　　　　　　　　　　　せいせき
（At my school, the girls always get better grades than the boys.／我们学校总是女生比男
生的成绩好。／우리 학교에서는 항상 남자보다 여자 쪽이 성적이 좋습니다.）

❾ □ **年寄り** (elderly person／老人／노인)
とし よ

▶ 子どもからお年寄りまで、たくさんの人が応援に来てくれました。
こ　　　　　　　とし よ　　　　　　　　　　　ひと　 おうえん　き
（Lots of people came down to support us, from children to elderly people.／从孩子到老
人，很多人都来声援。／아이부터 노인까지 많은 사람이 응원하러 와 주었습니다.）

❿ □ **高齢者** (senior citizens／高齢者／고령자)
こうれいしゃ

▷ 高齢者向けのマンション、（ご）高齢の方
　　　　 む　　　　　　　　　　　　　　　かた
（apartments designed for the elderly, elderly citizens／针对老年人的公寓,老龄朋友／고
령자 대상의 맨션, 고령인 분）

⓫ □ **住民** (residents／居民／주민)
じゅうみん

▶ 住民の反対が強く、道路計画は中止になった。
　　　 はんたい つよ　　どうろけいかく ちゅうし
（Due to strong opposition from residents, the road construction project was suspended.
／由于居民的强烈反对,道路计划终止了。／주민의 반대가 강해 도로 계획은 중지되었다.）

⓬ □ **通行人** (passerby／行人／통행인)
つうこうにん

▶ 財布、見つかったの？ ──うん。通行人の男性が見つけて、交
さいふ　 み　　　　　　　　　　　　　　　　だんせい　　　　　　　　こう
番に届けてくれた。
ばん とど
（Did you find your wallet? ─Yeah, a man who passed by found it and turned it in to the police.
／钱包, 找到了吗？ ─ 嗯, 一位路过的男士捡到了, 交给了警察。／지갑, 발견됐니? ─ 응. 통
행인 남성이 발견해 파출소에 신고해 주었어.）

❸ □ **知らない人** (stranger／陌生人、不认识的人／모르는 사람)
し　　　　ひと

▶ 友だちと間違えて、知らない人に話しかけてしまった。
とも　　　まちが　　　　　　　　　　　　　　　　　　　はな
(I mistook a stranger for my friend and went up to talk to him.／认错人了，还以为是朋友，结果和不认识的人打了招呼。／친구라고 잘못 알아 모르는 사람에게 말을 걸어 버렸다.)

❹ □ **おじさん** (middle-aged gentleman／大叔／아저씨)

▶ あそこのおじさんに聞いてみよう。
き
(Let's ask the man over there.／问问那里的大叔吧。／저기의 아저씨에게 물어보자.)

❺ □ **おばさん** (middle-aged lady／阿姨／아줌마)

▶ 店のおばさんが、おいしい食べ方を教えてくれたんです。
みせ　　　　　　　　　　　　　　た　かた　おし
(The lady at the shop told me the best way to eat this.／店里的阿姨教我了怎么吃才好吃的方法。／가게 아줌마가 맛있게 먹는 방법을 가르쳐 주었습니다.)

❻ □ **人ごみ** (crowd／人群／인파)
ひと

▶ お祭り、どうでした？ ―すごい人ごみで、歩くのも大変でした。
まつ　　　　　　　　　　　　　　　　　　　ひと　　　　　　ある　　　　　たいへん
(How was the festival? —It was so packed that we couldn't even walk through.／节日怎么样？ —人太多了，走路都够呛。／축제 어땠습니까？ — 굉장한 인파여서 걷는 것도 힘들었습니다.)

❼ □ **独り** (Alone／独自／혼자)
ひと

▶ 原さんが今度、結婚するそうですよ。 ―えっ、今まで独りだったんですか。
はら　　　　　こんど　けっこん　　　　　　　　　　　　　　　いま
(Hara-san is getting married soon, isn't he? —Yes, he's been single up until now.／听说原先生要结婚了啊。—诶，他一直是单身的吗？／하라 씨가 이번에 결혼한다고 합니다. —에, 지금까지 혼자였습니까?)

❽ □ **独り言** (talking to oneself／自言自语／혼잣말)
ひと　ごと

時間・時 1

家族 2

人 3

人と人 4

名前・住所 5

食べ物・料理 6

家具・家電・家庭用品 7

毎日の生活 8

交通・移動 9

建物・施設・部屋 10

⓳ □ 有名人 (famous person／名人／유명인)
ゆうめいじん

⓴ □ スター (star／明星／스타)

▷ **スター選手** (star athlete／明星选手／스타 선수)
せんしゅ

㉑ □ ファン (fan／粉丝、支持者、～迷／팬)

㉒ □ ～者 (~ person／～者／~ 자)
しゃ

▷ **参加者、研究者** (participant, researcher／参加者、研究者／참가자, 연구자)
さんか　けんきゅう

㉓ □ ホストファミリー (host family／寄宿家庭／호스트가족)

㉔ □ 氏 (honorific (Mr／Ms／Mrs)／先生／씨)
し

▶ **元サッカー選手の田中氏を講師に招く予定です。**
もと　せんしゅ　たなか し　こうし　まね　よてい
(We're planning to invite the ex-soccer player Tanaka to be a guest lecturer.／预定聘请
原足球选手田中先生为讲师。／전 축구 선수인 다나카 씨를 강사로 부를 예정입니다.)

㉕ □ 氏名 (full name／姓名／성명)
しめい

㉖ □ 先祖 (ancestors／祖宗／선조)
せんぞ

▶ **うちの先祖は、もともと東北の方に住んでいたそうです。**
とうほく　ほう　す
(Apparently, my family's ancestors originally lived in the Tohoku region.／听说我们家祖
祖辈辈原来都住在东北。／우리 선조는 원래 동북 쪽에 살고 있었다고 합니다.)

㉗ □ 祖先 (ancestors／祖先／조상)
そせん

▶ **人間の祖先は、サルだと言われている。**
にんげん　い
(It's believed that monkeys were the ancestors of human beings.／据说人类的祖先是猴子。
／인간의 조상은 원숭이라고 합니다.)

UNIT **4**

人と人
ひと　　ひと
（Interpersonal relations／人与人／사람과 사람）

---

❶ □ **出会う**　（to meet／偶遇、邂逅／만나다）
　　　で　あ

▶ 彼女と初めて出会ったのは、大学3年の時です。
　かのじょ　はじ　　　　　　　　　だいがく　　ねん　とき
　（I first met her when I was a junior in college.／和她的初次邂逅,是在大学三年级的时候。／그녀와 처음 만난 것은 대학 3년 때였습니다.）

❷ □ **出会い**　（encounter, meeting／相识、相遇／만남）

---

❸ □ **知り合う**　（to get to know, to meet (for the first time)／认识、互相交往而熟识／알다）
　　　し　あ

▶ 原さんとは、知り合ってすぐに仲良くなりました。
　はら　　　　　　　　　　　　　　　　　なか　よ
　（Hara and I soon became friends after meeting.／和原先生相识后,很快成了好朋友。／하라 씨와 알게 되어 곧 친하여졌습니다.）

❹ □ **知り合い**　（acquaintance／熟人、熟识的人／아는 사람）

---

❺ □ **知人**　（acquaintance／熟人、知己、相识／지인）
　　　ち じん

▶ 彼とは、知人の紹介で知り合いました。
　かれ　　　　　　しょうかい
　（I was introduced to him by an acquaintance.／和他是通过朋友的介绍认识的。／그와는 지인의 소개로 알게 되었습니다.）

---

❻ □ **友人て**　（friend／朋友、友人／친구）　　　　　（同 **友達**）
　　　ゆうじん　　　　　　　　　　　　　　　　　　　　　　ともだち

▶ 週末は、友人と絵を見に行く予定です。
　しゅうまつ　　　　　　え　み　い　よてい
　（I'm going to a painting exhibition with a friend on the weekend.／周末准备和朋友去看画。／주말은 친구와 그림을 보러 갈 예정입니다.）

❼ □ **親友**　（close friend／亲密的朋友、至交／친우）
　　　しんゆう

▶ 友だちはたくさんいますけど、親友といえるのは二人だけです。
　とも　　　　　　　　　　　　　　　　　　　　　　ふたり
　（I have many friends, but I count only two of them as close friends.／朋友有很多,但能称得上好朋友的只有两个人。／친구들은 많이 있습니다만, 친우하고 할 수 있는 것은 두사람 뿐입니다.）

❽ □ 仲 (relationship／关系／사이)
_{なか}

▶ 仲が悪いわけではないのですが、彼女とはあまり話しません。
_{わる}　　　　　　　　　　　　　　　　　_{かのじょ}　　　　　_{はな}
(I don't speak much with her, but it's not that we don't get along.／并不是和她关系不好,
可是很少和她说话。／사이가 나쁜 것은 아닙니다만, 그녀와는 그다지 말을 하지 않습니다.)

▷ 仲がいい (to get along, to be friends／关系好／사이가 좋다)

❾ □ 仲良し (friend／好朋友／사이좋음)
_よ

▶ あやちゃんと私は、小さいころから仲良しなんです。
　　　　　　　_{わたし}　_{ちい}
(Aya and I have been friends since we were kids.／小绫和我从小就是好朋友。／아야와 나
는 어렸을 때부터 친합니다.)

❿ □ 仲直り(する) (making up／重归于好,和好／화해(하다))
_{なお}

▶ いつまでけんかしてるの？　早く仲直りしたら？
　　　　　　　　　　　　　　　　　_{はや}
(When are you two going to stop fighting? It's about time that you make up.／你们吵到
什么时候啊？赶紧和好怎么样？／언제까지 싸우고 있을 거야? 빨리 화해를 하면 어때?)

⓫ □ 先輩 (senior／前辈、学长、高年级同学／선배)
_{せんぱい}

▷ 大学の先輩 (senior student in college／大学的高年级同学／대학 선배)
_{だいがく}

⓬ □ 後輩 (junior／后生、学弟(妹)、低年级同学／후배)
_{こうはい}

⓭ □ 年上 (older／年长者／연상)
_{としうえ}

▶ 私のほうが彼女より一つ年上です。
_{わたし}　　　　_{かのじょ}　_{ひと}
(I'm one year older than she.／我比她大一岁。／내 쪽이 그녀보다 한 살 연상입니다.)

⓮ □ 年下 (younger／年幼者／연하)
_{した}

⓯ □ クラスメート (classmate／同班同学／급우)

▷ ルームメート (roommate／室友／룸메이트)

時間・時 1
家族 2
人 3
人と人 4
名前・住所 5
食べ物・料理 6
家具・家電・家庭用品 7
毎日の生活 8
交通・移動 9
建物・施設・部屋 10

⓰ □ 付き合う (to hang out together, to date／交往／따르다, 교제하다)
<small>（つ）（あ）</small>

▶ 昨日は友だちに付き合って、フリマに行きました。
<small>（きのう）（とも）</small>
(I went to a flea market with a friend yesterday.／昨天陪朋友去了跳蚤市场。／어제는 친구를 따라 벼룩시장에 갔습니다.)

▶ あの二人、付き合ってるみたいですよ。
<small>（ふたり）</small>
(I think those two are dating.／他们好像在谈恋爱。／저 두 사람 사귀고 있는 것 같습니다.)

⓱ □ 付き合い (relationship, socializing／交往、交际／사귐)

▶ ふじ印刷さんとは、もう５年の付き合いです。
<small>（いんさつ）（ねん）</small>
(We've had Fuji Printers do work for us for five years already.／和富士印刷厂已经有五年的来往关系了。／후지 인쇄와는 벌써 5년간 거래합니다.)

⓲ □ 交際(する) (association, dating／交际、交流／교제 (하다))
<small>（こうさい）</small>

▶ 最近、仕事で知り合った人と交際を始めました。
<small>（さいきん）（しごと）（し）（あ）（ひと）（はじ）</small>
(I recently started going out with someone I met at work.／最近，和工作中结识的人开始了交往。／최근, 일로 알게 된 사람과 교제를 시작했습니다.)

⓳ □ 彼(氏) (boyfriend／男朋友／애인 (여자가 부르는 말))
<small>（かれ）（し）</small>

▶ 今度、彼氏を紹介してよ。 ―うん、そのうちね。
<small>（こんど）（しょうかい）</small>
("Introduce me to your boyfriend sometime soon." "Sure, sometime."／下次介绍一下你的男朋友哟。―嗯, 过些日子吧。／다음에 애인을 소개해. ―응, 이 다음에.)

⓴ □ 彼女 (girlfriend／女朋友／애인 (남자가 부르는 말))
<small>（かのじょ）</small>

▶ 石井さんの彼女って、どんな人ですか。 ―えっ、普通の女性
ですよ。
<small>（いしい）（ひと）（ふつう）（じょせい）</small>

("What's Ishii's girlfriend like?" "She's just an ordinary woman."／石井先生的女朋友是什么样的人呢？ ―哦, 是个很普通的女性。／이시이 씨의 애인 어떤 사람입니까? ―그냥 보통 여성입니다.)

㉑ □ 失恋(する) (heartbreak／失恋／실연 (하다))
<small>（しつれん）</small>

▶ 昔、失恋した時によくこの曲を聴いて、泣きました。
<small>（むかし）（とき）（きょく）（き）（な）</small>
(Whenever I had a heartbreak in my younger days, I would listen to this song and cry.／过去失恋的时候经常听这首歌大哭一场。／옛날, 실연했을 때는 자주 이 곡을 듣고 울었습니다.)

㉒ □ ふる (to reject, to dump／分手／차다)

▶ ふられたけど、彼女のことを嫌いになったりはしてない。
(Even though she dumped me, I don't hate her.／虽然她和我分手了,但我并不讨厌她。／차였지만 그녀가 싫어지진 않았어.)

㉓ □ 慰める (to console／安慰／위로하다)
なぐさ

▶ 試験に落ちてがっかりしていたら、おばあちゃんが慰めてくれた。
しけん お
(When I was down in the dumps about flunking the exam, my grandmother helped cheer me up.／考试没有合格,非常失望,奶奶安慰了我。／시험에 떨어져 실망하고 있으니 할머니가 위로해 주었다.)

㉔ □ 離婚(する) (divorce／离婚／이혼 (하다))
り こん

㉕ □ 愛(する) (love／爱恋／사랑 (하다))
あい

▶ これを見れば、彼らがどれだけこの島を愛しているか、よくわかります。
み かれ しま
(A look at this lets you know just how much they love this island.／看了这个,就知道他们有多么地爱这座岛了。／이것을 보면 그들이 얼마나 이 섬을 사랑하고 있는지 잘 알겠습니다.)

㉖ □ 目上 (superior／长辈、上司／윗사람)　　　　　　**対 目下**
め うえ　　　　　　　　　　　　　　　　　　　　　　　　　　　　め した

▶ 目上の人への手紙なので、失礼がないようにしてください。
ひと てがみ しつれい
(Since you're writing to a superior, take care not to be rude.／这是给上司的信,可别太失礼了。／윗사람에게 보내는 편지이니까 실례가 없도록 해 주세요.)

㉗ □ 尊敬(する) (respect／尊敬／존경 (하다))
そんけい

▶ 大人になってから、父親を尊敬するようになりました。
おとな ちちおや
(I came to respect my father I after became an adult.／长大成人后,就开始尊敬父亲了。／어른이 되고 아버지를 존경하게 되었습니다.)

時間・時
1
家族
2
人
3
人と人
4
名前・住所
5
食べ物・料理
6
家具・家電・家庭用品・
7
毎日の生活
8
交通・移動
9
建物・施設・部屋
10

㉘ ☐ **他人** (others／别人／타인)
　　たにん

> ▶ 他人の言うことを気にする必要はないよ。
> い　　　　　　　　　き　　　　　　ひつよう
> (There's no need to worry about what others say.／没必要介意别人说的话。／타인이 말하
> 는 것을 신경 쓸 필요는 없다.)

㉙ ☐ **敵** (enemy, rival／敌人／적)
　　てき

> ▷ 敵のチーム (rival team／敌人的队伍／적 팀)

㉚ ☐ **味方(する)** (ally, supporter／我方、伙伴、同伙／편(들다))
　　みかた

> ▶ みんな私を責めたけど、彼女だけは味方してくれた。
> わたし　せ　　　　　　　かのじょ
> (Everyone blamed me except her. She was the only who stood by me.／大家都责备我,
> 就只有她和我站在一起。／모두 나를 책망하지만, 그녀만은 편을 들어주었다.)

㉛ ☐ **ライバル** (rival／竞争对手／라이벌)

> ▶ ふじ大学は、うちの長年のライバルなんです。
> だいがく　　　　　ながねん
> (Fuji University has been our rival for years.／富士大学是我们多年的竞争对手。／후지 대
> 학교는 우리의 오랜 라이벌입니다.)

㉜ ☐ **仲間** (buddy, colleague, comrade／同事、伙伴、朋友／동료)
　　なかま

> ▶ アルバイト仲間と、ボーリングに行きました。
> い
> (I went bowling with the other part-timers from work.／和打工的同伴一起打保龄球了。／
> 아르바이트의 동료와 볼링에 갔습니다.)

㉝ ☐ **相手** (other person, other side／对方、对象／상대)
　　あいて

> ▶ しまった！　メールを送る相手を間違えた！
> おく　　まちが
> (Oh, no! I sent the e-mail to the wrong person!／糟了！邮件发错对象了。／실수했다. 메일
> 을 보내는 상대가 틀렸다.)

> ▷ 電話の相手、相手チーム
> でんわ
> (other person in a phone conversation, the other team／电话的对象、对方的队伍／전화
> 상대, 상대 팀)

❸❹ ☐ **君** （you／你／너）
きみ

▶ 君の言うこともわかるけど、これは会社のルールだから。
い　　　　　　　　　　　　　　　　　　　　　　　　かいしゃ
（I understand what you're saying, but it's a company rule.／我知道你所说的,但这是公司的规定。／너 말도 이해하지만, 이것은 회사의 규칙이니까.）

❸❺ ☐ **おまえ** （you／你／너）

▶ これ、お前の荷物？
まえ　に もつ
（Is this yours?／这是你的行李吗？／이것 너의 짐?）

★目下の者や親しい友だちに使う呼び方。主に男性が使う。／ Used to address subor-
めした もの　した とも　　 つか　 よ　かた　おも だんせい　つか
dinates and close friends. Mostly used by men.／对下属（年纪比自己小的人）或者朋
友的称呼。主要是男性使用。／아랫사람이나 친한 친구에게 사용하는 호칭. 주로 남성이 쓴다.

❸❻ ☐ **～様** （(honorific suffix)／～先生／~ 님）
さま

▷ 田中様、お客様、皆様
た なか　　きゃく　　みな
（Mr./Ms. Tanaka, Sir/Ma'am (customer), Ladies and gentlemen／田中先生、客户、各位／다나카 님, 손님, 여러분）

❸❼ ☐ **我々** て （we／我们／우리）　　　　　　　　　　　　（同 私たち）
われわれ　　　　　　　　　　　　　　　　　　　　　　　　　　　　わたし

▶ 我々も一生懸命やりますので、どうぞよろしくお願いいたします。
いっしょうけんめい　　　　　　　　　　　　　　　　　ねが
（We will do our best, so please grant us your support.／我们会拼命工作的,还请多多关照。／우리도 열심히 하겠으니 부디 잘 부탁합니다.）

❸❽ ☐ **依頼**（する） （request／依赖、委托／의뢰 (하다)）
い らい

▶ 村田さんに仕事を依頼するのは初めてです。
むら た　　 し ごと　　　 い らい　　　 はじ
（It's my first time to ask Murata to do a job for me.／委托村田先生工作还是第一次。／무라타 씨에게 일을 의뢰하는 것은 처음입니다.）

❸❾ ☐ **頼む** （to request／请求、委托、依赖／부탁하다）
たの

時間・時 1
家族 2
人 3
人と人 4
名前・住所 5
食べ物・料理 6
家具・家電・家庭用品 7
毎日の生活 8
交通・移動 9
建物・施設・部屋 10

❹⓪ ☐ **頼る**（to rely／依靠／의지하다）
たよ

▶ 親に頼ってばかりじゃ、だめだよ。しっかりしないと。
おや
（You can't just always rely on your parents. Be a man.／光依靠父母,这可不好。要自立啊。
／부모에게 의지하기만 해서는 안 된다. 똑바로 하지 않으면.）

▷ 頼りにする（to rely／依頼 —／의지하다）

❹① ☐ **甘える**（to rely on someone's kindness／撒娇／응석 부리다）
あま

▶ もう大人だからね。いつまでも親に甘えていられないよ。
おとな　　　　　　　　　　　　　　おや
（You're an adult now, you know. You can't go depending on your parents forever.／
都是大人了。不要总是向父母撒娇。／이제 어른이니까. 언제까지나 부모에게 응석을 부릴 수는 없다.）

❹② ☐ **感謝（する）**（gratitude／感谢／감사 (하다)）
かんしゃ

▶ 青木さんには本当に感謝しています。ありがとうございました。
あお き　　　　　　ほんとう
（I really appreciate what you did. Thank you.／真的很感谢青木先生。非常感谢！／아오키
씨에게는 정말 감사해 하고 있습니다. 감사했습니다.）

❹③ ☐ **協力（する）**（cooperation／帮助、协力／협력 (하다)）
きょうりょく

▶ この作品は、みんなで協力して作ったものです。
さくひん　　　　　　　　　　　　　　つく
（We all collaborated to create this work.／这个作品是大家通力合作的产物。／이 작품은 모
두가 협력해 만든 것입니다.）

❹④ ☐ **回答（する）**（response, answer／回答／회답 (하다)）
かいとう

▶ これらは、よくある質問と、その回答例です。
しつもん　　　　　　れい
（These are some FAQs and their answers.／这是经常出现的题目和答案。／이것들은 자주
있는 질문과 그 회답예입니다.）

❹⑤ ☐ **断る**（to turn down／拒绝／거절하다）
ことわ

▶ 飲み会に誘われたけど、用があったから断った。
の　かい　さそ　　　　　　よう
（They invited me to go out drinking, I turned them down because I had something to do.／
被邀请去参加酒会,但因为有事,拒绝了。／술자리에 가자고 했는데 일이 있어서 거절했다.）

㊻ □ **応援(する)** (support／支持／응원 (하다))
おうえん

㊼ □ **かわいがる** (to dote on／疼爱、喜爱／귀여워하다)

▶おばあちゃんは、私をすごくかわいがってくれました。
わたし

(My grandmother smothered me with attention.／奶奶非常疼爱我。／할머니는 나를 무척 귀여워해 주었습니다.)

㊽ □ **あだ名** (nickname／绰号、外号／별명)
な

▶「プーさん」っていうあだ名は誰がつけたんですか。
だれ

(Who gave you the nickname "Pooh"?／"维尼熊"这个绰号是谁给取的？／"푸 씨" 라는 별명은 누가 붙였습니까?)

㊾ □ **誤解(する)** (misunderstanding／误解／오해 (하다))
ご かい

▶なんで私が怒るの？ そんなの、誤解だよ。
わたし おこ

(You think I'm mad? You're mistaken.／为什么我生气？我没生气啊，你们误解我了。／왜 내가 화를 내니? 그런 것 오해야.)

㊿ □ **責める** (to blame, to condemn／责备／책망하다)
せ

▶一生懸命やっているんだから、そんなに責めないでほしい。
いっしょうけんめい

(I'm doing my best, so I wish you wouldn't be so hard on me.／我在拼命地努力，请别那么责备我。／열심히 하고 있으니까 그렇게 책망하지 말아 주었으면 한다.)

51 □ **礼儀** (manners, courtesy／礼仪、礼貌／예의)
れい ぎ

▶挨拶もしないで帰ったの!? 礼儀を知らない人たちだなあ。
あいさつ かえ ひと

(They left without saying good-bye? What a rude bunch.／没有寒暄就回去了吗？真是不动了礼貌的人。／인사를 하지 않고 돌아갔니!?예의를 모르는 사람들이군.)

▷**失礼(な)** (rude／不恭的、失礼的／무례한)
しつれい

時間・時 1

家族 2

人 3

人と人 4

名前・住所 5

食べ物・料理 6

家具・家電・家庭用品 7

毎日の生活 8

交通・移動 9

建物・施設・部屋 10

(52) □ お辞儀(する) (bow／鞠躬、行礼／인사 (하다))

▶ スピーチを始める前に軽くお辞儀をしたほうがいいよ。

(You should give a slight bow when you start your speech.／演讲开始之前，稍微鞠一下躬比较好。／연설을 시작하기 전에 가볍게 인사를 하는 편이 좋아요.)

(53) □ 訪問(する) (visit／访问／방문 (하다)) 同 訪ねる

▶ 月曜は、さくら工業を訪問して、新商品の説明をする予定です。

(I'm going to visit Sakura Industries on Monday to give a presentation on the new products.／星期一准备拜访樱花工业，进行新商品的说明。／월요일은 사쿠라 공업을 방문하고 신상품의 설명을 할 예정입니다.)

(54) □ 歓迎(する) (welcoming／欢迎／환영 (하다))

▷ 歓迎会 (welcome party／欢迎会／환영회)

(55) □ 握手(する) (handshake／握手／악수 (하다))

(56) □ 交流(する) (interaction／交流／교류 (하다))

▶ うちの学校では、毎年6月に海外の学生と交流会をやるんです。

(Our school has a mixer with students from overseas every June.／我们学校每年六月都要和国外的学生举行交流会。／우리 학교에서는 매년 6월에 외국 학생과 교류회를 합니다.)

(57) □ コミュニケーション (communication／交流／커뮤니케이션)

▶ 言葉はわかりませんでしたが、なんとかコミュニケーションをとることができました。

(I couldn't speak the language, but I managed to communicate with them.／不懂得语言，但总算能交流了。／말은 몰랐습니다만, 간신히 커뮤니케이션은 이루어졌습니다.)

❺❽ □ **おしゃべり（する）** (chatting ／聊天／수다 (떨다))

▶ カフェで友だちと２時間もおしゃべりしてました。
(I chatted with friends in a café for a whole two hours. ／在咖啡馆和朋友聊了两个小时的天。／카페에서 친구와 2시간이나 수다를 떨었습니다.)

❺❾ □ **冗談** じょうだん (joke ／玩笑／농담)

▷ 冗談を言う (say a joke ／开玩笑／농담을 하다)

❻⓪ □ **議論（する）** ぎろん (debate ／讨论／토론 (하다))

▶ この問題については、さまざまな議論が行われている。
(This issue is the subject of a broad range of debate. ／关于这个问题,进行了各种各样的讨论。／이 문제에 대해서는 여러 토론이 이루어지고 있습니다.)

❻❶ □ **信用（する）** しんよう (trust ／信用、信誉／신용 (하다))

▶ 彼はよくうそをつくから、信用できない。
(I can't trust him because he lies so much. ／他经常撒谎,不能相信。／그는 자주 거짓말을 하니까 신용할 수 없다.)

❻❷ □ **任せる** まか (to entrust ／听任、委托／맡기다)

▶ この仕事、彼女に任せてみたらどうですか。
(Why don't you try letting her handle this job? ／这个工作交给她做怎么样? ／이 일, 그녀에게 맡게 보면 어떻습니까?)

❻❸ □ **契約（する）** けいやく (contract ／合同／계약하다)

▷ 契約書 しょ (contract ／合同书／계약서)

❻❹ □ **だます** (to deceive ／欺骗／속이다)

▶ 彼のうそにすっかりだまされてしまいました。
(I was completely taken in by her lie. ／完全被他的谎话骗了。／그의 거짓말에 완전히 속아 버렸습니다.)

時間・時

家族

人

人と人

名前・住所

食べ物・料理

家具・家電・家庭用品・

毎日の生活

交通・移動

建物・施設・部屋

1
2
3
4
5
6
7
8
9
10

❻❺ □ **からかう** (to tease／开玩笑、戏弄、开玩笑／놀리다)

▶ まじめにやっているんだから、からかわないでください。

(I'm doing this seriously, so could you stop teasing me?／很认真的在做,请不要开玩笑。／진지하게 하고 있으니까 놀리지 말아 주세요.)

❻❻ □ **迷惑(する)** (nuisance／麻烦、困惑、为难／폐가 되다)
めいわく

▶ となりの部屋がうるさくて、いつも迷惑しています。
へや

(My next-door neighbor is always making a racket. It really bugs me.／隔壁的房间很吵,总是给人添麻烦。／옆 방이 시끄러워서 항상 폐가 됩니다.)

▷ 迷惑をかける (to be a nuisance／给(某人)添麻烦／폐를 끼치다)

❻❼ □ **交代(する)** (change, substitution／交替、替换／교대 (하다))
こうたい

▶ けがをしたので、ほかの選手と交代することになりました。
せんしゅ

(I'm injured, so I'm being replaced by another player.／受伤了,替换上了其他选手。／부상해서 다른 선수와 교대하게 되었습니다.)

❻❽ □ **便り** (news, letter／音信、消息／소식)
たよ

▶ 一度絵はがきをくれましたが、それ以来、彼女からは便りがあ
いち　ど　え　　　　　　　　　　　　　　　いらい　　かのじょ
りません。

(She once sent me a picture postcard, but I haven't heard anything from her since.／给我寄了一次明信片,自从那以后,从她那里再也没有音信。／한 번 그림엽서를 주었습니다만, 그 후 그녀로부터는 소식이 없습니다.)

❻❾ □ **返信(する)** (reply／回信／답장 (하다))
へんしん

▶ 森さんは、メールを送ったら、いつもすぐ返信してくれますよ。
もり　　　　　　　　　　おく

(Mori always replies to my e-mail right away.／寄邮件后,森先生总是很快回信。／모리 씨는 메일을 보내면 항상 금방 답장을 줍니다.)

UNIT 5

名前・住所
な まえ　じゅうしょ

(Names, addresses／姓名・地址／이름・주소)

時間・時

家族

人

人と人

名前・住所

食べ物・料理

家具・家電・家庭用品

毎日の生活

交通・移動

建物・施設・部屋

1
2
3
4
5
6
7
8
9
10

❶ □ 住所 (address／住处／주소)
　　じゅうしょ

❷ □ 氏名 (name／姓名／성명)
　　し めい

❸ □ 生年月日 (date of birth／出生年月日／생년월일)
　　せいねんがっ ぴ

❹ □ 年齢 (age／年龄／연령)
　　ねんれい

　▶年齢は何歳ですか。
　　　　 なんさい
　(How old are you?／年龄多大呢？／연령은 몇 살입니까?)

❺ □ (お)年齢 (age／年龄／나이)
　　　　 とし

　▶お年はいくつですか。
　(How old are you?／你多大呢？／나이는 몇입니까?)

❻ □ 性別 (sex／性别／성별)
　　せいべつ

　▶生まれるのは来年の4月？　じゃ、性別はまだわからないね。
　　　 う　　　　　 らいねん　　 がつ
　(The baby will be born in April? I guess that means you don't know the sex yet, huh?／
　出生是明年4月份吗？那性别还不知道吧。／태어나는 것은 내년 4월? 그럼, 성별은 아직 모르겠군.)

❼ □ 姓 (surname／姓／성)
　　せい

　▶姓はスミス、名前はジョンです。
　　　　　　　　 な まえ
　(My last name is Smith, and my first name is John.／姓史密斯, 名琼。／성은 스미스, 이름
　은 존입니다.)

❽ □ 名字 (family name／姓／성)
　　みょうじ

▶ 名字は知ってる。田中でしょ？　でも、下の名前がわからない。
　　し　　　　　　　　たなか　　　　　　　　　した　なまえ
（I know his family name. It's Tanaka, right? But I don't know his given name.／
知道姓什么。是田中吧？　但是，下面的名字不知道。／성은 알고 있어 . 다나카죠 ? 하지만 밑의
이름은 모르겠다 .）

❾ □ 生まれ (birth／出生／태생)
　　う

▶ 東京生まれですが、育ったのは大阪です。
　　とうきょう　　　　　　そだ　　　　　おおさか
（I was born in Tokyo, but I grew up in Osaka.／东京出生，大阪长大的。／동경태생입니다만,
자란 것은 오사카입니다.）

▷ 4月生まれ (born in April／四月份生的／4월생)
　　しがつ

❿ □ 出身 (origin／出生地／출신)
　　しゅっしん

▶ ご出身はどちらですか。　— 北海道です。
　　　　　　　　　　　　　　　　ほっかいどう
（"Where are you originally from?" "Hokkaido."／你是哪里出生的？ —北海道。／출신은
어디입니까? —북해도입니다.）

UNIT 6

食べ物・料理
た　　　もの　りょうり
(Food, cooking／食物・烹调／음식・요리)

時間・時
1
家族
2
人
3
人と人
4
名前・住所
5
食べ物・料理
6
家具・家電・家庭用品
7
毎日の生活
8
交通・移動
9
建物・施設・部屋
10

❶ □ 味見（する）（to taste／品尝／맛보다）
あじ み

▶ ちょっとこれ、味見してくれない？　‥‥どう？　―うん、おいしいよ。
あじ み

(Could you taste this please? How is it? —Mmm, it's good.／这个, 你尝一下味道好吗？ ‥‥ 怎么样？ —嗯, 很好吃。／잠깐 이것, 맛보아 주지 않을래? ‥‥ 어때? —응. 맛있어.)

❷ □ 味わう（to savor, relish／品味／맛보다）
あじ

▶ これはめったに食べられないものだから、よく味わって食べて。
た

(This is a rare treat, so please savor and enjoy.／这是很少能吃到的东西, 你好好品尝一下。／이것은 좀처럼 먹을 수 없으니까, 잘 맛보며 먹어.)

❸ □ かじる（to bite／啃、咬／베어 먹다）

▶ リンゴをかじった時に、歯がちょっと痛くなりました。
とき　　　　は　　　　　いた

(My teeth hurt a little when I bit into an apple.／啃苹果的时候, 牙有点疼。／사과를 베어먹었을 때 이가 조금 아파졌습니다.)

❹ □ 食う（to eat／吃／먹다）
く

★「食べる」のやや乱暴な言い方。基本的に男性言葉。／Slightly rude way of saying "taberu". Mostly used by males.／「食べる」的比较粗鲁的说法。一般是男性用语。／"食べる"의 약간 거친 말. 기본적으로 남성언어.

▷ 立ち食いの店（standing bar／站着吃的饮食店／서서 먹는 가게）
た　ぐ　　　みせ

❺ □ 食欲（appetite／食欲／식욕）
しょくよく

▶ 暑さのせいか、最近、あまり食欲がないんです。
あつ　　　　　　　さいきん

(I haven't had much of an appetite recently. Maybe it's the heat.／可能是太热了吧, 最近不太有食欲。／더위 탓인지 최근 별로 식욕이 없습니다.)

❻ □ 昼食 (lunch／中午饭／점심)
ちゅうしょく

❼ □ 朝食 (breakfast／早饭／아침 / 식사)
ちょう

❽ □ 夕食 (dinner／晚饭／저녁 식사)
ゆう

❾ □ 食卓 (dining table／饭桌／식탁)
しょくたく

▶ こんな高級なお肉がうちの食卓に上がるのは、年に1回くらい
こうきゅう　　　にく　　　　　　　　　　あ　　　　　　ねん　　かい
です。
(Such top grade meat only makes it to our dining table about once a year.／像这样高级
的肉能上饭桌,一年也只有一次。／이런 고급 고기가 우리 집의 식탁에 오르는 것은 일년에 1번
정도입니다.)

❿ □ ごちそう(する) (to treat／款待、宴请／음식을 대접 (하다))

▶ 先輩にお昼をごちそうしてもらった。
せんぱい　　ひる
(My senior treated me to lunch.／学长请我吃饭了。／선배가 점심을 대접해 주었다.)

▶ 昨日のパーティーはすごいごちそうだったね。
きのう
(Yesterday's party was a real feast, wasn't it?／昨天派对上的东西太好吃了。／어제의 파티
는 굉장한 성찬이었지.)

⓫ □ 乾杯(する) (to toast／干杯／건배 (하다))
かんぱい

▶ さあ、みんなで乾杯しましょう。
(Come on everyone, let's give a toast!／来,大家一起干杯吧。／자, 모두 건배합시다.)

⓬ □ 外食(する) (to eat out／出去吃饭／외식 (하다))
がいしょく

▶ 普段は家で食べますけど、休みの日はときどき外食します。
ふだん　　いえ　た　　　　　　　　やす　　ひ
(I normally eat at home, but I sometimes go out to eat on my days off.／平时在家里面吃,
休息日有时候在外面吃。／보통은 집에서 먹습니다만, 휴일은 가끔 외식합니다.)

⓭ □ 自炊(する) (to cook for oneself／自己烧菜做饭／자취 (하다))
じすい

⓮ □ ステーキ (steak／烤肉／스테이크)

時間・時　1

家族　2

人　3

人と人　4

名前・住所　5

食べ物・料理　6

家具・家電・家庭用品　7

毎日の生活　8

交通・移動　9

建物・施設・部屋　10

❶❺ □ **うどん** （udon noodles／面条／우동）

❶❻ □ **汁** （soup／汤汁／국）
　　　 しる

　▶ 早く食べないと、お汁が冷めちゃうよ。
　　 はや　た　　　　　　　　　　 さ
　　 （Your soup will get cold if you don't eat it soon.／不赶快吃的话,汤汁儿就凉了。／빨리 먹
　　 지 않으면 국이 식어버려.）

❶❼ □ **おかず** （dishes／菜／반찬）

　▶ おかずが多いから、ご飯はちょっとでいい。
　　　　　　　 おお　　　　　　 はん
　　 （There are a lot of dishes, so I'll have just a little bit of rice.／菜太多了,只盛一点儿饭就行了。
　　 ／반찬이 많아서 밥은 조금이면 돼.）

❶❽ □ **菓子** （confectionery, snacks／糕点／과자）
　　　 か　し

　▶ お菓子を食べ過ぎると、ご飯が食べられなくなるよ。
　　　　 か　し　　た　す　　　　　　 はん
　　 （You won't be able to have dinner if you snack too much.／糕点吃多了,就吃不下饭。／
　　 과자를 너무 먹으면 밥을 먹을 수가 없어진다.）

　▷ 洋菓子 （Western-style sweets／西式糕点／양과자）
　　 よう が　し
　▷ 和菓子 （Japanese sweets／日式糕点／일본 과자）
　　 わ　が　し

❶❾ □ **フルーツ** （fruits／水果／과일）

❷❿ □ **ジュース** （juice／果汁／주스）

㉑ □ **ウイスキー** （whiskey／威士忌／위스키）

㉒ □ **米** （(uncooked) rice／大米／쌀）
　　 こめ

㉓ □ 小麦 (wheat／小麦／밀)
こむぎ

㉔ □ 豆 (beans／豆子／콩)
まめ

㉕ □ 作物 (produce／作物／작물)
さくもつ

▶ お米のほか、畑でいろいろな作物を育てています。
こめ　　　　はたけ　　　　　　　　　　　そだ
(In addition to rice, we grow various other types of produce in our fields.／除了大米，早田里面还种着各种各样的农作物。／쌀 외에 밭에서 여러 가지 작물을 키우고 있습니다.)

㉖ □ 収穫(する) (to harvest／收获／수확 (하다))
しゅうかく

▶ この店では、朝収穫したばかりの野菜が買えます。
みせ　　　あさ　　　　　　　　　　やさい　か
(You can buy vegetables that were just harvested this morning at this shop.／在这个店，能买到早上刚刚收获的蔬菜。／이 가게에는 아침에 막 수확한 야채를 살 수 있습니다.)

㉗ □ 食料 (food, provisions／食品／식료)
しょくりょう

▶ 何が起きるかわからないので、水と食料はしっかり用意してお
なに　お　　　　　　　　　　　みず　　　　　　　　　　よう い
いてください。
(We don't know what's going to happen, so please make sure you have an adequate store of water and food.／不知道会发生什么，还是请准备好水和食物。／무엇이 일어날지 모르니까 물과 식료품은 확실히 준비해두세요.)

▷ 食料品 (groceries／食品／식료품)
ひん

㉘ □ 食品 (food products／食品／식품)
しょくひん

▷ 健康食品 (health products／健康食品／건강식품)
けんこう

㉙ □ インスタント食品 (instant foods／速食食品／인스턴트식품)

㉚ □ 缶詰 (canned foods／罐装／캔)
かんづめ

▷ 缶切り (can opener／罐头起子／캔 따개)
き

40

㉛ □ クリーム （cream／奶油、乳霜／크림）

㉜ □ 脂 （fat／脂肪、油／지방）
あぶら

▶ このお肉、おいしいけど、脂が多くて太りそう。
にく　　　　　　　　　　　おお　　ふと
(This meat is delicious, but it's really fatty. I'm going to get fat!／这肉好吃, 但是油太多, 吃了会长胖。／이 고기, 맛있지만 지방이 많아서 살찔 것 같아.)

㉝ □ 油 （oil／油／기름）
あぶら

㉞ □ こしょう （pepper／胡椒／후추）

㉟ □ 酢 （vinegar／醋／초）
す

㊱ □ 酸っぱい （sour／酸的／시다）

▷ 甘酸っぱい （sweet and sour／酸甜／달콤새콤하다）
あまず

㊲ □ 調味料 （seasonings／调味料／조미료）
ちょうみりょう

㊳ □ スパイス （spices／香料、调味料／스파이스）

㊴ □ さじ （spoon／匙／숟가락）

▷ 大さじ、小さじ （tablespoon, teaspoon／大勺子、小勺子／테이블스푼, 티스푼）
おお　　　こ

㊵ □ カロリー （calories／卡路里、热量／칼로리）

▷ カロリーの高い食べ物 （high-calorie foods／热量高的食品／칼로리가 높은 음식）
たか　た　もの

時間・時 1

家族 2

人 3

人と人 4

名前・住所 5

食べ物・料理 6

家具・家電・家庭用品 7

毎日の生活 8

交通・移動 9

建物・施設・部屋 10

㊶ □ **生** （raw／生的、原始声音(图像)／생）
   なま

   ▷ **生ゴミ、生放送** (raw garbage, live broadcast／生活垃圾、现场直播／음식물쓰레기,
       ほうそう
   생방송)

㊷ □ **腐る** （to go bad／腐烂、腐败／썩다）
       くさ

㊸ □ **むく** （to peel／剥／벗기다）

   ▷ **皮をむく** (to peel the skin／剥皮／껍질을 벗기다)
       かわ

㊹ □ **熱する** （to heat／加热／열을 가하다）
       ねっ

   ▶ ‥‥**次に、油を引いて、フライパンをよく熱してください。**
           つぎ   あぶら ひ
   (Next, grease and heat the frying pan.／‥‥然后，倒油，加热平底锅。／‥‥다음에 기름을
   두르고 프라이팬을 잘 달구어 주세요.)

㊺ □ **ゆでる** （to boil／煮／삶다）

   ▷ **卵をゆでる** (to boil eggs／煮鸡蛋／계란을 삶다)
       たまご

㊻ □ **煮る** （to boil, cook／煮、烹、熬、炖／끓이다）
       に

   ▶ **生でも食べられるけど、煮ると、もっとおいしいよ。**
       なま   た   に
   (You can eat them raw, too, but they're more delicious boiled.／生的也能吃，煮了更好吃。
   ／생으로 먹을 수 있지만 끓이면 좀 더 맛있어.)

㊼ □ **煮える** （to be cooked／充分加热、煮熟／끓다）
       に
   ▶ **このニンジン、まだ煮えてないみたい。ちょっと硬い。**
                   に   かた
   (I don't think these carrots are cooked yet. They're a little hard.／这个胡萝卜没有煮熟。
   有点儿硬啊。／이 당근, 아직 끓여지지 않은 것 같아. 조금 딱딱하다.)

㊽ □ **蒸す** （to steam／蒸／찌다）
       む

   ▷ **野菜を蒸す** (to steam vegetables／蒸蔬菜／야채를 찌다)
       やさい

㊾ □ 炒める _{いた} (to stir-fry, saute／炒／볶다)

▶ まずフライパンでタマネギを炒めて、それから肉を入れます。
(First, saute the onions in a frying pan and then add the meat.／首先用平底锅炒一下洋葱,然后再放肉。／우선 프라이팬에 양파를 볶고 그리고 고기를 넣습니다.)

㊿ □ 揚げる _あ (to deep fry／油炸／튀다)

51 □ 炊く _た (to cook, boil／烧饭、煮饭／짓다)

52 □ 炊ける (to be cooked, ready／做熟饭／지어지다)

▷ ご飯が炊けるまで30分くらいかかる。
_{はん}
(The rice will finish cooking in about 30 minutes.／煮熟饭要花三十分钟左右。／밥이 지어지기까지 30분 정도 걸리다.)

53 □ 焦げる _こ (to burn (intr.)／烧焦、烧糊／타다)

▷ 焦げたところは食べないほうがいいよ。体に悪いから。
_た _{からだ} _{わる}
(You shouldn't eat the burnt bits. They're bad for you.／烤焦的地方别吃为好。对身体不好。／탄 곳은 먹지 않는 것이 좋아. 몸에 나쁘니까.)

54 □ 焦がす _こ (to burn (tr.)／烧焦、烧糊／태우다)

▶ あっ、また、パンを焦がしちゃった。
(Damn, I burned the bread again.／啊,又把面包烤焦了。／어, 또 빵을 태워버렸다.)

ゆでる

煮る
_に

蒸す
_む

炒める
_{いた}

揚げる
_あ

炊く
_た

時間・時

家族

人

人と人

名前・住所

食べ物・料理

家具・家電・家庭用品

毎日の生活

交通・移動

建物・施設・部屋

1 2 3 4 5 6 7 8 9 10

家具・家電・家庭用品
かぐ　　かでん　　かていようひん
(Furniture, appliances, household articles／家具、家电、家庭用品／가구·가전·가정용품)

❶ □ じゅうたん　(carpet, rug／地毯／양탄자)

▷ じゅうたんを敷く　(to put down a carpet／铺地毯／양탄자를 깔다)

❷ □ カーペット　(carpet／地毯／카펫)

❸ □ ふとん　(futon (Japanese-style bedding)／被褥／이불)

❹ □ 枕　(pillow／枕头／베개)
　　まくら

❺ □ シーツ　(sheet／床单／시트)

❻ □ 毛布　(blanket／毛毯／담요)
　　もうふ

▷ 毛布をかける　(to cover with a blanket／盖毛毯／담요를 덮다)

❼ □ タオル　(towel／毛巾／타올)

❽ □ 歯ブラシ　(toothbrush／牙刷／칫솔)
　　は

❾ □ 歯磨き粉　(toothpaste／牙膏／치약)
　　は みが　こ

❿ □ ハンガー (hanger／衣架／옷걸이)

▶ このコート、ハンガーにかけてくれる？
(Could you put this coat on a hanger?／能给我把这件大衣挂在衣架上吗？／이 코트, 옷걸이에 걸어 줄래?)

⓫ □ クーラー (air conditioner／空调／에어컨)

▶ この暑さじゃ、クーラーがないとつらいです。
(Heat like this is unbearable if you don't have an air conditioner.／这么热, 如果没有空调就难受了。／이 더위는 에어컨이 없으면 괴롭습니다.)

⓬ □ 扇風機 (electric fan／风扇／선풍기)
せんぷうき

⓭ □ ストーブ (heater, stove／炉子／난로)

⓮ □ ヒーター (heater／电热器／히터)

⓯ □ アイロン (iron／熨斗／다리미)

▶ あとでこのズボンにアイロンをかけておいてくれる？
(Could you iron these pants later?／过会儿能给我熨一下这条裤子吗？／나중에 이 바지를 다리미로 다려 줄래?)

⓰ □ レンジ (range, stove／烤炉／레인지)

▷ 電子レンジ、オーブンレンジ
でんし
(microwave oven, range oven／电烤炉, 烤箱／전자레인지, 오븐레인지)

⓱ □ ガスコンロ (gas burner/stove／煤气炉／가스풍로)

時間・時
1
家族
2
人
3
人と人
4
名前・住所
5
食べ物・料理
6
家具・家電・家庭用品・
7
毎日の生活
8
交通・移動
9
建物・施設・部屋
10

⓮ □ **やかん** (kettle／水壶／주전자)

⓯ □ **なべ** (pot／锅／냄비)

⓰ □ **(お)わん** ((wooden) bowl／木碗／국그릇)

㉑ □ **ふきん** (dishcloth／抹布／행주)

▶ そのふきんは食器用。テーブルはこれで拭いて。
_{しょっ き よう} _ふ
(That dishcloth is for the dishes. Wipe the table with this.／这块抹布是餐具专用的。桌子用这块擦。／그 행주는 식기용. 테이블은 이것으로 닦아.)

㉒ □ **洗剤** (detergent／洗涤剂／세제)
_{せんざい}

▶ その汚れは、洗剤で洗わないと落ちないですよ。
_{よご} _{あら} _お
(That stain won't come out unless you wash it with detergent.／这污垢, 如果不用洗涤剂洗就洗不掉。／그 얼룩은 세제로 빨지 않으면 지워지지 않아요.)

㉓ □ **トイレットペーパー** (toilet paper／卫生纸／화장실용 휴지)

㉔ □ **ティッシュペーパー** (tissue (paper)／纸巾／티슈페이퍼)

㉕ □ **日用品** (daily necessities／日用品／일용품)
_{にちようひん}

▶ 食料や日用品は、いつもこのスーパーで買います。
_{しょくりょう} _か
(I always buy my food and daily necessities at this supermarket.／食品及日用品总是在这家超市买。／식료품이나 일용품은 언제나 이 슈퍼에서 삽니다.)

UNIT 8

毎日の生活
まいにち　せいかつ
(Everyday life／每天的生活／매일의 생활)

時間・時 1
家族 2
人 3
人と人 4
名前・住所 5
食べ物・料理 6
家具・家電・家庭用品 7
毎日の生活 8
交通・移動 9
建物・施設・部屋 10

❶ □ **通う**
かよ
(to go (regularly), to attend／来往／다니다)

▶父は今、週に1回、病院に通っています。
ちち　いま　しゅう　　かい　びょういん
(My father goes to the doctor once a week.／爸爸每周去一次医院。／아버지는 지금 주에 1번 병원에 다닙니다.)

❷ □ **帰宅(する)**
きたく
(going home／回家／귀가 (하다))

❸ □ **暮らす**
く
(to live／生活／살다)

▶子どもの時からずっとここで暮らしています。
こ　　とき
(I've lived here ever since I was a child.／从小就一直在这里生活。／아이 때부터 쭉 여기에서 삽니다.)

❹ □ **暮らし** (living／生活／생활)
く
▷田舎暮らし、一人暮らし
いなか ぐ　　　　　ひとり ぐ
(country living, living alone／乡下生活、一个人生活／시골 생활, 독신생활)

❺ □ **下宿(する)** (boarding／寄宿／하숙 (하다))
げしゅく

▶学生の頃は、親戚の家に下宿していました。
がくせい　ころ　　しんせき　いえ　げしゅく
(When I was in college, I lived in a relative's home.／当学生的时候寄宿在亲戚家。／학생 때는 친척집에 하숙했습니다)

❻ □ **化粧(する)** (makeup／化妆／화장 (하다))　同**メイク(する)**
けしょう

❼ □ **洗濯物** (laundry／洗的衣服／세탁물)
せんたくもの

❽ □ そる(剃る) (to shave／剃／깎다)

▷ ひげをそる (to shave one's face／剃胡子／수염을 깎다)

❾ □ とく(髪を) (to comb (one's hair)／梳／빗다 (머리를))
かみ

❿ □ 眠る (to sleep／睡觉／잠들다)
ねむ

▶ 原因はよくわからないんだけど、最近、よく眠れないんです。
げんいん　　　　　　　　　　　　　　　　　　さいきん
(I don't know why, but I haven't been sleeping well recently.／不太清楚原因, 但最近睡不太好。／원인은 아직 모릅니다만, 최근 잘 잠들지 못합니다.)

⓫ □ 寝る (to go to bed, to lie, to sleep／睡／자다)
ね

▶ こんなところで寝ると風邪ひくよ。
かぜ
(You'll catch a cold if you fall asleep there.／要是在这种地方睡觉会感冒的。／이런 곳에서 자면 감기에 걸려.)

⓬ □ 分別(する) (sorting／分类／분별 (하다))
ぶんべつ

▶ 缶はどこに捨てたらいいのかなあ？ ──あそこにごみの分別の
かん　　　　す
仕方が書いてあるよ。
しかた　か
("Where do I throw away cans?" "That sign over there tells you how to sort your trash for disposal."／罐子该扔到什么地方呢？ ──那里写着垃圾分类的办法呢。／캔은 어디에 버리면 될까? ──저기에 쓰레기 분리방법이 쓰여 있어.)

⓭ □ 留守番(する) (staying at home／看家／빈집을 지키다)
る　す　ばん

▶〈電話で〉今日はみんな出かけています。私はちょっと風邪を
でんわ　　きょう　　　　　　　で　　　　わたし　　　　　　　かぜ
引いているので、家で留守番ですが。
ひ　　　　　いえ
((On the phone) The whole family's out of the house today. I'm staying home because I have a slight cold. ／(打电话)今天大家都出去了。因为我有点感冒,在家里看家。／<전화로> 오늘은 모두 외출했습니다. 나는 조금 감기에 걸려 집에서 빈집을 지킵니다만.)

▷ 留守番電話 (answering machine／留言电话／자동응답전화)

UNIT **9**

交通・移動
こうつう　　い　どう
(Transportation, travel／交通・移动／교통・이동)

❶ □ **乗車(する)** (riding, boarding／乘车／승차 (하다))
じょうしゃ

　▷ 乗車券 ((bus／train) ticket ／车票／승차권)
　　　けん

❷ □ **乗客** (passenger／乘客／승객)
じょうきゃく

❸ □ **往復(する)** (round-trip／往返／왕복 (하다))
おうふく

❹ □ **片道** (one-way／单程／편도)
かたみち

❺ □ **運賃** (fare／运费／운임)
うんちん

　▷ 運賃の値上げ (fare increase／运费上涨／운임의 인상)
　　　　ね あ

❻ □ **定期券** (commuter pass／定期车票／정기권)
てい き けん

　▷ 定期預金 (fixed deposit／定期存款／정기요금)
　　　よきん

❼ □ **発車(する)** (departure／发车／발차 (하다))
はっしゃ

　▶ 飲み物買う時間ある？ ―ない、ない。もうすぐ発車するよ。
　　の ものか　じかん
　　(Do we have time to buy some drinks? —No, no - the train's leaving soon.／有时间买饮
　　料吗？ ―没有、没有。马上就要发车了。／음료를 살 시간 있어? ―없어. 이제 곧 발차해.)

❽ □ **〜発** (departing from ___／〜出发／~ 발)
はつ

　▷ 新宿発の特急
　　しんじゅく　とっきゅう
　　(limited express departing from Shinjuku／新宿发车的特快车 ／신주쿠 출발의 특급)

時間・時

家族

人

人と人

名前・住所

食べ物・料理

家具・家電・家庭用品

毎日の生活

交通・移動

建物・施設・部屋

❾ □ **～行き** (bound for ___／去～／~ 행)
　　　ゆ／い

　　▷ **京都行きの電車** (train bound for Kyoto／去京都的电车／교토행의 전차)
　　　きょうと　　でんしゃ

❿ □ **上り・下り** (heading for Tokyo／away from Tokyo／
　　　のぼ　　くだ　　　　上行・下行／상행·하행)

　　▷ **上りの電車** (inbound train／上行电车／상행 전차)
　　　のぼ　　でんしゃ

> ★「上り」は東京方面を、「下り」はその逆の方面を表す。／上り means "toward Tokyo,"
> while 下り means away from Tokyo.／"上行" 指的是去东京方向的车，"下行" 指的是
> とうきょうほうめん
> 相反方向的车。／"상행" 은 동경 방면을 "하행" 은 그 반대 방향을 나타낸다.

⓫ □ **終点** (last stop／终点／종점)　　　　　　　　　　　**対 始発**
　　　しゅうてん　　　　　　　　　　　　　　　　　　　　　　　　　し はつ

⓬ □ **到着(する)** (arrival／到达／도착 (하다))
　　　とうちゃく

⓭ □ **～着** (arriving at ___／~点到达／~ 착)
　　　ちゃく

　　▷ **15時7分着の特急**
　　　じ　ふん ちゃく　とっきゅう
　　(limited express arriving at 3:07 p.m.／15点7分到的特快车／15시 7분 도착의 특급)

⓮ □ **時刻** (time／时间／시각)
　　　じ こく

⓯ □ **停車(する)** (stopping／停车／정차 (하다))
　　　ていしゃ

⓰ □ **終電** (last train／末班车／마지막 전차)
　　　しゅうでん

⓱ □ **列車** (train／列车／열차)
　　　れっしゃ

　　▶ 〈写真の説明〉これは列車の窓からの景色です。
　　　しゃしん せつめい　　　れっしゃ まど　　けしき
　　((Describing a photo) This one is looking out a train window.／〈照片的说明〉这是从列车
　　的车窗看到的景色。／<사진 설명> 이것은 열차 창에서 보이는 경치입니다.)

⑱ □ **優先席** (courtesy seat／优先座位／경로석)
ゆうせんせき

▶ **大丈夫？　具合が悪かったら優先席に座ったら？**
だいじょうぶ　　　ぐあい　わる　　　　　　　　　　すわ
(Are you okay? If you're not feeling well, why don't you sit in a courtesy seat?／没关系吧？
身体不舒服的话,就坐优先座位怎么样？／괜찮아? 몸 상태가 나쁘면 경로석이 앉으면 어때?)

⑲ □ **鉄道** (railroad／铁路、铁道／철도)
てつどう

⑳ □ **線路** (train track／轨道、铁轨／선로)
せんろ

㉑ □ **モノレール** (monorail／单轨列车／모노레일)

㉒ □ **停留所** (stop／公交车站、车站／정류소)
ていりゅうじょ

▶ **こんな所にバスの停留所がある。**
ところ
(There's a bus stop here, of all places.／这样的地方有公交车站。／이런 곳에 버스 정류소가 있다.)

㉓ □ **バス停** (bus stop／公交车站／버스 정류장)

㉔ □ **大通り** (main street／大路／큰길)
おおどお

㉕ □ **交差点** (intersection／十字路口／교차로)
こうさてん

▶ **あそこの交差点の角にも銀行があります。**
かど　　ぎんこう
(There's also a bank on a corner of that intersection.／那个十字路口的角落里有银行。／
저곳의 교차로 모서리에도 은행이 있습니다.)

㉖ □ **四つ角** (crossroad／十字路口、交叉点／네거리)
よ　かど

▶ **この先の四つ角を右に曲がってください。**
さき　　　　　みぎ　ま
(Go up this street and turn right at the crossroad.／请在那里的交叉路口往右拐。／이 앞의
네거리를 오른쪽으로 돌아 주세요.)

時間・時
家族
人
人と人
名前・住所
食べ物・料理
家具・家電・家庭用品
毎日の生活
交通・移動
9
建物・施設・部屋
10

㉗ ☐ **通行(する)** （passage／通行、通过／통행 (하다)）
つうこう

▶ 工事中なので、ここから先は通行止めになっています。
こう じ ちゅう　　　　　　　　　　　　　　さき
(The road ahead is closed due to construction work.／正在道路施工, 从这里到前面都是
禁止通行的。／공사 중이니까 여기부터 앞은 통행금지로 되어 있습니다.)

㉘ ☐ **通行人** （passerby／行人／통행인）
にん

㉙ ☐ **高速道路** （expressway／高速公路／고속도로）
こう そく どう ろ

㉚ ☐ **渋滞(する)** （traffic jam／堵车／정체 (하다)）
じゅうたい

▶ 道が渋滞してて、バスが全然動かない。
みち　　　　　　　　　　　　　ぜんぜんうご
(The bus can't move at all because of a traffic jam.／路上堵车, 公车一点儿都动不了。／길
이 정체하여 버스가 전혀 움직이지 않는다.)

㉛ ☐ **近道** （shortcut／近路／지름길）
ちか みち

㉜ ☐ **駐車(する)** （parking／停车／주차 (하다)）
ちゅうしゃ

▷ 駐車禁止 （No Parking／禁止停车／주차금지）
きん し

㉝ ☐ **歩道** （sidewalk／人行横道／보도）
ほ どう

▷ 車道 （street／车道／차도）
しゃどう
▷ 国道 （national highway／国道／국도）
こくどう

㉞ ☐ **運転免許証** （driver's license／驾驶执照／운전면허증）
うんてんめんきょしょう

㉟ ☐ **ブレーキ** （brake／刹车／브레이크）

▷ 急ブレーキ （sudden braking／急刹车／급 브레이크）
きゅう

㊱ □ パンク（する） (flat tire／爆胎／펑크 (하다))

㊲ □ ひく (to run over／压、碾／치다)

▶ そんなところを歩いてると、車にひかれるよ。
（You'll get run over by a car if you walk there.／在那种地方行走的话，要被车挂哟。／그런 곳을 걸으면 차에 치인다.)

㊳ □ パトカー (patrol car／巡逻警车／순찰차)

㊴ □ 航空機（こうくうき） (aircraft／空中交通工具／항공기)

▷ 航空会社（がいしゃ） (airline company／航空公司／항공회사)

㊵ □ 便（びん） (flight／航班次／편)

▷ 上海行きの便（シャンハイ ゆ） (flight bound for Shanghai／去上海的航班／상하이행 편)

㊶ □ ヘリコプター (helicopter／直升飞机／헬리콥터)

㊷ □ ボート (boat／小艇／보트)

㊸ □ ヨット (yacht／快艇／요트)

㊹ □ 横断（おうだん）（する） (crossing／横穿／횡단 (하다))

▷ アメリカを横断する、横断歩道（ほどう）
（to cross the US, crosswalk／横断美国、人行横道／미국을 횡단하다, 횡단보도)

時間・時

家族

人

人と人

名前・住所

食べ物・料理

家具・家電・家庭用品

毎日の生活

交通・移動

建物・施設・部屋

❹❺ □ **交通の便** (access to transportation／交通便利／교통편)
こうつう　　べん

▶ もっと交通の便がいいところに引っ越したい。
ひ
(I want to move somewhere with better access.／想搬到交通方便的地方。／좀 더 교통편
이 좋은 곳에 이사하고 싶다.)

❹❻ □ **通路** (passageway, aisle／通行的道路／통로)
つう　ろ

▶ 駅の反対側に行く通路はどこですか。
えき　はんたいがわ
(Where is the passageway to the other side of the station?／去车站相反方向的路在哪里呢？
／역 반대쪽에 가는 통로는 어디입니까?)

❹❼ □ **移動(する)** (travel,move,transfer／移动／이동 (하다))
い どう

▶ この辺は田舎だから、車で移動するしかないんです。
へん　いなか　　　　　くるま
(This is a rural area, so the only way to get around is by car.／这附近是农村,只能用车来
移动。／이 부근은 시골이니까 차로 이동하는 수밖에 없습니다.)

❹❽ □ **宿泊(する)** (staying overnight／住宿／숙박 (하다))　　同 **泊まる**
しゅくはく　　　　　　　　　　　　　　　　　　　　　　　　と

▶ 宿泊先はどちらですか。
さき
(Where are you staying?／住宿的地方在哪里？／숙박처는 어디입니까?)

❹❾ □ **宿** (lodging, inn／住宿／숙소)
やど

▶ 宿はまだ取ってません。これから予約します。
と　　　　　　　　　　　　　　よやく
(I haven't booked a hotel yet, but I will soon.／还没订住宿的地方呢。马上就预约。／숙소는
아직 잡지 못했습니다. 지금부터 예약할 것입니다.)

❺⓿ □ **滞在(する)** (stay／逗留、旅居／체재 (하다))
たいざい

▶ ローマに二日間滞在する予定です。
ふつ か かん　　　　よ てい
(I'm going to stay in Rome for two days.／预定在罗马逗留两天。／로마에 이틀간 체재할 예정입니다.)

❺❶ □ **来日(する)** (coming to Japan／来日本／일본에 오다)
らいにち

15
CD1

UNIT 10

建物・施設・部屋
たてもの　しせつ　へや
(Buildings, facilities, houses／建筑物・设施・房间／건물・시설・방)

---

❶ □ **書店**
しょてん
(bookshop／书店／서점)

★カジュアルな言い方が「本屋」。／Casually referred to as "honya". ／非正式的说法是
"本屋"。／평상시 말투가 " 책방 "

---

❷ □ **床屋**
とこや
(barber／理发店／이발소)

★「理容室」ともいう。男性や子供が利用する。女性は「美容院」を利用する。／
Also called "riyoushitsu", which serves men and children. Women patronize a "biyouin".
／也称为「美发室」。男性和小孩也可去。女性是利用 "美容院"。／"이용실" 이라고도 한
다. 남성과 아이가 이용한다. 여성은 "미용실" 을 이용한다.

---

❸ □ **劇場**
げきじょう
(theater／剧院、剧场／극장)

❹ □ **舞台** (stage／舞台／무대)
ぶたい

▶ こんな大きな舞台に出るのは初めてです。
おお　　　　　　で　　　　　　はじ
(This is my first time performing on such a big stage.／这在这么大的舞台演出还是头一次。
／이런 큰 무대에 나가는 것은 처음입니다.)

---

❺ □ **売店** (kiosk／小卖部／매점)
ばいてん

▷ 駅の売店 (station kiosk／车站的小卖部／역 매점)
えき

---

❻ □ **ショップ** (shop／商店／가게)

▷ コーヒーショップ、ペットショップ
(coffee shop, pet shop／咖啡店、宠物店／커피숍, 애완동물 가게)

❼ ☐ フロント　(reception／服务台／프런트)

　　▷ ホテルのフロント　(hotel reception／酒店的服务台／호텔 프런트)

❽ ☐ 博物館　(museum／博物馆／박물관)
　　　はくぶつかん

❾ ☐ 遊園地　(amusement park／游乐场／유원지)
　　　ゆうえんち

❿ ☐ ジェットコースター　(roller coaster／过山车／제트코스터)

⓫ ☐ ファミリーレストラン　(family restaurant／家庭餐馆／패밀리레스토랑)

⓬ ☐ 会場　(venue／会场／회장)
　　　かいじょう

　　▶ 初日だから、会場はすごく混んでるんじゃない？
　　　しょにち　　　　　　　　こ
　　　(It's the first day, so won't it be really crowded?／因为是第一天, 会场该不会很拥挤吧？
　　　／첫날이어서 회장은 무척 붐비는 것 아니야?)

⓭ ☐ 領事館　(consulate／领事馆／영사관)
　　　りょうじかん

⓮ ☐ 老人ホーム　(retirement home／老人院／양로원)
　　　ろうじん

⓯ ☐ 寮　(dormitory／宿舍／기숙사)
　　　りょう

⓰ ☐ グラウンド　((sports) field／操场／운동장)

⓱ ☐ コインランドリー　(laundromat／投币式自动洗衣店／코인세탁기)

時間・時 1

家族 2

人 3

人と人 4

名前・住所 5

食べ物・料理 6

家具家電・家庭用品 7

毎日の生活 8

交通・移動 9

建物・施設・部屋 10

⓲ □ **待合室**（waiting room／候车室／대기실）
　　まちあいしつ

⓳ □ **広場**（plaza, square／广场／광장）
　　ひろ　ば

⓴ □ **消防署**（fire station／消防局／소방서）
　　しょうぼうしょ

㉑ □ **便所**（toilet／厕所／변소）
　　べんじょ

　　▷ **公衆便所**（public toilet／公共厕所／공중변소）
　　　こうしゅう

㉒ □ **別荘**（vacation home／别墅／별장）
　　べっそう

㉓ □ **城**（castle／城堡／성）
　　しろ

㉔ □ **支店**（branch／分公司／지점）　　　　対**本店**
　　し　てん　　　　　　　　　　　　　　　　　　　　ほんてん

㉕ □ **オフィス**（office／办公室／사무실）

　　▶ **この服、オフィスで着るのにちょうどよさそう。**
　　　　ふく
　　　（These clothes are perfect for wearing to the office.／这件衣服看起来在办公室穿正好。／
　　　이 옷, 사무실에서 입는데 마침 좋을 것 같다.）

　　▶ **1階と2階がお店で、3階がオフィスになっています。**
　　　　かい　　　かい　　みせ　　　　かい
　　　（There are shops on the first and second floor, and offices on the third.／一楼和二楼是
　　　商店,三楼是办公室。／1층과 2층이 가게이고 3층이 오피스입니다.）

㉖ □ **会議室**（meeting room／会议室／회의실）
　　かい　ぎ　しつ

㉗ □ 居間 (living room／起居室、内客厅／거실)
　　　い ま

㉘ □ リビング (living room／客厅／리빙룸)
　　▶ リビングが広くて、いいですね。
　　　　　　　　　ひろ
　　　(The living room is nice and big.／客厅宽敞, 真不错啊。／리빙룸이 넓어서 좋군요.)

㉙ □ キッチン (kitchen／厨房／부엌)　　　　　　　　　同 台所
　　　　　　　　　　　　　　　　　　　　　　　　　　　だいどころ

㉚ □ ダイニングキッチン (dining room／餐厅兼厨房／다이닝)

㉛ □ ベランダ (balcony／阳台／베란다)

㉜ □ 書斎 (study／书屋／서재)
　　　しょさい

㉝ □ 押し入れ (closet／壁橱／붙박이장)
　　　お い
　　　▶ 昔撮ったビデオは、押し入れにしまってあります。
　　　むかし と
　　　(The videos I took a long time ago are all stored in this closet.／过去摄的像都在壁橱里
　　　放着呢。／옛날에 찍은 비디오는 붙박이 장에 넣어 두었어요.)

㉞ □ お手洗い (washroom／卫生间／화장실)
　　　て あら

　　　★「トイレ」の丁寧な言い方。／polite term for toilet. ／"厕所"的礼貌性说法。／" 화장실 "
　　　　　　　ていねい い かた
　　　의 정중한 말투.

㉟ □ 施設 (facilities ／设施／시설)
　　　し せつ
　　　▶ この辺は公園とかスポーツ施設とかが多くて、雰囲気がいいで
　　　　　へん こうえん おお ふんいき
　　　すね。
　　　(This is a great area with lots of parks and sports facilities.／这附近旧式的饭店比较多, 气
　　　氛挺好的。／이 부근은 공원이라든가 스포츠 시설이라든가 많아 분위기가 좋군요.)

時間・時

家族

人

人と人

名前・住所

食べ物・料理

家具・家電・家庭用品

毎日の生活

交通・移動

建物・施設・部屋 10

㊱ □ 設備 (equipment／设备／설비)
せつび

▶ ちょっと古いホテルだけど、設備はしっかりしていた。
ふる
(This hotel is a bit old, but its facilities are solid.／虽然是个旧的酒店，但是设施还是挺好的。
／조금 낡은 호텔이지만 설비는 제대로 되어 있다.)

㊲ □ ～室 (~ room／~室／~ 실)
しつ

▷ 研究室、会議室、事務室
けんきゅう　かいぎ　じむ
(laboratory, meeting room, office／研究室、会议室、事务室／연구실, 회의실, 사무실)

㊳ □ 建築(する) (to build, construct／建筑／건축 (하다))
けんちく

▶ その当時、すでに高度な建築技術を持っていたことがわかった。
とうじ　　　　こうど　　　　ぎじゅつ　も
(It was found that they already had knowledge of advanced building techniques at the
time.／我们知道当时已经具有很高超的建筑技术了。／그 당시 이미 고도한 건축기술을 가지고
있었다는 것을 알 수 있었다.)

㊴ □ 柱 (pillar／柱子／기둥)
はしら

㊵ □ 建設(する) (to construct／建设／건설 (하다))
けんせつ

▶ 駅前に建設中のビルもマンションです。
えきまえ　　　けんせつちゅう
(The building under construction in front of the station is also a condominium.／车站前
面建设中的高楼也是公寓。／역 앞에 건설 중인 빌딩도 아파트입니다.)

㊶ □ ダム (dam／大坝、水坝／댐)

UNIT ⑪

読む・書く・聞く・話す
よ　　か　　き　　はな
(Reading, writing, listening, speaking／读・写・听・说／읽다・쓰다・듣다・말하다)

---

❶ □ **書類** (documents／文件／서류)
しょるい

▶ それはどういう書類ですか。 ──税金に関する書類です。
ぜいきん　かん
(What documents are those? —They're about taxes.／这是什么文件？—是关于税金的文件。
／그것은 어떤 서류입니까?—세금에 대한 서류입니다.)

▷ 提出書類 (documents to be submitted／提交文件／제출서류)
ていしゅつ

---

❷ □ **資料** (materials／资料／자료)
し りょう

---

❸ □ **記事** (article／报道／기사)
き じ

---

❹ □ **載る** (to appear (in a publication)／登载／위에 놓이다)
の

▶ 見て！ うちの社長が雑誌に載ってる。
み　　　　　しゃちょう　ざっし
(Look! Our company president has been featured in a magazine.／看啦！我们社长上杂志了。
／봐라! 우리 사장이 잡지에 실렸다.)

❺ □ **載せる** (to post, publish／刊载、登载／싣다)
の

---

❻ □ **物語** (story／故事／이야기)
ものがたり

---

❼ □ **記入(する)** (to fill in／记入／기재 (하다))
き にゅう

▶ ここに名前と住所を記入してください。
なまえ　じゅうしょ
(Please fill in your name and address here.／请在这里写下名字和地址。／여기에 이름과 주소를 기재해 주세요.)

---

❽ □ **下書き(する)** (to make a draft／打草稿／초고를 (쓰다))
した が

読む書く
聞く話す

天気・天候

お金

服・くつ

色・形

数量・程度

趣味・娯楽
スポーツ

生活・環境・土地

体

健康・病気

❾ □ **削除(する)** (to delete／删除／삭제 (하다))
さくじょ

▶ この表現はちょっと問題があるので、削除することにしました。
ひょうげん　　　　　　　　　もんだい
(There was a slight problem with this expression, so I decided to delete it.／这种表达方式欠妥,我决定删掉。／이 표현은 조금 문제가 있어서 삭제하기로 했습니다.)

❿ □ **聴く** (to listen／听／듣다)
き

▷ 音楽を聴く (to listen to music／听音乐／음악을 듣다)
おんがく

⓫ □ **話題** (subject／话题／화제)
わだい

▶ もうちょっと楽しい話題に変えましょう。
たの　　　　か
(Let's change the topic to something a bit more fun.／换一个开心的话题吧。／좀 더 즐거운 화제로 바꿉시다.)

⓬ □ **しゃべる** 話 (to speak／说话、聊天／수다 떨다)

▶ 大勢の人の前だと、うまくしゃべれないんです。
おおぜい　ひと　まえ
(I can't speak well in front of a large crowd.／在很多人面前,就说不出话来了。／많은 사람 앞이라면 잘 말할 수 없습니다.)

⓭ □ **おしゃべり(する)** (to talk, chat／聊天／잡담 (하다))

⓮ □ **発言(する)** (to say something, speak up／发言／발언 (하다))
はつげん

▶ 会議では、積極的に発言してください。
かいぎ　　　せっきょくてき
(Please speak up proactively at the meeting.／要会议上积极发言。／회의에서는 적극적으로 발언해 주세요.)

⓯ □ **述べる** (to state, mention／叙述／말하다)
の

▶ 最初に述べたように、このことについてはまだわかってないことが多いんです。
さいしょ　の　　　　　　　　　　　　　　　　　　　　　　　　　　　おお
(As I mentioned at the start, there are still a lot of things we don't understand about this issue.／就像开始所叙述的一样,关于这件事情,还有很多不明白的地方。／처음에 말한 것처럼 이것에 대해서는 아직 알지 못하는 것이 많습니다.)

⑯ □ 語る (to speak／谈、说、讲／말하다)
<small>かた</small>

▶ 新監督は、チームの今後の目標について語った。
<small>しんかんとく　　　　　　　　　　　　　　こんご　もくひょう</small>
(The new coach talked about the team's future goals.／新教练谈了谈球队今后的目标。／
신 감독은 팀의 앞으로 목표에 대해 말했다.)

⑰ □ スピーチ(する) (to give a speech／演讲／연설 (하다))

▶ 友だちの結婚式で、スピーチを頼まれました。
<small>とも　　　けっこんしき　　　　　　　　　たの</small>
(I was asked to give a speech at my friend's wedding.／被拜托在朋友的结婚仪式上发表
讲话。／친구의 결혼식에서 스피치를 부탁받았습니다.)

⑱ □ 訳す (to translate／翻译／번역하다)
<small>やく</small>

▶ この日本語を英語に訳せばいいんですね。
<small>にほんご　えいご　やく</small>
(So I should just translate this Japanese text into English, right?／能把这句日语翻译成
英语就好了。／이 표현은 조금 문제가 있어서 삭제하기로 했습니다 . 일본어를 영어로 번역하면
되는군요 .)

⑲ □ 通訳(する) (to interpret／翻译(口译)／통역 (하다))
<small>つうやく</small>

▷ 通訳になる (to become an interpreter／成为翻译(口译)／통역사가 되다)

⑳ □ 翻訳(する) (to translate／翻译(笔译)／번역 (하다))
<small>ほんやく</small>

▶ 時々、翻訳の仕事を頼まれます。
<small>ときどき　　しごと　たの</small>
(I get asked to do some translation work from time to time.／有时候别人会拜托(我)一些
翻译工作。／가끔 번역일을 부탁받습니다.)

㉑ □ 言葉づかい (use of words／措词、说法／말투)
<small>ことば</small>

▶ 目上の人には、言葉づかいに気をつけてください。
<small>めうえ　ひと　　　　　　　　　　　　　　　き</small>
(Please be careful with your use of words when speaking to those more senior than yourself.
／请注意对上司的措词。／손윗사람에게는 말투에 주의를 해주세요.)

UNIT 12

天気・天候
てんき　てんこう

（Weather, climate／天气・天气情况
／날씨・일기）

読む・書く
聞く・話す　11

天気・天候　12

お金　13

服・くつ　14

色・形　15

数量・程度　16

趣味・娯楽
スポーツ　17

生活・環境・土地　18

体　19

健康・病気　20

❶ □ **照る**　(to shine／照耀；晴天／비치다)
　　て

▶ 日が照っているうちに洗濯物を干そう。
　　ひ　　　　　　　　　せんたくもの　　ほ
(Let's put the laundry out to dry while the sun's shining.／趁有阳光的时候, 把衣服晒干吧。
／해가 비칠 때에 빨래를 말리자.)

❷ □ **日差し**　(sunlight／阳光／햇살)
　　ひ　ざ

▶ 今日は日差しが強いなあ。日焼け止めを持ってくればよかった。
　　きょう　ひざ　　　つよ　　　　ひや　ど　　　も
(The sun's really strong today. I should have brought some sunblock along.／今天太阳
光太强了。要是带上防晒霜来就好了。／오늘은 햇살이 강하네. 선크림을 가지고 왔으면 좋았다.)

❸ □ **曇る**　(to be cloudy／阴天／흐리다)
　　くも

▶ 曇っているけど、雨は降らないそうです。
　　くも　　　　　　　あめ　ふ
(It's cloudy, but it's not going to rain, apparently.／虽然是阴天, 但听说不下雨。／흐리지만
비는 내리지 않는다고 합니다.)

❹ □ **にわか雨**　(showers／骤雨、急雨／소나기)
　　　　あめ

▶ にわか雨だから、すぐ止むよ。
　　　　あめ　　　　　や
(If it's just a shower, it'll stop soon.／是急雨, 一会儿就会停的。／소나기이니까 금방 그친다.)

❺ □ **嵐**　(storm／暴风雨／폭풍우)
　　あらし

▶ 風が強くなってきたね。　―うん。もうすぐ嵐になるんじゃな
　　かぜ　つよ
い？
(The wind's gotten stronger. —Yeah. A storm is coming soon, right?／风变强了。—嗯,
不是暴风雨就要来了吧。／바람이 강해졌군. — 응. 금방이라도 폭풍우가 내릴 것 같지 않아?)

❻ □ 積もる (to pile up／堆积／쌓이다)
_つ

▶朝、起きたら、雪が積もってて、びっくりした。
_{あさ} _お _{ゆき} _つ
(When I woke up this morning, I was shocked to see all the snow piled up.／早上起来，雪积了一层, 吓了一跳。／아침에 일어났더니 눈이 쌓여서 놀랐다.)

❼ □ 天候 (weather／天气情况／일기 , 날씨)
_{てんこう}

▶悪天候が続いて、今年は野菜があまりよくできなかった。
_{あく} _{こう} _{つづ} _{ことし} _{やさい}
(The bad weather has continued, so this year's vegetable harvest hasn't been very good.／恶劣天气持续, 今天的蔬菜收成不太好。／악천후가 이어져 올해는 야채가 그다지 잘 안 되었다.)

❽ □ 気候 (climate／气候／기후)
_{き こう}

▶ここは一年中温暖な気候で、暮らしやすい所です。
_{いちねんじゅうおんだん} _く _{ところ}
(This place enjoys a warm climate year round, so it's really comfortable to live here.／这里全年气候温暖, 是个生活惬意的地方。／여기는 1년 중 온난한 기후로 생활하기 쉬운 곳입니다.)

❾ □ 気温 (temperature／气温／기온)
_{き おん}

▶〈天気予報で〉今日の東京の最高気温は30度でした。
_{てん き よ ほう} _{きょう} _{とうきょう} _{さいこう} _ど
((on the weather report) The maximum temperature in Tokyo today was 30 degrees.／(天气预报)今天东京的最高气温是三十度。／<일기예보> 오늘 동경의 최고기온은 30도였습니다.)

❿ □ 湿度 (humidity／湿度／습도)
_{しっ ど}

⓫ □ 蒸し暑い (humid／闷热／무덥다)
_{む あつ}

⓬ □ 予報 (forecast／预报／예보)
_{よ ほう}

▷天気予報 (weather forecast／天气预报／일기예보)
_{てん き}

⓭ □ 梅雨 (rainy season／梅雨／장마)
_{つ ゆ}

UNIT 13

お金
かね
(Money／金钱／돈)

読む・書く
聞く・話す 11

天気・天候 12

お金 13

服・くつ 14

色・形 15

数量・程度 16

趣味・娯楽
スポーツ 17

生活・環境・土地 18

体 19

健康・病気 20

❶ □ **会計(する)** (accounting, checkout／结账、算账／계산 (하다))
かいけい

▶ すみません、お会計お願いします。
ねが
(Excuse me, could you ring me up?／劳驾, 结一下帐。／저기요, 계산 부탁합니다.)

❷ □ **勘定(する)** (settlement, calculation／结账、算账／계산(하다))
かんじょう

❸ □ **金額** ((monetary) amount／金额／금액)
きんがく

▶ 実際に使った金額を記入してください。
じっさい つか きにゅう
(Write the amount of money that you actually spent.／请填写实际使用的金额。／실제로 사용한 금액을 기입해 주세요.)

❹ □ **支払う** (to pay／支付／지급하다)
し はら

▶ 今月末までにお支払いください。
こんげつまつ
(Please pay by the end of this month.／请这个月月末前支付。／이번 달 말까지 지급해 주세요.)

▷ 支払い期限 (payment deadline／支付期限／지급기한)
き げん

❺ □ **レシート** (receipt／收据、收条／영수증)

▶ 私はコンビニのレシートとかは、すぐ捨てちゃう。
わたし す
(I immediately throw away stuff like convenience store receipts.／像拿到便利店的收据什么的, 我马上就扔掉。／나는 편의점의 영수증 등은 금방 버린다.)

❻ □ **領収書** (receipt／收据、收条／영수증)
りょうしゅうしょ

▶ これは会社が負担するから、領収書をもらっておいてください。
かいしゃ ふ たん
(The company will bear the cost for this, so be sure to get a receipt.／这是公司负担的, 所以请开收据。／이것은 회사 부담이니까 영수증을 받아 두세요.)

❼ ☐ **無料** (free of charge／免费／무료)
むりょう

❽ ☐ **ただ 話** (free of charge／免费／공짜)
　　▶ **子どもはただで入れます。**
　　こ　　　　　　　　　　　　　　はい
　　(Admission is free for kids.／孩子免费进去。／아이는 공짜로 들어갈 수 있습니다.)

❾ ☐ **有料** (fee required／收费／유료)
ゆう

❿ ☐ **払い戻す** (to refund／退还、找钱／되돌려받다)
はら　もど

⓫ ☐ **払い戻し** (refund／退还、找钱／환급)
　　▶ **切符、間違えて買ったの？　じゃ、払い戻ししてもらったら？**
　　きっぷ　まちが　　か
　　(You bought the wrong ticket? Well, why don't you get a refund?／票买错了？那就请人
　　家退钱吧。／표, 잘못 샀니? 그럼 환불해 받아.)

⓬ ☐ **おごる** (to treat／请客／한턱내다)
　　▶ **機嫌がいいと、部長もたまにおごってくれます。**
　　き げん　　　　　　ぶ ちょう
　　(When he's in a good mood, the department manager will sometimes treat us to dinner.
　　／心情好的时候，部长有时候会请我们吃饭。／기분이 좋으면 부장님도 가끔 한턱내십니다.)

⓭ ☐ **割り勘** (splitting the bill／平摊、均摊／나눠내기)
わ　かん
　　▶ **ここは割り勘にしましょう。一人 2,500円でお願いします。**
　　　　　　　　　　　　　　　　　　ひ とり　　　　　　　　　　ねが
　　(Let's split this. That'll be ¥2,500 per person./这里就平摊吧。每个人请付2500日元。／여
　　기는 나눠 냅시다. 한 사람당 2500엔 부탁해요.)

⓮ ☐ **貯金(する)** (savings, deposit／积蓄／저금 (하다))
ちょきん

⓯ ☐ **通帳** (bankbook／存折／통장)
つうちょう

⓰ ☐ **口座** ((bank) account／账户／계좌)
こう ざ

聞く・話す　読む・書く　11

天気・天候　12

お金　13

服・くつ　14

色・形　15

数量・程度　16

趣味・娯楽 スポーツ　17

生活・環境・土地　18

体　19

健康・病気　20

⑰ ☐ 利子 りし　(interest／利息／이자)

▷利子がつく　(to bear interest／有利息／이자가 붙다)

⑱ ☐ 預金(する) よきん　(deposit／存款／예금 (하다))

▷普通預金、定期預金
ふつう　ていき
(ordinary savings account, time deposit／普通存款、定期存款／보통예금,정기예금)

⑲ ☐ 下ろす お　(to withdraw／提取／찾다 (내리다))

▶ちょっとそこの ATM でお金を下ろしてきます。
かね
(Just a second. I'm going to withdraw some money from that ATM.／那就在那边的自动取款机上取钱吧。／잠깐 저쪽 자동인출기에서 돈을 찾아오겠습니다.)

⑳ ☐ 請求書 せいきゅうしょ　(bill／付款通知单、账单／청구서)

㉑ ☐ 振り込む ふ　こ　(to transfer (money)／汇款、转款／불입하다)

▶この金額をこの口座に振り込めばいいんですね。
きんがく　こうざ
(I just need to transfer the money to this account, right?／这些钱汇进这个账户就行了。／이 금액을 이 계좌에 불입하면 되는군요.)

㉒ ☐ 振り込み (bank transfer／汇款、转款／불입)

㉓ ☐ 収入 しゅうにゅう　(income／收入／수입)

▶1 カ月ほど入院したので、その分、収入が減った。
げつ　にゅういん　ぶん　へ
(I was in the hospital for about a month, so I lost income for that time.／住院住了一个月左右,因此,这一个月的收入就减少了。／한 달 정도 입원했는데 그만큼 수입이 줄었다.)

㉔ ☐ 予算 よさん　(budget／预算／예산)

▶予算がないから、1 泊しかできない。
ぱく
(I'm on a tight budget, so I can stay only one night.／没有预算,只能住一晚上。／예산이 없으니까 1박밖에 할 수 없다.)

㉕ □ 赤字 (deficit／赤字、支出多于收入／적자)
あか じ

▶ 赤字になるのは当然だよ。無駄なものにお金を使いすぎてる。
とうぜん　む だ　　　　　　　　　　かね つか
(It's not wonder you're in the hole. You spend too much on worthless things.／当然会
变成赤字了。钱都用在没用的东西上了。／적자인 것은 당연하다．쓸데없는 것에 돈을 너무 썼
다.)

㉖ □ 黒字 (surplus／盈余、收入超过支出／흑자)
くろ じ

㉗ □ 節約(する) (thrift, saving／节约／절약 (하다))
せつやく

▶ 不景気な世の中だから、いろいろ節約しないと。
ふ けい き　よ　なか
(With the economy in a slump, we need to save wherever we can.／现在各行都不景气,
必须得处处节约才行。／불경기인 세상이니까 여러 가지 절약하지 않으면 안 된다.)

㉘ □ 費用 (cost／费用／비용)
ひ よう

▶ 引っ越しの費用はどれくらいかかりましたか。
ひ こ
(How much did it cost to move?／搬家的费用要花多少呢？／이사 비용은 어느 정도 들었습
니까?)

㉙ □ 小遣い (pocket money／零花钱／용돈)　　　　　　**話** お小遣い
こ づか

㉚ □ ～費 (__ expenses／～费／~ 비)
ひ

▷ 交通費、食費、生活費
こうつう　しょく　せいかつ
(travel expenses, dining expenses, living expenses／交通费、饮食费、生活费／교통비, 식
비, 생활비)

㉛ □ 時給 (hourly wage／计时工资／시급)
じ きゅう

▷ 時給1,000円のバイト
えん
(part-time job that pays ¥1,000／hour／一个小时1000日元的工作／시급 1000엔의 아르바
이트)

読む・書く
聞く・話す 11

天気・天候 12

お金 13

服・くつ 14

色・形 15

数量・程度 16

趣味・娯楽 スポーツ 17

生活・環境・土地 18

体 19

健康・病気 20

㉜ □ 稼ぐ (to earn (money)／赚钱／벌다)
かせ

▶ たくさん稼いで親を楽にさせたいと思っています。
おや らく おも
(I want to earn a lot so that my parents can live comfortably.／我想挣多点儿钱，让父母
生活得轻松些。／많이 벌어서 부모님을 편하게 해드리고 싶습니다.)

㉝ □ 財産 (property, assets／财产／재산)
ざいさん

㉞ □ 利益 (profit／利益／이익)
りえき

㉟ □ もうける (to make money(tr.)／赚钱／벌다)

▶ この人はお金をもうけることしか考えてない。
ひと かね かんが
(That guy thinks about nothing but making money.／这些人只想着挣钱。／이 사람은 돈을
버는 것밖에 생각하지 않는다.)

㊱ □ もうかる (to make money(intr.)／赚钱／벌다)

㊲ □ 寄付(する) (donation／捐赠、捐助／기부 (하다))
きふ

㊳ □ 札 (bill (paper currency)／纸币／짜리) 話 お札
さつ

▷ 1万円札 (¥10,000 bill／一万日元的纸币／만엔 짜리)
まんえん

㊴ □ 硬貨 (coin／硬币／동전)
こうか

㊵ □ 小銭 (small change／零用钱、零钱／잔돈)
こぜに

㊶ □ 崩す (to change (a bill)／把大票换成零钱／깨다)
くず

▶ あっ、小銭がない。‥‥ねえ、誰か千円札、崩せない？
だれ せんえんさつ
(Oh, I don't have any change. Say, can anyone break a ¥1,000 bill?／啊，没零钱啊。‥‥ 喂，
谁能换开一千日元啊？／어, 잔돈이 없다. ‥‥ 누가 천엔짜리 깰 수 없니?)

UNIT **14**

服・くつ
ふく
(Clothing, footwear／衣服・鞋／옷・신발)

---

❶ □ 服装 (attire／服装／복장)
ふくそう

▶ 明日は面接だから、ちゃんとした服装で行かないと。
あした　めんせつ　　　　　　　　　　　　　　　　　　　　　　　　　い
(I've got an interview tomorrow, so I'd better dress right.／明天面试, 要穿正式服装去。／
내일은 면접이니까 제대로 된 복장으로 가지 않으면 안 된다.)

---

❷ □ ドレス (dress／裙子／드레스)

▶ パーティーに着て行くドレス、どうしよう。
(I wonder what dress I should wear to the party.／去参加晚会的裙子, 怎么办才好啊？／
파티에 입고 갈 드레스, 어떻게 할까.)

---

❸ □ 制服 (uniform／制服／제복)
せいふく

---

❹ □ ブラウス (blouse／上衣／블라우스)

---

❺ □ ワンピース (dress／连衣裙／원피스)

---

❻ □ パンツ (pants, underwear／裤衩／바지)

▶ このシャツには、白いパンツのほうが似合うね。
しろ　　　　　　　　　　にあ
(This shirt would go best with white pants, wouldn't it?／白色的裤衩比较配这件衬衫。／
이 셔츠에는 흰 바지 쪽이 어울리는군)

---

❼ □ ベルト (belt／皮带／벨트)

読む・書く
聞く・話す　11

天気・天候　12

お金　13

服・くつ　14

色・形　15

数量・程度　16

趣味・娯楽
スポーツ　17

生活・環境・土地　18

体　19

健康・病気　20

❽ □ コート （coat／大衣／코트）

❾ □ レインコート （raincoat／雨衣／비옷）

❿ □ サンダル （sandals／涼鞋／샌들）

⓫ □ ストッキング （stockings／长筒袜／스타킹）

⓬ □ 浴衣
　　ゆ か た （yukata (Japanese bathrobe)／棉布的和服单衣／유카타）

⓭ □ 水着
　　みず ぎ （swimsuit／游泳衣／수영복）

⓮ □ 宝石
　　ほうせき （jewel／宝石／보석）

⓯ □ アクセサリー （accessories／服饰用品、装饰品／액세서리）

⓰ □ イヤリング （earrings／耳环／귀걸이）

⓱ □ ピアス （pierced earring／耳环、耳坠子／피어스）

⓲ □ ネックレス （necklace／项链／목걸이）

⓳ □ コンタクトレンズ （contact lenses／隐形眼镜／콘택트렌즈）

⓴ □ レンズ （lens／镜片／렌즈）

㉑ □ 袖
　　そで （sleeve／袖子／소매）

　　▷ **長袖、半袖**
　　　 なが　　 はん （long-sleeved, short-sleeved／长袖、半袖／긴 소매, 반소매）

UNIT 15

色・形
いろ　かたち

(Colors, shapes／颜色・形状／색・형태)

❶ □ **カラー** （color／彩色／컬러）

❷ □ **ピンク** （pink／粉色／핑크）

❸ □ **オレンジ** （orange／橙色／오렌지）

❹ □ **紫（色）** （purple／紫色／보라 (색)）
　　むらさきいろ

❺ □ **紺（色）** （dark blue／深蓝色／감색）
　　こん　いろ

❻ □ **ゴールド** （gold／金色／골드）

❼ □ **金（色）** （gold／金色／금색）
　　きん　いろ

❽ □ **シルバー** （silver／银色／실버）

❾ □ **銀（色）** （silver／银色／은색）
　　ぎん　いろ

読む・書く
聞く・話す 11

天気・天候 12

お金 13

服・くつ 14

色・形 15

数量・程度 16

趣味・娯楽
スポーツ 17

生活・環境
土地 18

体 19

健康・病気 20

❿ □ 派手(な) (flashy／华丽、艳丽／화려 (한))

▶ このオレンジ、会社に着て行くにはちょっと派手かもしれない。
(This orange may be a little too flashy for wearing to work.／穿这个橙色的去公司有些太惹眼了。／이 오렌지, 회사에 입고 가기에는 조금 화려할지도 모르겠다.)

⓫ □ 地味(な) (plain／朴素／수수 (한))

▶ 彼女はいつも地味な服装で、アクセサリーも付けません。
(She always wears plain clothing with no accessories.／她总是穿得很素, 首饰也不戴。／그녀는 항상 수수한 복장으로 액세서리도 하지 않습니다.)

⓬ □ シンプル(な) (simple／简单／심플 (한))

⓭ □ 模様 (pattern／花纹／모양)
もよう

▶ この魚、変わった模様をしてる。 —ほんとだ。
("This fish has a strange pattern." "It sure does."／这条鱼的花纹挺古怪的。—真的啊。／이 물고기 특이한 모양을 하고 있다. —정말이네.)

⓮ □ 柄 (pattern／花纹／무늬)
がら

▶ お皿は、絵とか柄とかない、シンプルなものが好きです。
(I prefer dishes that are simple ones without pictures or patterns on them.／我喜欢盘子上没有花纹或图案的。／접시는 그림이나 무늬가 없는 심플한 것이 좋습니다.)

⓯ □ しま (stripes／条纹、格纹／줄)

▷ 縦じま、横じま
たて   よこ
(vertical stripes, horizontal stripes／竖条纹、横条纹／세로줄 무늬, 가로줄 무늬)

⓰ □ 水玉 (polka dots／水珠、圆点／물방울)
みずたま

▷ 水玉のスカート (polka-dot skirt／圆点花纹的裙子／물방울(무늬) 스커트)

⓱ □ 花柄 (floral pattern／花卉图案／꽃무늬)
はながら

⓲ ☐ **無地** (plain, solid (color)／素色、清一色／무지)
むじ

▶ スカートがちょっと派手な柄だから、シャツは無地がいい。
はで がら

(This skirt's pattern is a little flashy, so it'd be better to pair it with a solid blouse.／裙子的花纹太艳了，衬衫还是素色的好。／스커트가 조금 화려한 무늬이니까 셔츠는 무지가 좋아.)

⓳ ☐ **円** (circle／圓形／원)
えん

▷ 円形のプール (circular pool／圓形的游泳池／원형 수영장)
けい

⓴ ☐ **丸** (circle／圓的／원)
まる
▷ 丸印をつける、丸いテーブル
じるし

(to circle (with a pen), round table／作圓形记号、圓形桌子／동그라미 모양을 그려넣다, 둥근 테이블)

㉑ ☐ **輪** (ring, circle／圓圈／원형)
わ
▷ 輪ゴム、輪になって歌う
うた

(rubber band, to sing in a circle／橡皮圈、围成一圈唱歌／고무밴드, 둥그렇게 모여 노래하다)

㉒ ☐ **球** (ball／球／구)
きゅう

▷ 球場 (stadium／球場／구장)
じょう

㉓ ☐ **ボール** (ball／球／공)

㉔ ☐ **玉** (ball, bead／珠子、球形物／구슬)
たま

▷ ガラス玉、100円玉
だま えん

(glass bead, ¥100 coin／玻璃球、100日元硬币／유리구슬, 100엔짜리)

㉕ ☐ **三角** (triangle／三角／삼각)
さんかく

▷ 三角の屋根、三角形
やね けい

(triangular roof, triangle／三角的屋顶、三角形／삼각 지붕, 삼각형)

読む・書く
聞く・話す　11

天気・天候　12

お金　13

服・くつ　14

色・形　15

数量・程度　16

趣味・娯楽
スポーツ　17

生活・環境・土地　18

体　19

健康・病気　20

㉖ □ **四角** （square／四角／사각）
しかく

▷ **四角い皿、四角形**
さら　　　　　けい
（square plate, square／四角盘子、四角形／사각형 접시, 사각형）

㉗ □ **点** （point／点／점）
てん

㉘ □ **線** （line／线／선）
せん

▷ **線を引く** （to draw a line／划线／선을 긋다）
ひ

㉙ □ **直線** （straight line／直线／직선）
ちょくせん

▶ **ここから球場まで、直線で約200メートルです。**
きゅうじょう　　　　　　　やく
（It's about 200 meters from here to the stadium, as the crow flies./从这里到球场直线距离大约是200米。/여기에서 구장까지 직선으로 약 200미터입니다.）

㉚ □ **カーブ** （curve／拐弯处／커브）

▶ **この先は急なカーブになっています。**
さき　きゅう
（There's a sharp curve ahead./这个前面是急转弯./이 앞은 급한 커브가 되어 있습니다.）

㉛ □ **曲線** （curve／曲线／곡선）
きょくせん

㉜ □ **平ら（な）** （flat, level／平坦／평평（한））
たい

▶ **危ないので、必ず平らな場所に置いてください。**
あぶ　　　　　　かなら　　　　　ばしょ　お
（It's dangerous, so always be sure to place it on a flat spot./很危险，请放到平的地方。/위험하니까 반드시 평평한 장소에 놓아 주세요.）

㉝ □ **水平（な）** （horizontal, level／水平的／수평（인））
すいへい

▷ **水平線** （horizon／水平线／수평선）
せん

㉞ □ **穴** （hole／洞、穴／구멍）
あな

▶ **あっ、靴下に穴が開いてる。**
くつした　　あ
（Oh, I've got a hole in my sock./啊，袜子开洞了。/어, 양말에 구멍이 뚫려 있다.）

㉟ □ **網** （net／网／그물）
あみ

㊱ □ **粒** （grain, particle／粒／알）
つぶ

▶ これ一粒にレモン５個分のビタミンＣが入ってるんだって。
ひと こぶん

(They say that one of these tablets contains five lemons' worth of vitamin C.／这一粒里面含有相当于五个柠檬的维他命C。／이것 한 알에 레몬 5개분의 비타민 C가 들어 있대.)

㊲ □ **列** （row／列／열）
れつ

▶順番に２列に並んでください。
じゅんばん なら

(Please line up in order in two rows.／按顺序排成两排。／순서대로 2줄로 늘어서 주세요.)

㊳ □ **幅** （width／幅度／폭）
はば

▶幅が狭くて通れない。
せま とお

(It's too narrow to pass through.／幅度太窄, 过不去。／폭이 좁아서 지나갈 수 없다.)

㊴ □ **寸法** （measurements／尺寸、长短／길이）
すんぽう

▷寸法を測る (to take measure／测量尺寸／길이를 재다)
はか

㊵ □ **拡大（する）** （expansion／扩大／확대 (하다)）
かくだい

▶近く、売り場を拡大する予定です。
ちか う ば かくだい よてい

(They plan to expand the sales area in the near future.／最近, 有扩展柜台的打算。／가까운 시일에 매장을 확대할 예정입니다.)

㊶ □ **縮小（する）** （reduction, shrinking／缩小／축소(하다)）
しゅくしょう

▷縮小コピー (reduced copy／缩小复印／축소복사)

㊷ □ **姿** （form, appearance／姿态／모습）
すがた

▶村田さんのスーツ姿は初めて見ました。
むら た すがた はじ み

(I saw Murata in a suit for my first time ever.／我第一次看到村田先生穿西装的样子。／무라타 씨의 양복 모습은 처음 보았습니다.)

UNIT 16

数量・程度
すうりょう　ていど
(Quantity, degree／数量・程度／수량・정도)

読む・書く
聞く・話す 11
天気・天候 12
お金 13
服・くつ 14
色・形 15
数量・程度 16
趣味・娯楽
スポーツ 17
生活・環境・土地 18
体 19
健康・病気 20

❶ □ 余る (to remain／多余、剩／남다)
あま

▶ １枚チケットが余ったから、あげましょう。
まい
(There's one ticket left over - let's give it to someone.／多出一张票, 给你吧。／1장 티켓이 남았으니까 주겠습니다.)

❷ □ 余り (balance, leftover／剩余、富余／나머지)

❸ □ 一定 (certain, fixed／一定／일정)
いってい

▶ 一定の収入があれば、誰でもこのサービスを利用できます。
しゅうにゅう　　　　だれ　　　　　　　　　　　　　　　りよう
(Anyone with a certain level of income can use this service.／如果有一定的收入,谁都能利用这项服务。／일정한 수입이 있으면 누구라도 이 서비스를 이용할 수 있습니다.)

▷ 一定期間 (fixed period of time／一定时间／일정 기간)
きかん

❹ □ いっぱい話 (full／满满地／가득)

▶ 箱にみかんがいっぱい入っている。
はこ　　　　　　　　　　はい
(The box is full of mandarin oranges.／箱子里装满了桔子。／상자에 귤이 가득 들어 있다.)

▶ もう、お腹がいっぱいです。
なか
(I'm already full.／肚子已经饱了。／이제 충분히 먹었습니다.)

❺ □ 億 (hundred million／亿／억)
おく

❻ □ およそ／おおよそ (approximately／大约、大概／대강)

▷ およそ１時間 (approximately 1 hour／大概一个小时／대강 1시간)
じかん

❼ □ 約 (around／大约／약)
やく

❽ □ だいたい話 (about／大致／대개)

❾ ☐ **温度** (temperature／温度／온도)
おんど

❿ ☐ **気温** (air temperature／气温／기온)
きおん

⓫ ☐ **体温** (body temperature／体温／체온)
たいおん

⓬ ☐ **角度** (angle／角度／각도)
かくど

▶ これは、別の角度から見た富士山です。
べつ　　　かくど　　　み　ふじさん
(This is a view of Mount Fuji seen from a different angle.／这是从别的角度看的富士山。
／이것은 다른 각도에서 본 후지 산입니다.)

⓭ ☐ **確率** (probability／概率／확률)
かくりつ

⓮ ☐ **数** (number／数量／수)
かず

⓯ ☐ **数える** (to count／数／세다)
かぞ

▶ 村上春樹は、日本を代表する作家の一人に数えられる。
むらかみはるき　　にほん　だいひょう　さっか　ひとり　かぞ
(Haruki Murakami ranks among Japan's most popular authors.／村上春树算得上是一
位日本的代表性作家。／무라카미 하루키는 일본을 대표하는 작가의 한 사람으로 헤아려진다.)

⓰ ☐ **距離** (distance／距离／거리)
きょり

▶ ここから空港までは、かなり距離がありますよ。
くうこう
(It's quite a long way to the airport from here.／从这里到机场,有很长的距离。／여기에
서 공항까지는 상당한 거리가 있습니다.)

⓱ ☐ **偶数** (even number／偶数／짝수)
ぐうすう

⓲ ☐ **奇数** (odd number／奇数／홀수)
きすう

聞く　読む　話す　書く　11

天気・天候　12

お金　13

服・くつ　14

色・形　15

数量・程度　16

趣味・娯楽　スポーツ　17

生活・環境・土地　18

体　19

健康・病気　20

⑲ □ 計 （total (of)／共计／계）
けい

▶ この２年間で計15カ国を訪問しました。
ねんかん　　　　　こく　　ほうもん
（I visited a total of 15 countries over the past two years.／这两年，共计访问了十五个国家。／이 2년간 계 15개국을 방문했습니다.）

⑳ □ 計算（する） （to calculate／计算／계산 (하다)）
けいさん

▶ 計算が合っているか、もう一度確かめてください。
いちど　たし
（Please check one more time to see if the calculations are correct.／计算是否正确，请再确认一次吧。／계산이 맞는지 다시 한번 확인해 주세요.）

㉑ □ 減少（する） （to reduce／减少／감소 (하다)）
げんしょう

▶ 市の人口は年々減少している。
し　じんこう　ねんねん
（The town population is decreasing year by year.／市里的人口在年年地减少。／시의 인구는 해마다 감소하고 있다.）

㉒ □ 増加（する） （to increase／增加／증가 (하다)）
ぞうか

㉓ □ 合計（する） （sum total／合计／합계 (하다)）
ごうけい

▶ 合計でいくらになりますか。
（What's the total amount?／共计多少钱呢？／합계로 얼마가 됩니까?）

㉔ □ 若干 （somewhat／若干／약간）
じゃっかん

▶ 後ろのほうの席が若干空いています。
うし　　　　　せき　　　　　あ
（There are a few empty seats at the back.／后面的座位有很多空着的。／뒤쪽의 좌석이 약간 비어 있습니다.）

▷ 若干名 （few people／若干名／약간명）
めい

㉕ □ 少々 （a little／稍微／잠깐）
しょうしょう

▶ 15日の午後に予約をしたいんですが。　―少々お待ちください。
にち　ごご　よやく　　　　　　　　　　　　　　　　ま
（I'd like to make a reservation for the afternoon of the 15th. ―Just one moment, please.／我想预约十五号的下午。―请您稍等一下。／15일 오후에 예약하고 싶습니다만. ―잠깐 기다려 주세요.）

❷❻ □ 速度 (speed／速度／속도)
そくど

▷ 速度を上げる / 落とす(下げる)
あ　　　　お　　さ
(to increase/decrease speed／速度上升/下降／속도를 올리다/내리다)

❷❼ □ スピード (speed／速度／스피드)

❷❽ □ 大部分 (most／大部分／대부분)
だいぶぶん

▷ 体の大部分は水でできている。
からだ　　　　　　　みず
(Most of the human body consists of water.／身体的大部分都是由水组成的。／몸 대부분
은 물로 이루어져 있다.)

❷❾ □ たった (just／只有／단지)

▶〈料理の説明〉たった5分で、おいしいチーズケーキができます。
りょうり　せつめい　　　　　　ふん
([cooking explanation] You can make a delicious cheesecake in just 5 minutes.／
〈烹调的说明〉只用五分钟，就能做出一个美味的蛋糕。／〈요리의 설명〉단 5분으로 맛있는 치즈
케이크가 만들어집니다.)

❸❿ □ たっぷり (lots, plenty／充足地／잔뜩)

▶慌てなくていいよ。時間はたっぷりあるから。
あわ　　　　　　　　　じかん
(No need to hurry. We have plenty of time.／不用着急。有的是时间。／허둥대지 않아도 됩
니다. 시간은 잔뜩 있습니다.)

❸❶ □ 度々 (often, repeatedly／多次／자주)
たびたび

▶度々すみません、もう一度、その資料を見せてもらえますか。
いちど　　　しりょう　み
(Sorry to bother you repeatedly, but could you take another look at those documents
please?／这么多次，真是不好意思，麻烦您再看看资料可以吗？／자주 미안합니다, 다시 한번 그
자료를 보여 주시겠습니까?)

❸❷ □ 値 (value, price／价格、价钱／가격)
ね

▷ 値上げ・値下げ、値段
あ　　さ　　　だん
(price hike, price cut, prices／涨价・降价、价格／가격 인상・가격 인하, 가격)

読む・書く
聞く・話す 11

天気・天候 12

お金 13

服・くつ 14

色・形 15

数量・程度 16

趣味・娯楽
スポーツ 17

生活・環境・土地 18

体 19

健康・病気 20

③ □ **はかる** (to measure／计算／재다)

▷ [時間を]計る、[長さ・温度を]測る、[重さを]量る
　(to measure time, length, temperature, weight, etc／测 [时间]、测量 [长度・温度]、测量
　[重量]／[시간을] 재다, [길이 온도를] 재다, [무게를] 재다)

③ □ **広さ** (size, area／宽度／넓이)

⑤ □ **増える** (to rise／增加／늘다)

▷ 体重が増える (to gain weight／体重增加／체중이 늘다)

⑥ □ **増やす** (to increase／增加、增添／늘리다)

⑦ □ **複数** (multiple／复数／복수)

⑧ □ **平均(する)** (average／平均／평균 (하다))

▷ 平均点、平均気温
　(average score, average temperature／平均分、平均气温／평균점, 평균기온)

⑨ □ **減る** (to drop／减少／줄다)

▷ 給料が減る (drop in salary／工资减少／월급이 줄다)

⑩ □ **減らす** (to reduce／减少、削减／줄이다)

▷ 体重を減らす (to reduce one's weight／体重减轻／체중을 줄이다)

⑪ □ **枚数** (number of sheets／张数／매수)

⑫ □ **余分(な)** (extra／多余的／여분 (의))

▶ これを使えば、余分な油を簡単にカットできます。
　(You can easily get rid of any unnecessary oil by using this.／使用这个的话, 多余的油
　也可以简单地去除掉。／이것을 사용하면 여분의 기름을 간단히 커트할 수 있습니다.)

81

❹❸ □ 余裕 （room, leeway／余裕、从容／여유）
　　よゆう

　▶ 締め切りまでに2週間しかないから、余裕は全くありません。
　　しき　　　　　しゅうかん　　　　　　　　　　　　　　　　　　　　まった
　　(There are only 2 weeks to go before the deadline, so we have absolutely no leeway.
　　／离截止日期还有两周, 完全没有余裕。／마감까지 2주간밖에 없으니까 여유는 전혀 없습니다.)

---

❹❹ □ 率 （rate／率／률）
　　りつ

　▷ 割引率、経済成長率
　　わりびき　けいざいせいちょう
　　(discount rate, rate of economic growth／打折率、经济成长率／할인율, 경제성장률)

---

❹❺ □ 量 （volume, amount／数量／양）
　　りょう

　▶ お年寄りには、ちょっと量が多いかもしれません。
　　　としよ　　　　　　　　　　おお
　　(The amount might be a bit too big for an elderly person.／对于老年人来说, 可能量有
　　些太多。／노인에게는 조금 양이 많을지도 모르겠습니다.)

---

❹❻ □ レベル （level／水平／수준）

　▶ 上級コースは、私にはちょっとレベルが高すぎます。
　　じょうきゅう　　わたし　　　　　　　　　　　　たか
　　(The advanced course is a bit too difficult for me.／高级课程, 对于我来说水平有些太高了。
　　／상급코스는 나에게는 조금 수준이 높습니다.)

---

❹❼ □ わずか（な） （just, mere／一点点、仅仅／얼마 안 됨）

　▶ B席はまだありますが、A席は残り（は）わずかだそうです。
　　　せき　　　　　　　　　　　せき　　のこ
　　(B seats are still available, but there are only a few A seats remaining.／据说B席位还有,
　　A席位就只剩下少数几个了／B석은 아직 있습니다만, A석은 얼마 안 남았다고 합니다.)

---

❹❽ □ 割合 （percentage, proportion／比例、比率／비율）
　　わりあい

　▶ 下のグラフは、毎日、朝食を食べる人の割合を示したものです。
　　した　　　　　　　まいにち　ちょうしょく　た　　　ひと　　　　　しめ
　　(The graph below shows the percentage of people who eat breakfast every day.／
　　下图为每天吃早饭的人的比例。／밑의 그래프는 매일 아침 식사를 먹는 사람의 비율을 나타낸 것
　　입니다.)

UNIT 17

趣味・娯楽・スポーツ
しゅみ　ごらく
(Hobbies, recreation, sports／兴趣・娱乐・运动／취미・오락・스포츠)

❶ □ 趣味 しゅみ (hobbies／兴趣、爱好／취미)

▶趣味は何ですか。　—そうですね。楽器を演奏するのが好きです。今も、バンドをやっています。
なん　　　　　　　　　　　　　　がっき　えんそう　　　　　す
いま

(What are your hobbies? — I like playing musical instruments. I play in a band now, too.／你的爱好是什么呢？ —嗯, 我喜欢玩乐器。现在也在搞乐队。／취미는 무엇입니까. —글쎄요, 악기를 연주하는 것을 좋아합니다. 지금도 밴드를 하고 있습니다.)

❷ □ 読書 どくしょ (reading／读书／독서)

▷ 読書感想文 かんそうぶん (book report／读后感／독서감상문)

❸ □ 雑貨 ざっか (miscellaneous goods／杂货、日用小商品／잡화)

▷ 生活雑貨、輸入雑貨店
せいかつ　　　ゆにゅう　てん
(lifestyle goods, import shop／生活杂货、进口日用小商品店／생활잡화, 수입잡화점)

❹ □ おもちゃ (toys／玩具／장난감)

❺ □ 人形 にんぎょう (dolls／洋娃娃、偶人／인형)

▷ 人形を飾る かざ (to display dolls／装饰洋娃娃／인형을 장식하다)

読む・書く
聞く・話す 11

天気・天候 12

お金 13

服・くつ 14

色・形 15

数量・程度 16

趣味・娯楽
スポーツ 17

生活・環境・土地 18

体 19

健康・病気 20

❻ □ 娯楽 ごらく (recreation／娱乐／오락)

▶ 3日間ずっと研修だと疲れるから、少し娯楽の時間も入れましょう。
（かかん　けんしゅう　つか　すこ　じかん　い）
(Three days of continuous training is going to be exhausting, so let's make some time for recreation.／三天都一直进修学习就太累了,也该加一点儿娱乐时间吧。／3일간 계속 연수라면 피곤하니까 조금 오락시간도 넣읍시다 . 취미는 무엇입니까 .)

▷ 娯楽施設 しせつ (recreational facilities／娱乐设施／오락시설)

---

❼ □ 花火 はなび (fireworks／烟火／불꽃놀이)

▷ 花火大会 たいかい (fireworks display／烟火大会／불꽃놀이 대회)

---

❽ □ 手品 てじな (magic／魔术／마술)　　　　　同 マジック

---

❾ □ レジャー (leisure／休闲活动／레저)

▷ レジャー施設 しせつ (leisure facilities／休闲活动设施／레저시설)

---

❿ □ 観光(する) かんこう (to go sightseeing／观光／관광 (하다))

▷ 観光客、観光バス、観光地
（きゃく　　　　　　　　　ち）
(tourist, tour bus, tourist spot／游客、观光巴士、旅游地／관광객, 관광버스, 관광지)

⓫ □ 旅館 りょかん (Japanese-style inn／旅馆／여관)

★旅館は、日本の伝統的な構造や設備を持つ宿泊施設。／Ryokans are a type of Japanese accommodation with traditional layout and facilities.／旅馆是拥有日本传统构造特色和设备的住宿设施。／여관은 일본의 전통적인 구조나 설비를 가진 숙박시설 .

⓬ □ 旅(する) たび (to travel／旅行／여행 (하다))

▷ 旅に出る、世界を旅する
（で　　　　せかい）
(to set off on a trip, to travel around the world／去旅行、去世界各地旅行／여행에 가다, 세계를 여행하다)

⑬ □ ピクニック （picnic／郊游／피크닉）

　▷ ピクニックに行く （to go on a picnic／去郊游／피크닉하러 가다）

⑭ □ 登山 （mountain climbing／登山／등산）
　　とざん

　▷ 登山靴、登山道 （climbing boots, mountain trail／登山靴、登山的路／등산화, 등산로）
　　　とざんぐつ　とざんどう

⑮ □ キャンプ （camping／野营／캠프）

⑯ □ 釣り （fishing／钓鱼／낚시）
　　つ

⑰ □ マラソン （marathon／马拉松／마라톤）

　▷ マラソン大会に出る （to run a marathon／参加马拉松比赛／마라톤대회에 나가다）
　　　　たいかい　で

⑱ □ 水泳 （swimming／游泳／수영）
　　すいえい

　▷ 水泳教室 （swimming class／游泳培训班／수영교실）
　　すいえいきょうしつ

⑲ □ スケート （skating／滑冰／스케이트）

⑳ □ 相撲 （sumo／相扑／씨름）
　　すもう

㉑ □ 攻める （to attack／进攻／공격하다）
　　せ

　▶ ずっと攻めているんだけど、なかなか点が取れない。
　　（They're on an all-out offensive, but haven't been able to score.／虽然一直在进攻, 但是怎么也拿不到分。／계속 공격하고 있지만 좀처럼 점수를 얻지 못하다.）

㉒ □ 守る 対 （to defend／防守／지키다）
　　まも

読む・書く
聞く・話す 11

天気・天候 12

お金 13

服・くつ 14

色・形 15

数量・程度 16

趣味・娯楽
スポーツ 17

生活・環境・土地 18

体 19

健康・病気 20

㉓ □ ゴール （goal／终点／골）

▷ ゴールを決める、ゴールキーパー
（to score a goal, goalkeeper／进球、守门员／골을 넣다, 골키퍼）

㉔ □ 同点 （tie／得分相同／동점）
どうてん

▷ 同点に追いつく、同点ゴール
（to level the score, equalizer／分数追平、以相同的分数结束比赛／동점으로 쫓아가다, 동점 골）

㉕ □ 逆転（する） （to come from behind／颠倒、形势逆转／역전 (하다)）
ぎゃくてん

▶ 今、深夜のアルバイトをしていて、昼と夜が逆転しているんです。
いま しんや ひる よる
（I'm working the night shift at my part-time job, so my days and nights have been completely reversed.／现在是打夜工, 白天和黑夜是颠倒的。／지금, 심야 아르바이트를 하고 있어 낮과 밤이 역전되었습니다.）

▷ 逆転勝ち / 負け
か ま
（come-from-behind victory / loss／反败为胜 / 由胜转败／역전승리 / 패함）

㉖ □ 引き分け（る） （tie, draw／平局、和局／무승부）
ひ わ

▷ 引き分けに終わる （to end in a draw／以不分胜负而结束比赛／무승부로 끝나다）
お

㉗ □ 選手 （athlete／选手、运动员／선수）
せんしゅ

▷ サッカー選手 （soccer player／足球运动员／축구선수）

読む・書く
聞く・話す 11

天気・天候 12

お金 13

服・くつ 14

色・形 15

数量・程度 16

趣味・娯楽
スポーツ 17

生活・環境・土地 18

体 19

健康・病気 20

UNIT 18

生活・環境・土地
せいかつ　かんきょう　と　ち
(Living, environment, land／生活・环境・土地／생활・환경・토지)

❶ □ **自炊(する)**　(to cook for oneself／自己烧菜做饭／자취(하다))
じ　すい

▶ 節約のため、自炊をしていますが、たまに外食します。
せつやく　　　　　　　　　　　　　　　　　　　　　　　　　　　　　　　　がいしょく
(I cook my own meals to save money, but I eat out once in a while.／为了节约, 自己烧菜做饭, 有时候也外出吃饭。／절약을 위해 자취를 하고 있습니다만, 가끔 외식합니다.)

❷ □ **粗大ごみ**　(oversized garbage／大件垃圾／대형쓰레기)
そ　だい

★家具や家電製品など、大きなごみ。／Used to refer to bulky items like furniture and
か　ぐ　　か でんせいひん　　　　　　　　　　　　home appliances.／家具, 家用电器等大件垃圾。／가구나 가전제품 등 큰 쓰레기.

❸ □ **リサイクル(する)**　(recycling／再利用／리사이클 (하다))

▶ 牛乳のパックはリサイクルできるので、別にしてください。
ぎゅうにゅう　　　　　　　　　　　　　　　　　　　　　　べつ
(Milk cartons are recyclable, so please separate them from the rest.／牛奶的包装盒能再利用,请分类扔。／우유 팩은 리사이클 할 수 있으니까 따로 해 주세요.)

❹ □ **家事**　(chores／家务事／가사)
か　じ

▶ 夫もときどき、家事を手伝ってくれます。
おっと　　　　　　　　　　　てつだ
(My husband also helps me with the chores from time to time.／我丈夫有时候也帮忙做家务。／남편도 가끔 가사를 도와줍니다.)

❺ □ **環境**　(environment／环境／환경)
かんきょう

▷ 育った環境、環境問題
そだ　　　　　　　　もんだい
(environment in which one was raised, environmental problems／成长环境、环境问题／자란 환경, 환경문제)

❻ ☐ **市場** (market／市場／시장)
いちば

▶ スーパーで買うより、ここの市場で買ったほうが安くて新鮮な
か　　　　　　　　　　　　　　　　　　　　　　　　やす　　しんせん
んです。

(The produce at this market is cheaper and fresher than what you can find at the su-
permarket.／在超市买的还不如在这个市场买的东西便宜、新鲜。／슈퍼에서 사는 것보다 여기
의 시장에서 사는 편이 싸고 신선합니다.)

❼ ☐ **自宅** (residence／自己的住宅／자택)
じ　たく

❽ ☐ **芝生** (lawn, grass／草坪／잔디)
しば　ふ

❾ ☐ **住まい** (home／居住地／사는 곳)
す

▶ お住まいはどちらですか。

(Where do you live?／您住在哪里？／사시는 곳은 어디입니까?)

❿ ☐ **住宅** (residence／住宅／주택)
じゅうたく

▷ 住宅街 (residential area／住宅区／주택가)
がい

⓫ ☐ **田舎** (countryside／农村／시골)
い　なか

⓬ ☐ **都会** (city／都市／도회)
と　かい

▶ 都会よりも田舎のほうが私には合っていると思う。
わたし　　あ　　　　　　　おも

(I think a rural lifestyle suits me better than an urban one.／我觉得比起大都市, 乡下更
适合我。／도시보다 시골 쪽이 나에게는 맞는다고 생각한다.)

⓭ ☐ **故郷** (hometown／故乡／고향)
こきょう　ふるさと

▶ 私にとって、日本は第二の故郷といえます。
にほん　だいに

(Japan is like a second home to me.／对我来说,日本可以说是我的第二故乡。／나에게 있
어 일본은 제2의 고향이라고 할 수 있다.)

読む・書く
聞く・話す 11

天気・天候 12

お金 13

服・くつ 14

色・形 15

数量・程度 16

趣味・娯楽
スポーツ 17

生活・環境・土地 18

体 19

健康・病気 20

⓮ □ **土地** (land／土地／토지)
とち

▶ 東京とここじゃ、土地の値段が全然違います。
とうきょう　　　　　　　　　　ねだん　ぜんぜんちが
(Land prices here and those in Tokyo are completely different.／东京和这里的地价完全不同。／동경과 여기는 토지의 가격이 전혀 다릅니다.)

⓯ □ **日当たり** (sunlight／向阳处／볕이 듦)
ひあ

▶ 狭くてもいいから、日当たりのいい部屋に住みたい。
せま　　　　　　　　　　　　　　　　　　へや　す
(I want to live in a place with good exposure to sunlight, even if it's small.／就是窄也没关系,我想住向阳的房间。／좁아도 좋으니까 볕이 잘 드는 방에 살고 싶다.)

⓰ □ **田／田んぼ** (field／水田／논)
た　た

▷ 田植え (rice planting／插秧／모내기)
う

⓱ □ **畑** (field, plot／旱田／밭)
はたけ

▶ これは全部、実家の庭の畑でとれた野菜です。
ぜんぶ　じっか　にわ　　　　　　やさい
(All of these vegetables were harvested from the plots in the garden at my family home.／这些全部是我们自己家庭院里种的蔬菜。／이것은 전부 부모님 집 마당의 밭에서 수확한 야채입니다.)

⓲ □ **牧場** (ranch, pasture／牧场／목장)
ぼくじょう

⓳ □ **墓** (grave／坟墓／묘)
はか

▷ (お)墓参り (visiting the graves of one's ancestors／扫墓／성묘)
まい

体
からだ
（The body／身体／몸）

---

❶ □ **毛** （hair, fur／毛／털）
け

▶ うちの犬は毛が短いから、手入れは楽です。
いぬ　　　　みじか　　　　　　てい　　らく
（Our dog has a short coat, so it's easy to groom.／我家的狗毛短, 照顾起来很轻松。／
우리 개는 털이 짧아서 손질은 편합니다.）

❷ □ **髪の毛** （hair (on head)／头发／머리카락）
かみ

---

❸ □ **白髪** （gray hair／白发／백발）
しら　が

---

❹ □ **まゆ** （eyebrow／眉毛／눈썹）

❺ □ **まゆげ** （eyebrow／眉毛／눈썹）

---

❻ □ **頬** （cheek／面颊／뺨）
ほお／ほほ

---

❼ □ **涙** （tear／眼泪／눈물）
なみだ

▷ 涙が出る （to cry, eyes water／眼泪出来了／눈물이 나다）
　　　で

---

❽ □ **眠たい** （sleepy／困倦、犯困／졸리다）
ねむ

▶ お腹がいっぱいになったら、眠たくなってきた。
なか　　　　　　　　　　　　　ねむ
（After I filled myself with food, I became sleepy.／肚子饱了, 就犯困。／배가 부르자 졸려
졌다.）

❾ □ **眠い** （sleepy／犯困／졸리다）
ねむ

読む・書く
聞く・話す　11

天気・天候　12

お金　13

服・くつ　14

色・形　15

数量・程度　16

趣味・娯楽
スポーツ　17

生活・環境・土地　18

体　19

健康・病気　20

⑩ □ 覚ます (to wake up／弄醒、唤醒／잠을 깨다)
　さ

　　▶ 子どもたちが目を覚まさないように、そっと家を出ました。
　　　こ　　　　　　　　　め　　　　　　　　　　　　　　　で
　　　(I left home quietly, so as not to wake the kids.／为了不惊醒孩子,悄悄地出门了。／아이
　　　들이 잠을 깨지 않도록 살짝 집을 나왔습니다.)

⑪ □ 覚める (to wake up／醒来／잠에서 깨다)
　さ

　　▶ 母は、5時ごろには目が覚めるようです。
　　　はは　　　　　じ　　　　　　め
　　　(My mother apparently wakes at around 5 o'clock.／母亲五点左右就醒了。／어머니는 5
　　　시경에는 잠에서 깨는 모양입니다.)

⑫ □ 唇 (lip／嘴唇／입술)
　くちびる

⑬ □ 舌 (tongue／舌头／혀)
　した

⑭ □ 息 (breath／呼吸／合)
　いき

　　▷ 息をする (to breathe／呼吸／合을 쉬다)

⑮ □ 胸 (chest／胸部／가슴)
　むね

　　▶ 胸のレントゲンも撮ることになりました。
　　　　　　　　　　　　と
　　　(I'm also going to get a chest X-ray.／胸部也做了透视。／가슴의 엑스선도 촬영하게 됐습니다.)

⑯ □ 心臓 (heart／心脏／심장)
　しんぞう

　　▶ びっくりして、心臓が止まるかと思いました。
　　　　　　　　　　　　　　と　　　　　おも
　　　(I was so surprised I thought my heart was going to stop.／吓了一大跳, 还以为没心跳
　　　了。／놀라서 심장이 멈추는가 싶었습니다.)

⑰ □ 胃 (stomach／胃／위)
　い

❶⑧ ☐ **腹／お腹** (stomach, belly／腹部、肚子／배)
はら　なか

▶ 最近、お腹にちょっと肉がついて、今までのズボンが入らなく
さいきん
なったんです。
にく　　　　　　　　　　　いま　　　　　　　　　　　　はい

(I've gotten a little fat around the waistline recently, and now my pants don't fit.／
最近，肚子上长肉了,以前的裤子都穿不了了。／최근 , 배에 조금 살이 붙어 지금까지의 바지가
들어가지 않게 되었습니다.)

▷ お腹が痛い (to have a stomachache／肚子疼／배가 아프다)
いた

❶⑨ ☐ **背** (back, stature／个子／키)
せ

▷ 背が高い (to be tall／个子高／키가 크다)
たか

▶ 校門を背にして、写真を撮りましょう。
こうもん　　せ　　　　　しゃしん　　と

(Let's take a picture with the school behind us.／以校门为背景,照张相吧。／교문을 등지
고 사진을 찍읍시다.)

❷⓪ ☐ **背中** (back, stature／后背／키)
せ なか

▷ 背中がかゆい (back is itchy／背后发痒／등이 가렵다)

❷① ☐ **肘** (elbow／手肘／팔꿈치)
ひじ

❷② ☐ **手首** (wrist／手腕／손목)
て くび

❷③ ☐ **腰** (lower back, waist／腰／허리)
こし

❷④ ☐ **尻** (rear, buttocks／臀部／엉덩이)
しり

❷⑤ ☐ **膝** (knee／膝盖／무릎)
ひざ

❷⑥ ☐ **足首** (ankle／脚脖子／발목)
あしくび

㉗ □ 血液 (blood／血液／혈액)
けつえき

▶ 血液検査の結果は、特に異常はありませんでした。
けんさ　けっか　　　とく　いじょう
(My blood test came back normal.／血液检查的结果, 无任何异常。／혈액 검사 결과는 특별히 이상은 없었습니다.)

㉘ □ 汗 (sweat／汗水／땀)
あせ

▷ 汗をかく (to sweat／出汗／땀을 흘리다)

㉙ □ 肌 (skin／皮肤、肌肤／피부)
はだ

▶ 鈴木さんのお肌、きれいですね。どんなお手入れをしているんですか。
すずき　　　　はだ　　　　　　　　　　　　　　　　　てい
(You have a lovely complexion. What do you do to keep it that way?／铃木小姐的皮肤很好。是怎么保养的呢？／스즈키 씨의 피부, 예쁩니다. 어떤 손질을 하고 있습니다.)

㉚ □ 皮膚 (skin／皮肤、肌肤／피부)
ひ　ふ

▷ 皮膚の病気 (skin disease／皮肤病／피부의 병)
　　　びょうき

㉛ □ 爪 (nail／指甲／손톱)
つめ

㉜ □ 掻く (to scratch／挠／긁다)
か

㉝ □ 神経 (nerve／神经／신경)
しんけい

▶ 虫歯、辛そうですね。 ──はい、ずきずきします。神経が痛む感じです。
むしば　つら　　　　　　　　　　　　　　　　　　　　　いた
かん
("Looks like your cavity is killing you." "Yeah, it's throbbing with pain. It feels like the nerve is sore."／有虫牙, 挺难受的。—是啊, 一阵阵地痛。感觉神经在痛。／충치, 괴로운 것 같군요. —네, 욱신욱신합니다. 신경이 아픈 느낌입니다.)

読む・書く
聞く・話す　11

天気・天候　12

お金　13

服・くつ　14

色・形　15

数量・程度　16

趣味・娯楽
スポーツ　17

生活・環境・土地　18

体　19

健康・病気　20

❸❹ □ 骨 (bone／骨、骨头／뼈)
ほね

▷ 背骨 (backbone／脊柱／등뼈)
せ ぼね

❸❺ □ 身体 (body／身体／몸)
しん たい

★「からだ」と読むことも多い。／Often read as からだ.／经常读作「からだ」。／"からだ" 이라고 읽는 경우도 많다.

❸❻ □ 身長 (height／身高／신장)
しん ちょう

▷ 身長が伸びる (to grow taller／长个子／키가 크다) ➡はかる(UNIT ❶❻)
の

❸❼ □ 体重 (weight／体重／체중)
たい じゅう

▷ 体重計 (bathroom scale／体重计／체중계) ➡はかる(UNIT ❶❻)
けい

❸❽ □ 裸 (naked／裸体／벌거벗은 몸)
はだか

▶ 知らない人の前で裸になるのは恥ずかしいです。
し ひと まえ

(It's embarrassing to be naked in front of strangers.／在陌生人面前裸露很丢脸。／모르는 사람 앞에서 벗은 몸이 되는 것은 부끄럽습니다.)

❸❾ □ 裸足 (barefoot／光脚／맨발)
はだし

❹⓪ □ 日焼け(する) (sunburn, suntan／晒黑／살이 타다)
ひ や

▷ 日焼け止めクリーム (sunscreen／防晒霜／선크림)
ど

❹❶ □ 美容 (beauty／美容／미용)
び よう

▶ おいしいだけじゃなく、美容にもいいんですよ。

(It doesn't just taste good; it's good for your looks, too.／不仅好吃, 对美容也有好处。／맛이 있을 뿐만 아니라 미용에도 좋습니다.)

▷ 美容院 (beauty parlor, hairdresser／美容院／미용원)
いん

読む・書く
聞く・話す 11

天気・天候 12

お金 13

服・くつ 14

色・形 15

数量・程度 16

趣味・娯楽
スポーツ 17

生活・環境・土地 18

体 19

健康・病気 20

UNIT 20

健康・病気
けんこう びょう き
(Health, illness／健康, 病／건강, 병)

❶ □ 健康 (health／健康／건강)
　けんこう

▶ 健康のために、駅まで毎日歩いています。
　　　　　　　　　えき　　　　まいにちある
(I walk to the train station every day for my health.／为了健康, 每天都走到车站。／건강을 위해 역까지 매일 걷고 있습니다.)

❷ □ 健康な (healthy／健康的／건강한)

❸ □ 健康的(な) (healthy／健康的／건강한)
　　　　てき
▷ 健康的な生活 (healthy lifestyle／健康的生活／건강한 생활)
　　　　　せいかつ

❹ □ ストレス (stress／压力／스트레스)

▶ 毎日課長に怒られてばかりで、ストレスがたまるよ。
　まいにちかちょう　おこ
(I'm stressed out from being yelled at by the section manager every day.／每天科长都发我的脾气, 精神压力很大。／매일 과장에게 혼나기만 해 스트레스가 쌓인다.)

❺ □ 症状 (symptom／症状／증상)
　しょうじょう

▶ 薬のおかげで、症状が少し軽くなった気がします。
　くすり　　　　　　　　　　すこ　かる　　　　　き
(It feels like my symptoms have gotten a little better from taking medicine.／吃药后, 好像觉得症状减轻了。／약 덕분에 증상이 조금 가벼워진 기분이 듭니다.)

❻ □ 顔色 (complexion, facial color／脸色／안색)
　かおいろ

▶ 顔色が良くないけど、大丈夫?
　　　　　　よ　　　　　　だいじょう ぶ
(You look pale. Are you all right?／脸色不好, 没事儿吧?／안색이 좋지 않지만 괜찮아?)

❼ □ **苦しい** (agonizing, painful／痛苦的、难受的／괴롭다)
くる

▶ **熱が高いので、かなり苦しいみたいです。**
ねつ たか
(He's running a high fever, so he seems to be having a really rough time.／发高烧了，好像挺痛苦的。／열이 높아서 꽤 괴로운 것 같습니다.)

❽ □ **苦しむ** (to suffer, to be in agony／感到疼痛；痛苦、苦恼／괴로워하다)
くる

▶ **この病気で苦しんでいる人を一人でも助けたい。**
びょうき ひと ひとり たす
(I want to help the people suffering from this disease, even if I can only help one person.／我想救助被这种病痛折磨的人，就算能救一人也行。／이 병으로 괴로워하는 사람이 한 사람이라도 돕고 싶다.)

❾ □ **苦しめる** (to afflict, to agonize／使痛苦、使为难／괴롭히다)
くる

❿ □ **痛む** ((something) hurts／疼、痛／아프다)
いた

▶ **前に治療した歯が、ときどき痛むんです。**
まえ ちりょう は
(The tooth I had fixed before hurts sometimes.／以前治疗过的牙齿，有时候又疼了。／전에 치료한 이가 가끔 아픕니다.)

⓫ □ **痛み** (pain／疼痛／아픔)
いた

⓬ □ **痛める** (to injure, to hurt (something)／使疼痛、使痛苦／아프게 하다)
いた

▶ **階段で転んで、ちょっとひざを痛めました。**
かいだん ころ
(I tripped on the stairs and hurt my knee a little.／从楼梯上掉下来，把膝盖弄疼了。／계단에서 넘어져 조금 무릎을 다쳤습니다.)

⓭ □ **だるい** (to feel sluggish／疲惫／나른하다)

▶ **体がだるくて、全然力が出ない。**
からだ ぜんぜんちから で
(I don't feel like doing anything today because my body is run down.／身体疲惫，一点儿也没干劲儿。／몸이 나른하여 전혀 힘이 나지 않는다)

読む・書く
聞く・話す   11

天気・天候   12

お金   13

服・くつ   14

色・形   15

数量・程度   16

趣味・娯楽
スポーツ   17

生活・環境・土地   18

体   19

健康・病気   20

⓮ □ **しびれる** (to be numb／麻木／저리다)

▶ うっ、足がしびれて、立てない。
(Oh, I can't stand up. My legs have fallen asleep.／唔, 脚发麻, 站不起来。／어, 발이 저려서 일어설 수 없다.)

⓯ □ **かゆい** (itchy／痒／가렵다)

⓰ □ **頭痛** (headache／头痛／두통)
　　 ずつう

▶ 頭痛がするから、今日はちょっと早めに帰るよ。
(I've got a headache, so I'm going to go home a little early today.／我有点头疼, 今天提前回去啦。／두통이 있으니까 오늘 조금 빨리 갈게.)

▷ 頭痛薬 (medicine for headaches／头疼药／두통약)
　　　 やく

⓱ □ **吐く** (to vomit ／吐／토하다)
　　 は

▶ 急に気分が悪くなって、少し吐きました。
(I suddenly felt sick and threw up a little.／突然恶心起来, 吐了一点儿。／갑자기 기분이 나빠져 조금 토했습니다.)

▷ 吐き気 (nausea／恶心／구역질)
　　 け

⓲ □ **めまい** (dizziness／头晕／현기증)

▶ どうしたんですか！ ―すみません、ちょっとめまいがして……。
("What's wrong?" "Sorry, I just feel a little dizzy."／怎么了？一不好意思, 有点儿头晕……。／무슨 일입니까！ ― 미안합니다. 조금 현기증이 나서……)

⓳ □ **虫歯** (cavity／虫牙／충치)
　　 むし ば

⑳ ☐ **傷** （cut, bruise／伤／상처）
きず

▶ 子供のころは、いつも体のあちこちに傷をつくっていました。
こども　　　　　　　　　　からだ

(I always had cuts and bruises all over me when I was a kid.／小时候,身体经常这里那里地受伤。／아이 때는 항상 몸의 여기저기에 상처를 만들었습니다.)

▷ 車の傷、心の傷
くるま　きず　こころ　きず

（scratch on a car, emotional scar／车子的损伤、内心的创伤／차의 흠집, 마음의 상처）

㉑ ☐ **けが（する）** （injury／受伤／부상）

▶ 息子さん、大丈夫ですか。 ——はい。大したけがじゃなくてよかったです。
むすこ　　　だいじょうぶ　　　　　　　　　　たい

("Is your son okay?" "Yes, he is. I'm glad it wasn't a serious injury."／您的孩子没事儿吧？—嗯,幸好没有受很重的伤。／아드님, 괜찮습니까? —네. 큰 부상이 아니어서 다행입니다.)

▷ 大けが、軽いけが （serious injury, minor injury／重伤、轻伤／큰 부상, 가벼운 부상）
おお　　かる

㉒ ☐ **骨折（する）** （bone fracture／骨折／골절 (하다)）
こっせつ

▷ 足を骨折する （to break one's leg／脚骨折／다리를 골절하다）
あし

㉓ ☐ **火傷（する）** （burn (injury)／烧伤、烫伤／화상 (입다)）
やけど

㉔ ☐ **診る** （to examine (a patient)／看病／진찰하다）
み

▶ だんだん悪くなってるじゃない。早く医者に診てもらったら？
わる　　　　　　　　　　　はや　いしゃ　み

(It looks like it's getting worse. Shouldn't you have a doctor take a look at it soon?／情况变得不好了。赶紧找医生看看啊！／점점 나빠지고 있지 않아. (나빠지고 있잖아) 빨리 의사에게 보여 줘.)

㉕ ☐ **診察（する）** （(medical) examination／诊察／진찰 (하다)）
しんさつ

㉖ ☐ **治療（する）** （treatment／治疗／치료 (하다)）
ちりょう

㉗ ☐ **手術（する）** （operation, surgery／手术／수술 (하다)）
しゅじゅつ

読む・書く
聞く・話す 11

天気・天候 12

お金 13

服・くつ 14

色・形 15

数量・程度 16

趣味・娯楽
スポーツ 17

生活・環境・土地 18

体 19

健康・病気 20

㉘ □ 注射(する) (injection／注射／주사 (하다))
ちゅうしゃ

㉙ □ 患者 (patient／患者／환자)
かんじゃ

㉚ □ 外科 (surgery (department)／外科／외과)
げ か

㉛ □ 内科 (internal medicine／内科／내과)
ない か

㉜ □ 眼科 (ophthalmology／眼科／안과)
がん か

㉝ □ 健康保険証 (health insurance card／健康保险证／건강보험증)
けんこう ほ けんしょう

㉞ □ インフルエンザ (influenza／流感／인플루엔자)

㉟ □ ウイルス (virus／病毒／바이러스)

㊱ □ 感染(する) (infection／感染／감염(하다))
かんせん

▷ ウイルスに感染する、感染を防ぐ
ふせ

(to become infected with a virus, to prevent infection／感染病毒、防止感染／바이러스에
감염하다. 감염을 막다)

▶ 知らない人からのメールには気をつけないと。ウイルスに感染
し ひと き
するよ。

(Be careful about opening e-mail from strangers. Your computer could get infected
with a virus.／要注意从陌生人那里收到的邮件。要感染上病毒的。／모르는 사람으로부터의
메일에는 주의하지 않으면 안된다. 바이러스에 감염된다.)

㊲ □ うつる (to catch (a disease)／传染／옮)

▶ のどがちょっと痛い。田中さんの風邪がうつったかもしれない。
いた たなか かぜ

(My throat's a little scratchy. Maybe I caught Tanaka's cold.／喉咙疼。田中可能把感冒传
染给我了。／목이 약간 아프다. 다나카 씨의 감기가 옮은 것인지도 모른다.)

㊳ □ うつす (to give (someone a disease)／传染／옮기다)

㊴ □ うがい(する) (gargling／漱口／양치질 (하다))

▶ 家に帰ったら、ちゃんと手を洗って、うがいをしたほうがいいよ。
いえ かえ て あら
(After getting home, it's a good idea to wash your hands thoroughly and gargle.／回到家后，好好洗洗手，漱漱口比较好。／집에 돌아가서 제대로 손을 씻고 양치질을 하는 편이 좋다.)

㊵ □ マスク (surgical mask／口罩／마스크)

▷ マスクをつける (to wear a surgical mask／戴上口罩／마스크를 하다)

㊶ □ 睡眠 (sleep／睡眠／수면)
すいみん

▶ まず、十分な睡眠をとることが大切です。
じゅうぶん たいせつ
(First, it's important to get plenty of sleep.／首先，获得足够的睡眠是很重要的。／우선 충분한 수면을 취하는 것이 중요합니다.)

▷ 睡眠不足 (lack of sleep／睡眠不足／수면부족)
ぶ そく

㊷ □ 栄養 (nutrition／营养／영양)
えいよう

㊸ □ ビタミン (vitamin／维生素／비타민)

㊹ □ 効く (to be effective／有效／듣다)
き

▶ 薬が効いてきたみたいです。
くすり
(It feels like the medicine has worked.／好像药起作用了。／약이 듣는 것 같습니다.)

㊺ □ 消化(する) (digestion／消化／소화 (하다))
しょう か

▶ お腹の調子が悪いときは、なるべく消化のいい物を食べてください。
なか ちょうし わる もの た
(Whenever you have an upset stomach, you should try to eat only easily digestible food.／肚子不太好的时候，请尽量吃些容易消化的食物。／속이 안 좋을 때는 가능한 소화에 좋은 것을 먹으세요.)

読む 書く
聞く 話す 11

天気・天候 12

お金 13

服・くつ 14

色・形 15

数量・程度 16

趣味・娯楽
スポーツ 17

生活・環境・土地 18

体 19

健康・病気 20

㊻ □ **禁煙(する)** (smoking prohibition／禁烟／금연 (하다))
きんえん

▷ 禁煙席 (nonsmoking section／禁烟席／금연석)
せき

㊼ □ **喫煙(する)** (smoking／吸烟／흡연 (하다))
きつえん

㊽ □ **体操(する)** (exercise／体操／체조 (하다))
たいそう

▶ プールに入る前に、軽く準備体操をしてください。
はい まえ かる じゅんび
(Please do some warm-up exercises before entering the pool.／进游泳池之前,请做一下
简单的准备活动。／풀에 들어가기 전에 가볍게 준비체조를 해 주세요.)

㊾ □ **お見舞い** (visiting a sick person／慰问病人／병문안)
み ま

▶ 明日は入院している友だちのお見舞いに行きます。
あした にゅういん とも い
(Tomorrow I'm going to visit a friend in the hospital.／明天去看望住院的朋友。／내일은
입원한 친구의 병문안에 갑니다.)

㊿ □ **看病(する)** (taking care (of a sick person)／看护病人、护理病人／병구완 (하다))
かんびょう

▶ 病気になった時は、母がここに来て、看病してくれました。
びょうき とき はは き
(When I was sick, my mother came here and took care of me.／生病的时候,妈妈来照顾
我。／병에 걸렸을 때는 어머니가 여기에 와서 병구완해 주었습니다.)

51 □ **がん** (cancer／癌症／암)

▷ 肺がん、胃がん (lung cancer, stomach cancer／肺癌、胃癌／폐암, 위암)
はい い

52 □ **アレルギー** (allergy／过敏／알레르기)

▶ 何か食べ物のアレルギーはありますか。 ──いえ、特にありま
なに た もの とく
せん。
("Do you have any food allergies?" "No, none in particular."／吃什么东西过敏吗? —没
有,没什么过敏的。／무언가 음식 알레르기는 없습니까? —아니오. 특별히 없습니다.)

地球・自然
ちきゅう　しぜん

(The Earth, nature／地球・自然／지구,자연)

❶ □ **宇宙** (universe, outer space／宇宙／우주)
うちゅう

❷ □ **地球** (Earth／地球／지구)
ちきゅう

❸ □ **南極** (South Pole／南极／남극)
なんきょく

❹ □ **北極** (North Pole／北极／북극)
ほっ

❺ □ **熱帯** (tropics／热带／열대)
ねったい

▷ **熱帯雨林** (tropical rain forest／热带雨林／열대우림)
うりん

❻ □ **陸** (land／陆地／육지)
りく

❼ □ **大陸** (continent／大陆／대륙)
たい

▷ **アフリカ大陸** (Africa／非洲大陆／아프리카대륙)

❽ □ **火山** (volcano／火山／화산)
かざん

❾ □ **土** (soil／土壤／흙)
つち

▶〈花屋で〉土が乾いてきたら、水をあげてください。
はなや　　かわ　　　　　　みず
((At a flower shop) Water it when the soil dries out.／〈在花店〉如果土壤干了,就要浇水。
／<꽃가게에서> 흙이 마르면 물을 주세요.)

地球・自然 21
事務用品 22
仕事・作業 23
技術・産業 24
原料・材料 25
道具・器具・機械 26
動物・植物・人間 27
学校・教育 28
大学・研究 29
対象・範囲 30

❿ ☐ **砂漠** (desert／沙漠／사막)
さ ばく

⓫ ☐ **岸** (shore, bank／岸／기슭)
きし

▷ **川岸** (riverbank／河岸／강기슭)
かわぎし

⓬ ☐ **海岸** (seashore／海岸／해안)
かいがん

⓭ ☐ **丘** (hill／沙丘／언덕)
おか

⓮ ☐ **谷** (valley／峡谷／계곡)
たに

⓯ ☐ **滝** (waterfall／瀑布／폭포)
たき

⓰ ☐ **金属** (metal／金属／금속)
きんぞく

⓱ ☐ **銀** (silver／银／은)
ぎん

⓲ ☐ **ダイヤ(モンド)** (diamond／钻石／다이아몬드)

⓳ ☐ **光** (light／光／빛)
ひかり

⓴ ☐ **日光** (sunlight／日光／일광)
にっこう

▶ **日光が当たる場所に長く置くと、色が変わってしまいます。**

(It will become discolored if you leave it in sunlight for a long time.／长时间放置在阳光
能照射到的地方，就会变色。／일광이 비추는 장소에 길게 두면 색이 변해 버립니다.)

㉑ ☐ **虹** (rainbow／彩虹／무지개)
にじ

㉒ □ **夕日** (setting sun／夕阳／저녁해)
ゆう ひ

㉓ □ **暮れる** (to get dark／日暮／저물다)
く

▶ 日が暮れてきたから、もう帰ろう。
ひ　　　　　　かえ
(It's getting dark, so let's go home.／太阳落山了，回去吧。／날이 저물어졌으니까 이제 돌아가자.)

㉔ □ **雷** (thunder, lightning／雷／천둥)
かみなり

▶ あっ、雷が鳴ってる。雨が降るかも。
なっ　　　　　あめ　ふ
(Oh, it's thundering. We might be getting some rain.／啊，落雷了。可能要下雨。／아, 번개가 친다. 비가 올지도 모른다.)

▷ 雷が落ちる (lightning strikes／落雷／번개가 떨어진다)
お

㉕ □ **天然** (natural／天然／천연)
てんねん

▶ 原料には植物油など天然のものしか使っていません。 —じゃ、体にいいんですね。
げんりょう　しょくぶつゆ　　　てんねん　　　　　つか
からだ
("This is made from just vegetable oil and other natural ingredients." "Well, then, it must be good for us, huh?"／原料中只使用了植物油等天然的东西。—那对身体很好啊。／원료에는 식물성기름 등 천연의 것밖에 사용하지 않았습니다.—자 몸에 좋겠군요.)

㉖ □ **人工** (artificial, manmade／人工／인공)
じんこう

▶ 〈映画を見ながら〉これ、人工の雪なんだって。 —へえ、言われなきゃ、わからない。
えい が み　　　　　　じんこう　ゆき　　　　　　　　　　い
((While watching a movie) "I heard that that's artificial snow." "Wow, I wouldn't have known if you didn't tell me."／〈看着电影〉听说这是人工降雪。—是吗，你不说还不知道呢。／<영화를 보면서> 이것, 인공설이래.—허, 듣지 않으면 모르겠다.)

㉗ □ **人工的(な)** (artificial, manmade／人工的／인공적인)
てき

UNIT **22**

事務用品
じ む ようひん
（Office supplies／办公室用品／사무용품）

地球・自然 21
事務用品 22
仕事・作業 23
技術・産業 24
原料・材料 25
道具・器具・機械 26
動物・植物・人間 27
学校・教育 28
大学・研究 29
対象・範囲 30

❶ □ **便せん** （letter paper／信纸／편지지）
　　びん

❷ □ **用紙** （form, paper／规定用纸／용지）
　　よう し

▷ コピー用紙、解答用紙 （copier paper, answer sheet／复印纸、答题纸／복사용지, 해답용지）
　　　　　　かいとう

❸ □ **ファイル** （file／文件／파일）

▶ 資料は、この青いファイルにまとめてあります。
　しりょう　　あお
（The data is compiled in this blue file.／资料在这个蓝色的文档里。／자료는 이 푸른 파일에 정리해 두었습니다.）

❹ □ **ホッチキス** （staple／订书机／호치키스）

▷ ホッチキスでとめる （to staple／用订书机装订／호치키스로 찍다）

❺ □ **のり** （paste／胶水、浆糊／풀）

▷ のりで貼る （to paste (something) on／用胶水粘上／풀로 바르다）
　　　　は

❻ □ **セロハンテープ** （cellophane tape／透明黏粘胶带／셀로판테이프）

▷ テープでとめる （to tape (something) on／用胶带贴上／테이프를 바르다）

❼ □ **ガムテープ** （packing tape／胶条／상자테이프）

★段ボール箱を閉じるときなどに使う、紙または布のテープ。／Paper/cloth tape used for sealing cardboard boxes and similar purposes／封纸箱子的时候使用的纸质的、或者是布的胶带。／종이 상자를 덮을 때 사용하는 , 종이 또는 천의 테이프

UNIT 23

仕事・作業
し ごと　さ ぎょう
(Work, tasks／工作・作業／일・작업)

---

❶ □ 働く (to work／工作／일하다)
はたら

---

❷ □ 勤務(する) (work／上班／근무 (하다))
きん む

▶ 勤務時間は、毎日9時間くらいです。
　 じ かん　　まいにち　 じ かん
(I work about nine hours every day.／上班时间是每天九个小时左右。／근무 시간은 매일 9시간 정도입니다.)

---

❸ □ 職場 (workplace／工作单位、工作岗位／직장)
しょく ば

---

❹ □ 通勤(する) (commuting／通勤、上下班／통근 (하다))
つうきん

▶ 毎朝、通勤にどれくらい時間がかかりますか。
　 まいあさ　　　　　　　　　　　 じ かん
(How much time does it take you to get to work in the morning?／每天早上去上班要花多长时间呢？／매일 아침, 통근에 어느 정도 시간이 걸립니까?)

---

❺ □ 出勤(する) (going to work／出勤、上班／출근 (하다))
しゅっきん

▶ 明日は午後から出勤することにしました。
　 あした　 ご ご
(I decided to go into work in the afternoon tomorrow.／明天从下午开始上班。／내일은 오후부터 출근하기로 했습니다.)

---

❻ □ 打ち合わせ(る) (meeting, arrangements／商量、碰头；商议／협의)
う　 あ

▶ 担当者を集めて、一度打ち合わせをしましょう。
　 たんとうしゃ　 あつ　　　 いち ど
(Let's get all the project members together for a meeting.／让负责人都叫到一起,好好商议一下。／담당자를 모아 한번 협의를 합시다.)

地球・自然 21

事務用品 22

仕事・作業 23

技術・産業 24

原料・材料 25

道具・器具・機械 26

動物・植物・人間 27

学校・教育 28

大学・研究 29

対象・範囲 30

❼ □ ミーティング （meeting／会议／미팅）

▶ じゃ、そろそろミーティングを始めたいと思います。
（All right, let's get this meeting started.／那么，我们现在就开始开会吧。／자, 슬슬 미팅을 시작하겠습니다.）

❽ □ 作業（する） さぎょう （work, task／作业、操作／작업 (하다)）

▶ 簡単な作業なので、誰にでもできます。
かんたん　　　　　　だれ
（It's an easy task, so anybody can do it.／这是简单的操作，谁都会。／간단한 작업이어서 누구라도 할 수 있습니다.）

❾ □ 休憩（する） きゅうけい （break／休息／휴식 (하다)）　　　同 休む
やす

❿ □ 仕上げる しあ （to finish／做完工作、完成／완성하다）

▶ 早くその仕事を仕上げて、こっちを手伝ってよ。
はや　　　しごと　　しあ　　　　　　　　　てつだ
（Hurry up and finish that job so that you can help me.／赶紧把你的工作做完，来帮我帮我啊！／빨리 그 일을 완성하고 여기를 도와줘.）

⓫ □ 仕上がる しあ （to be finished／工作做完、完成／완성되다）

⓬ □ 出来上がる できあ （to be completed／完成、做完／완성되다）

▶ 作品はいつ出来上がる予定ですか。
さくひん　　　　でき あ　　よてい
（When will your work be completed?／作品预定什么时候完成呢？／작품은 언제 완성될 예정입니까?）

⓭ □ 出来上がり できあ （completion／做完、完成／완성）

▶ 冷蔵庫で約30分冷やすと出来上がりです。
れいぞうこ　　やく　　ぷん ひ　　　　でき あ
（Chill it for about 30 minutes in the refrigerator and it'll be ready.／在冰箱里冷藏三十分钟后，就做好了。／냉장고에서 약 30분 식히면 완성입니다.）

⓮ □ 事務 じむ （office work／事务／사무）

▷ 事務室、事務員 しつ　　　いん （office, clerk／办公室、办公人员／사무실, 사무원）

⑮ ☐ **管理(する)** (management／管理／관리 (하다))
　　かんり

▶ この公園は、市が管理しています。
　　こうえん　　し
(This park is managed by the city.／这个公园由市里面来管理。／이 공원은 시가 관리하고 있습니다.)

⑯ ☐ **徹夜(する)** (all-nighter／熬夜／밤샘 (하다))
　　てつや

⑰ ☐ **怠ける** (to goof off, to shirk／懒惰、不卖力／게으름 피우다)
　　なま

▶ 誰か怠けている人がいたら、遠慮なく注意して。
　　だれ　　　　　　　ひと　　　　　　えんりょ　　　ちゅうい
(If you see someone goofing off, don't hesitate to warn him.／要是有偷懒的人,请大家提醒他,一定不要客气。／누군가 게으름 피우는 사람이 있으면 사양하지 말고 주의해.)

▷ 怠け者 (lazy person／偷懒者／게으름뱅이)
　　もの

⑱ ☐ **サボる** (to skip (class, work)／怠工、逃学、旷课／빼 먹다)

▶ 授業をサボったことは一度もありません。
　　じゅぎょう　　　　　　　　　いちど
(I have never skipped a class.／一次也没逃过课。／수업을 빼먹은 적은 한 번도 없습니다.)

⑲ ☐ **プロジェクト** (project／项目／프로젝트)

▶ 先生は、市が新しく始めた教育のプロジェクトに参加しています。
　　せんせい　　し　　あたら　　はじ　　きょういく　　　　　　　　さんか
(The professor is participating in a new educational project launched by the city.／老师参加了市里新开始的教育项目。／선생님은 시가 새로 시작한 교육 프로젝트에 참가하고 있습니다.)

⑳ ☐ **ボーナス** (bonus／奖金／보너스)

㉑ ☐ **転勤(する)** (transfer／调动工作、转职／전근 (하다))
　　てんきん

▷ 地方に転勤する
　　ちほう
(to be transferred away from Tokyo／调到地方上工作／지방으로 전근하다.)

UNIT 24

技術・産業
ぎじゅつ さんぎょう

(Technology, industry／技术・产业／기술・산업)

地球・自然 21

事務用品 22

仕事・作業 23

技術・産業 24

原料・材料 25

道具・器具・機械 26

動物・植物・人間 27

学校・教育 28

大学・研究 29

対象・範囲 30

❶ □ **生産(する)** (to produce／生产／생산 (하다))
せいさん

▶ この工場だけで、年間約100万本のワインを生産しています。
こうじょう　　　　ねんかんやく　　　まんぼん

(We produce about one million bottles of wine per year at this factory alone.／光这个工厂, 一年就会生产一百万瓶红酒。／이 공장만으로 연간 약 100만 개의 포도 주가 생산됩니다.)

❷ □ **産業** (industry／产业／산업)
さんぎょう

▶ 地域経済を元気にするには、新しい産業を育てていくしかありません。
ちいきけいざい　げんき　　　　　あたら　　　さんぎょう　そだ

(The only way to revive the local economy is by nurturing new industries.／为了激活地方经济, 只有培养新兴产业。／지역경제를 활기 있게 하기 위해서는 새로운 산업을 키워나갈 수밖에 없습니다.)

❸ □ **～業** (~ industry／～业／~업)
ぎょう

▷ 工業、農業、漁業
こう　　のう　　ぎょ

(industry, agriculture, fishing／工业、农业、渔业／공업, 농업, 어업)

❹ □ **製造(する)** (to manufacture／制造／제조 (하다))
せいぞう

▶ チョコレートの製造方法が写真付きで紹介されています。
ほうほう　しゃしんつ　　しょうかい

(Chocolate manufacturing methods are introduced using photos. ／通过附带照片的形式介绍了巧克力的制造方法。／초콜릿의 제조방법이 사진첨부로 소개되어 있습니다.)

❺ □ **製品** (product／产品、制品／제품)
せいひん

▷ 新製品、家電製品、日本製品
しん　　かでん　　　にほん

(new product, home appliances, Japanese products／新产品、家用电器、日本产品／신제품, 가전제품, 일본제품)

❻ □ 工事(する) (to construct／工程、施工／공사 (하다))
　こうじ

　▶ 渋滞していますね。 ── この先で工事をしているみたいです。
　　じゅうたい　　　　　　　　　　　　さき
　　(Look at all this traffic. ─It seems there's some construction going on up ahead.／堵车
　　了啊。—好像前面在施工。／정체되어 있군요. ─이 앞에서 공사를 하고 있는 것 같습니다.)

❼ □ 工事中 (under construction／施工中／공사 중)
　　　　ちゅう

❽ □ 技術 (technology／技术／기술)
　ぎじゅつ

　▷ 科学技術の発展は生活を豊かにした。
　　かがく　　　　はってん　せいかつ　ゆた
　　(Developments in science and technology improved standards of living.／科学技术的发
　　展丰富了我们的生活。／과학기술의 발전은 생활을 풍요롭게 했다.)

　▶ 世界を相手に戦うには、技術だけでなく、パワーとスピードが
　　せかい　あいて　たたか
　　必要です。
　　ひつよう
　　(In order to compete on a global level, what is required is not just technology, but also
　　power and speed.／以世界为对手来竞争,不仅仅需要技术,还需要力量和速度。／세계를 상
　　대로 싸우기 위해서는 기술만이 아니라 힘과 스피드가 필요합니다.)

❾ □ 開発(する) (to develop／开发／개발 (하다))
　かいはつ

❿ □ 自動 (automatic／自动／자동)
　じどう

　▶ 一定の時間が過ぎると、自動で止まるようになっています。
　　いってい　じかん　す　　　　　　　　　と
　　(This machine automatically comes to a halt after a certain period of time has passed.
　　／过了一定的时间,就会自动停止。／일정의 시간이 지나면, 자동으로 멈추게 되어 있습니다.)

⓫ □ 録音(する) (to record (sound)／录音／녹음 (하다))
　ろくおん

⓬ □ 録画(する) (to record (video)／录像／녹화 (하다))
　ろくが

　▶ しまった。録画予約するの、忘れた。
　　　　　　　　　　　よやく　　　　　わす
　　(Oh, no! I forgot to set the VCR to record.／糟了。我忘了设定预约录像了。／아차, 녹화예
　　약하는 것을, 잊어버렸다.)

⓭ □ 通信 (communications／通信／통신)

▶ 通信状態がよくないですね。電話がすぐ切れてしまいます。
(There's something wrong with the signal. The phone gets cut off really quickly.／信号不好啊。电话马上就断掉了。／통신상태가 좋지 않군요. 전화가 금방 끊겨버립니다.)

⓮ □ デジタル (digital／数字的／디지털)

▶ デジタルデータにして保存すれば、場所をとらなくていいですよ。
(It won't take up any space if you save it in digital form.／变成数字性的数据进行保存的话, 就不会占用空间。／디지털데이터로 하여 보존하면 장소를 차지하지 않아 좋습니다.)

⓯ □ デジカメ (digital camera／数码相机／디지털카메라)

⓰ □ 電子 (electronic／电子／전자)

▷ 電子辞書、電子レンジ
(electronic dictionary, microwave oven／电子词典、微波炉／전자사전, 전자레인지)

⓱ □ 高度な (advanced／高级的／고도인)

▷ 高度な技術 (advanced technology／高级技术／고도인 기술)

⓲ □ アンテナ (antenna／天线／안테나)

⓳ □ 電波 (radio waves／电波／전파)

⓴ □ ロケット (rocket／火箭／로켓)

㉑ □ 印刷(する) (to print／印刷／인쇄 (하다))

▷ カラー印刷 (color printing／彩色印刷／천연색인쇄)

地球・自然 21
事務用品 22
仕事・作業 23
技術・産業 24
原料・材料 25
道具・器具・機械 26
動物・植物・人間 27
学校・教育 28
大学・研究 29
対象・範囲 30

UNIT **25**

原料・材料
げんりょう　ざいりょう
(Raw materials, ingredients／
原料・材料／원료・재료)

❶ □ **絹** (silk／丝绸／비단)
きぬ

❷ □ **ビニール** (vinyl, plastic／塑料／비닐)

▷ ビニール袋 (plastic bag／塑料袋／비닐봉지)
　　　 ぶくろ

❸ □ **アルミ** (aluminum／铝／알루미늄)

▷ アルミ缶 (aluminum can／易拉罐／알루미늄캔)
　　　 かん

❹ □ **石炭** (coal／煤炭、煤／석탄)
せきたん

❺ □ **コンクリート** (concrete／水泥／콘크리트)

▷ コンクリートの壁 (concrete wall／水泥墙壁／콘크리트벽)
　　　　　　　 かべ

❻ □ **燃料** (fuel／燃料／연료)
ねんりょう

▶ へー、ごみを燃料にして走る車ですか。いいですね。
　　　　　　　　　　　　 はし　 くるま
(Wow, this car uses garbage as fuel? That's great.／哎, 这是以垃圾为燃料来行驶的车啊。
真不错啊！／허, 쓰레기를 연료로 달리는 차입니까? 좋군요.)

❼ □ **資源** (resource／资源／자원)
しげん

▷ 限りある資源を大切に！
　 かぎ　　　　　 たいせつ
(Protect our limited resources!／请珍惜有限的资源。／한정된 자원을 소중히!)

UNIT 26

道具・器具・機械
どうぐ・きぐ・きかい

(Tools, devices, machines／工具・器具・机械／도구・기구・기계)

❶ □ 明かり (light／照明／등불)
あ

▶明かりがついてる。誰かいるみたいだね。
だれ
(The lights are on. Someone's probably inside.／灯亮着。好像有谁在呢。／불이 켜져 있다. 누군가 있는 것 같군.)

❷ □ ろうそく (candle／蝋燭／촛불)

❸ □ ライト (light／灯／라이트)

▶夜、自転車に乗るときは、必ずライトをつけてください。
よる じてんしゃ の かなら
(When riding a bicycle at night, be sure to turn on its light.／晚上骑自行车的时候,请一定打开灯。／밤에 자전거를 탈 때는 반드시 라이트를 켜 주세요.)

❹ □ ランプ (lamp, light／灯泡／램프)

❺ □ 電池 (battery／电池／배터리)
でんち

▶電池が切れてるのかなあ。全然動かない。
き ぜんぜんうご
(I wonder if the battery's dead. It won't run at all.／没电了吧。一点都不动。／전지가 없어졌나. (배터리가 나갔나). 전혀 움직이지 않는다.)

❻ □ 乾電池 (battery, dry cell／干电池／건전지)
かん

❼ □ 充電(する) (recharging／充电／충전 (하다))
じゅうでん

▷ 充電器 (recharger／充电器／충전기)
き

❽ □ **電源** (power source, electrical outlet／电源／전원)
でんげん

▶ このランプが赤だと、電源が入ってないということです。
あか　　　　　　　　　　　　　はい

(When this light is red, it means that the power is not turned on.／这里的灯如果是红色的,就表示没有通电。／이 램프가 빨강이면 전원이 들어오지 않은 것입니다.)

❾ □ **コンセント** (electrical outlet／插座／콘센트)

❿ □ **コード** (cord／电线／코드)

▷ 電源コード (power cord／电源线／전원코드)
でんげん

⓫ □ **スイッチ** (switch／开关／스위치)

▷ スイッチを入れる (to switch/turn on／打开开关／스위치를 넣다)
い

⓬ □ **オン** (on／开关／온)

▶ スイッチをオンにすると、緑のランプがつきます。
みどり

(When it's switched on, the green light will shine.／开关打开后,绿色的灯就亮了。／스위치를 온으로 하면 녹색램프가 켜집니다.)

⓭ □ **オフ** 対 (off／关／오프)

⓮ □ **操作(する)** (operation／操作／조작 (하다))
そう さ

▶ 機械が苦手なので、操作が簡単なのがいいんですが……。
き かい　にがて　　　　　　　　　かんたん

(I'm not mechanically inclined, so I'd like one that's easy to operate.／我不擅长机器,要是有操作比较简单的就好了……。／기계를 잘 못 만지어서 조작이 간단한 것이 좋습니다.......)

⓯ □ **機械** (machine／机械／기계)
き かい

⓰ □ **機械的(な)** (mechanical, machine-like／机械性的／기계적(인))
き かい てき

▶ 機械的な作業でつまらない。
さ ぎょう

(The job is boring because it's a machine-like task.／机械性的操作很无聊。／기계적인 작업이어서 재미없다.)

地球・自然 21

事務用品 22

仕事・作業 23

技術・産業 24

原料・材料 25

道具・器具・機械 26

動物・植物・人間 27

学校・教育 28

大学・研究 29

対象・範囲 30

⓱ □ 〜機 (~ machine／〜机／〜기)

▷ 掃除機、洗たく機、コピー機
（vacuum cleaner, washer, copier／吸尘器、洗衣机、复印机／청소기, 세탁기, 복사기)

⓲ □ 運転(する) (operating, running, driving／运转／운전 (하다))

▶ 今、運転中だから、中に手を入れないでください。
（It's running now, so don't stick your hand inside it.／现在正在运行，请不要把手放进去。／지금 운전(작동) 중이니까 안에 손을 넣지 말아 주세요.)

★運転する…機械や車を動かすこと。／To operate a machine, vehicle, etc.／操纵机械或者开车。／기계나 차를 움직이는 것.

⓳ □ 停止(する) (stopping／停止／정지 (하다))

▶ 機械を止めるときは、この赤い停止ボタンを押してください。
（To turn off the machine, press this red stop button.／要停下机器的时候，请按下这个红色的键。／기계를 멈추게 할 때는 이 빨간 정지버튼을 눌러 주세요.)

⓴ □ エンジン (engine／发动机／엔진)

㉑ □ タイヤ (tire／轮胎／타이어)

㉒ □ ハンドル (steering wheel／方向盘／핸들)

㉓ □ シートベルト (seat belt／安全带／안전벨트)

㉔ □ マイク (microphone／麦克风／마이크)

㉕ □ スピーカー (speaker／喇叭／스피커)

㉖ □ ベル （bell／铃／벨）

▷ ベルが鳴る （bell rings／铃响／종이 울리다）
な

㉗ □ 鐘 （bell／钟／종）
かね

㉘ □ サイレン （siren／警笛／사이렌）

㉙ □ 器具 （equipment, apparatus／器具／기구）
き　ぐ

▷ 健康器具のコーナー （fitness equipment section／健康器具角／건강기구 코너）
けんこう

㉚ □ 板 （board／板子／판자）
いた

㉛ □ 台 （stand, pedestal／台／대）
だい

▷ テレビを置く台 （a TV stand／放置电视机的台子／텔레비전을 얹어두는 가구）
お

㉜ □ 棒 （pole, rod／棒子／막대기）
ぼう

㉝ □ 針 （needle／针／바늘）
はり

㉞ □ 釘 （nail／钉子／못）
くぎ

㉟ □ ねじ （screw／螺丝钉／나사）

㊱ □ 磁石 （magnet／磁石／자석）
じ　しゃく

地球・自然 21

事務用品 22

仕事・作業 23

技術・産業 24

原料・材料 25

道具・器具・機械 26

動物・植物・人間 27

学校・教育 28

大学・研究 29

対象・範囲 30

❸❼ □ **ひも** (string／细绳／끈)

▷ 靴ひもを結ぶ／ゆるめる
(to tie / loosen one's shoestrings／系鞋带, 松鞋带／구두끈을 묶다 / 느슨하게 하다)

❸❽ □ **ロープ** (rope／绳、钢缆／밧줄)

❸❾ □ **鏡** (mirror／镜子／거울)
かがみ

❹⓿ □ **くし** (comb／梳子／빗)

❹❶ □ **ブラシ** (brush／刷子／브러시)

▷ 歯ブラシ、ヘアーブラシ (toothbrush, hairbrush／牙刷、发刷／칫솔, 헤어브러쉬)
は

❹❷ □ **口紅** (lipstick／口红／립스틱)
くちべに

▷ 口紅を塗る (to put on lipstick／涂口红／립스틱을 바르다)
ぬ

❹❸ □ **黒板** (blackboard／黑板／칠판)
こくばん

❹❹ □ **画面** ((TV/computer) screen／画面／화면)
がめん

▶ 画面が小さくて、よく見えない。
ちい
(The screen is too small to see well.／画面小, 看不清。／화면이 작아서 잘 보이지 않는다.)

❹❺ □ **掲示板** (bulletin board／掲示板／게시판)
けいじばん

▷ 学生用の掲示板 (student bulletin board／学生用掲示板(交流区)／학생용 게시판)
がくせいよう

▶ この事件、知ってる？ ―今、ネットの掲示板で話題になってるね。
じけん   いま   わだい
("Have you heard about this incident?" "Yeah, it's a big thing on online message boards."
／这个事件, 你知道吗？—现在在网上的掲示板里面讨论得沸沸扬扬。／이 사건, 알아？―지금,
인터넷 게시판에서 화제가 되어 있어.)

❹⑥ ☐ **看板** (sign／广告牌、招牌／간판)
かんばん

▶そこを曲がったら、お店の看板が見えますよ。
ま　　　　　　　　　　　　みせ　　　み
(If you turn there, you'll see the store's sign.／拐过那里，就能看到店铺的广告牌。／거기를
꺾어지면 가게의 간판이 보입니다.)

❹⑦ ☐ **風船** (balloon／气球／풍선)
ふうせん

❹⑧ ☐ **旗** (flag／旗帜／깃발)
はた

❹⑨ ☐ **入れ物** (container／器皿／용기)
い　　もの

▶何か入れ物がないと、落として割りそうだなあ。
なに　　　　　　　　　　　　　　お　　　　　　わ
(I need container for this, because I might drop and break it.／没有什么器皿的话，就容易
掉下来摔坏呢。／무언가 용기가 없으면 떨어뜨려 깰 것 같다.)

❺⓿ ☐ **容器** (container／容器／용기)
ようき

▷プラスチックの容器 (plastic container／塑料容器／플라스틱 용기)

❺① ☐ **ふた** (lid／盖子／뚜껑)

❺② ☐ **カバー** (cover／罩子／커버)

▶〈家電製品など〉カバーを外して見てみたら、ほこりだらけでした。
か でんせいひん　　　　　　　　はず　　　み
((Talking about an appliance, etc.) When I removed the cover, I found that the inside
was coated in dust.／揭开(家用电器)的外罩一看，净是灰尘。／<가전제품 등>커버를 벗기고
보니 먼지투성이었다.)

❺③ ☐ **ファスナー** (fastener／拉链／지퍼)

地球・自然 21

事務用品 22

仕事・作業 23

技術・産業 24

原料・材料 25

道具・器具・機械 26

動物・植物・人間 27

学校・教育 28

大学・研究 29

対象・範囲 30

❺❹ □ びん （bottle／瓶／병）

❺❺ □ 缶 （can／罐／캔）
_{かん}

▷ 缶ビール、空き缶、缶切り
_あ　_き
（canned beer, empty can, can opener／罐装啤酒、空易拉罐、罐头起子／캔맥주, 빈 캔, 캔 따개）

❺❻ □ かご （basket／篮子／바구니）

❺❼ □ バケツ （bucket／桶／양동이）

❺❽ □ ポリ袋 （plastic bag／塑料袋／폴리에틸렌 봉지）
_{ぶくろ}

❺❾ □ 段ボール （cardboard／纸箱子／종이상자）
_{だん}

▷ 段ボール箱 （cardboard box／纸箱子／종이상자）
_{ばこ}

★「ダンボール」とも書く。／Also written as ダンボール.／也写成「ダンボール」／
"ダンボール" 라고도 쓴다.

❻❶ □ ほうき （broom／扫帚／비）

かご　　　　　　　　　　　　　　　　　　ポリ袋
_{ぶくろ}

61 ☐ ロッカー （locker／储物柜／로커）

▷ ロッカールーム （locker room／更衣室／로커 룸）

62 ☐ コインロッカー （coin lockers／硬币储物柜／코인 로커）

63 ☐ ボール （ball／球／공）

64 ☐ デジカメ／デジタルカメラ （digital camera／数码相机／디카）

65 ☐ 修理（する）（repairing／修理／수리 (하다)）
しゅうり

▷ 修理に出す （to send something for repair／拿去修理／수리에 내다）
だ

66 ☐ ヘルメット （helmet／安全帽／헬멧）

67 ☐ 切れる （to (be able to) cut／锋利／잘리다）
き

▶ この包丁、よく切れるね。
ほうちょう
（This knife cuts well, doesn't it?／这把菜刀很锋利。／이 부엌칼, 잘 드네.）

68 ☐ ピストル （pistol／手枪／총）

69 ☐ 銃 （gun／手枪／총）
じゅう

70 ☐ 撃つ （to shoot／打／쏘다）
う

71 ☐ カセットテープ （cassette tape／磁带／카세트테이프）

UNIT 27

動物・植物・人間
どうぶつ しょくぶつ にんげん

(Animals, plants, humans／动物・植物・人／동물・식물・인간)

---

❶ □ 生き物 (living things／生物／생물)
い もの

▶地球の自然は、ここに住むすべての生き物たちのものです。
ち きゅう し ぜん す
(Nature consists of all the living things that live here on planet Earth.／地球的自然环境
归生活在地球上的所有生物所有。／지구의 자연은 여기에 사는 모든 생물의 것입니다.)

---

❷ □ 生物 (organisms／生物／생물)
せいぶつ

▶海には、私たちの知らない生物がたくさんいます。
うみ わたし し
(There are many organisms living in the ocean that we have not yet discovered.／大海
里有很多我们所不知道的生物。／바다에는 우리가 알지 못하는 생물이 많이 있습니다.)

---

❸ □ 命 (life／生命、命／목숨)
いのち

▷子供たちに命の大切さを教えなければならない。
こども たいせつ おし
(We must teach our children about the importance of life.／必须让孩子们懂得生命的重
要性。／아이들에게 생명의 중요함을 가르치지 않으면 안 됩니다.)

---

❹ □ 生命 (life／生命／생명)
せいめい

---

❺ □ 誕生(する) (to be born／诞生／탄생 (하다))
たんじょう

▷地球の誕生、誕生祝い
ち きゅう いわ
(the origins of planet Earth, birthday celebration／地球的诞生、庆祝生日／지구의 탄생, 생
일 축하)

---

❻ □ 育つ (to grow up／成长、发育／자라다)
そだ

地球・自然 21

事務用品 22

仕事・作業 23

技術・産業 24

原料・材料 25

道具・器具・機械 26

動物・植物・人間 27

学校・教育 28

大学・研究 29

対象・範囲 30

❼ □ 生える (to grow／生、长／자라다)
は

▶ 草がたくさん生えていて、歩きにくい。
くさ　　　　　　　　　　　　　　　ある
(Grass is growing all over the place, making it difficult to walk through.／长了很多草，都不好走路了。／풀이 많이 자라서 걷기 어렵다.)

▷ 歯が生える、毛が生える (teeth/hair grows／长牙，长毛／이가 나다. 털이 나다)
は　　　　け

❽ □ 成長(する) (to grow／生长／성장 (하다))
せいちょう

▶ この草は高さ1メートルくらいまで成長します。
くさ　　たか
(This grass grows to a height of up to around 1m.／这种草要长到一米左右。／이 풀은 높이 1미터 정도까지 성장합니다.)

❾ □ 芽 (sprout／芽／싹)
め

▶ バラを育てているんですか。 ――ええ。最近、やっと芽が出て
そだ　　　　　　　　　　　　　　　　さいきん　　　　　　　　　　で
きたんです。
(You're growing roses? ―Yes. They finally started to sprout recently.／你在培育玫瑰吗？嗯，最近终于发芽了。／장미를 기르고 있습니까? ― 네. 최근에 겨우 싹이 났습니다.)

❿ □ 咲く (to bloom／开花／피다)
さ

⓫ □ 実 (fruit／果实／열매)
み

▶ 実がなるのは10月ごろです。
がつ
(It will start to bear fruit in October.／结果是在10月份左右。／열매가 맺는 것은 10월경입니다.)

⓬ □ 散る (to fall／谢、落、凋谢／떨어지다)
ち

▶ 桜はもうすっかり散ってしまいましたね。
さくら
(The cherry blossoms have fallen completely off the trees.／樱花已经完全凋谢了。／벚꽃은 완전히 져 버렸군요.)

地球・自然 21
事務用品 22
仕事・作業 23
技術・産業 24
原料・材料 25
道具・器具・機械 26
動物・植物・人間 27
学校・教育 28
大学・研究 29
対象・範囲 30

⓭ □ **種** (seed／种子／씨)
たね

▷ 種を植える (to plant seeds／播种／씨를 심다)
う

⓮ □ **枯れる** (to wither／干枯／마르다)
か

▷ 枯れ葉 (dead leaves／枯叶／씨를 심다)
は

⓯ □ **森林** (forest／森林／삼림)
しんりん

⓰ □ **枝** (branch／树枝／나뭇가지)
えだ

⓱ □ **巣** (nest／巢穴／둥지)
す

⓲ □ **竹** (bamboo／竹子／대나무)
たけ

⓳ □ **スズメ** (sparrow／麻雀／참새)

⓴ □ **カラス** (crow／乌鸦／까마귀)

㉑ □ **ハト** (pigeon／鸽子／비둘기)

㉒ □ **ハチ** (bee／蜂／벌)

㉓ □ **マグロ** (tuna／金枪鱼／참치)

❷❹ □ **吠える** (to bark／吠、狗叫／짖다)
　　ほ

❷❺ □ **しっぽ** (tail／尾巴／꼬리)

　　▷ しっぽを振る (to wag one's tail／摇尾巴／꼬리를 흔들다)
　　　　　　ふ

❷❻ □ **皮** (skin／皮／껍질)
　　かわ

　　▷ 魚の皮、木の皮 (fish skin, tree bark／鱼皮、树皮／물고기의 껍질, 나무껍질)
　　　さかな　き

❷❼ □ **羽／羽根** (feather／羽毛、翅膀／새털 / 깃)
　　はね　は　ね

❷❽ □ **人間** (humans, people／人／인간)
　　にんげん

　　▶ 人間と動物の違いは何ですか。
　　　　　　どうぶつ　ちが　なん
　　　(What is the difference between humans and animals?／人和动物的区别是什么？／인간
　　　과 동물의 차이는 무엇입니까?)

　　▶ 私のような音楽を知らない人間でも、十分楽しめました。
　　　わたし　　　おんがく　し　　　　　　　じゅうぶんたの
　　　(Even someone like me who knows nothing about music was able to enjoy it fully.／
　　　像我这样不懂得音乐的人，都能充分欣赏。／나와 같은 음악을 모르는 인간이라도 충분히 즐길
　　　수 있습니다 .)

❷❾ □ **人類** (the human race／人类／인류)
　　じんるい

　　▷ 人類の歴史 (history of the human race／人类的历史／인류의 역사)
　　　　　　れきし

❸⓿ □ **餌** (feed, bait／饵料／먹이)
　　えさ

　　▶ 餌は何をあげていますか。
　　　　　なに
　　　(What do you give it to eat?／喂的是什么食物呢？／먹이는 무엇을 주고 있습니까?)

❸❶ □ **ペットフード** (pet food／宠物食品／페트 푸드)

UNIT 28

学校・教育
がっこう　きょういく
(Schools, education／学校・教育／学교・교육)

---

❶ □ 学習(する) (learning／学习／학습 (하다))
がくしゅう

▶ この本は漢字の学習にも役立ちますよ。
ほん　かんじ　　　　やくだ
(This book is also good for learning kanji.／这本书对学习汉字很有用。／이 책은 한자 학습에도 도움이 됩니다.)

❷ □ 学ぶ 同 (to learn／学习／배우다)
まな

▶ 先生から多くのことを学びました。
せんせい　おお
(I learned many things from my teacher.／从老师那里学到了很多东西。／선생님에게서 많은 것을 배웠습니다.)

❸ □ 習う 同 (to learn／学习／배우다)
なら

▶ 子供の時からピアノを習っています。
こども　とき
(I've been studying the piano since I was a child.／从小开始一直在学弹钢琴。／아이 때부터 피아노를 배우고 있습니다.)

---

❹ □ 指導(する) (instruction, guidance／指导／지도 (하다))
しどう

▶ 一度、プロに指導してもらいたい。
いちど
(Someday I'd like to have a pro teach me.／想请职业教练指导一下。／한번 프로에게 지도를 받고 싶다.)

---

❺ □ 教わる (to learn／跟…学习／배우다)
おそ

▶ 先輩から教わった方法でやってみたら、うまくできた。
せんぱい　　　　　　ほうほう
(It went well when I tried the method I learned from my senior.／用从学长那里学到的方法做了看看, 很成功。／선배로부터 배운 방법으로 해 보니, 잘할 수 있었다.)

❻ □ 教える 対 (to teach／教／가르치다)
おし

❼ □ 知識 (knowledge／知识／지식)
ちしき

地球・自然 21

事務用品 22

仕事・作業 23

技術・産業 24

原料・材料 25

道具・器具・機械 26

動物・植物・人間 27

学校・教育 28

大学・研究 29

対象・範囲 30

❽ □ 通学(する) (commuting to school／去上学／통학 (하다))
つうがく

❾ □ 進学(する) (advancing to higher level of education／升学／진학 (하다))
しんがく

❿ □ 受験(する) (taking an exam／考试／시험 (보다))
じゅけん

⓫ □ 科目 (subject／科目／과목)
かもく

⓬ □ 国語 (language, Japanese／国语／국어)
こくご

⓭ □ 算数 (arithmetic／算术／산수)
さんすう

⓮ □ 理科 (science／理科／이과)
りか

⓯ □ 社会 (social studies／社会／사회)
しゃかい

⓰ □ 物理 (physics／物理／물리)
ぶつり

▷ 物理学 (physics／物理学／물리학)
がく

⓱ □ 化学 (chemistry／化学／화학)
かがく

⓲ □ 体育 (physical education／体育／체육)
たいいく

⓳ □ 体育館 (gymnasium／体育馆／체육관)
たいいくかん

⑳ □ 校舎 (school building／校舎／교사)
こうしゃ

㉑ □ 時間割 (class schedule／时间表／시간표)
じ かんわり

▶ 新学期の時間割が発表されました。
しんがっき　　　　　　　　　はっぴょう
(The class schedule for the new term has been announced.／发布了新学期的时间表。／
신학기의 시간표가 발표되었습니다.)

㉒ □ ～時間目 (~ class period／第～节／~ 시간째)
じ かん め

▷ ２時間目の授業 (second-period class／第二节课／2시간째 수업)
じゅぎょう

㉓ □ 実験(する) (experiment／实验／실험 (하다))
じっけん

㉔ □ 自習(する) (studying on one's own／自习／자습 (하다))
じ しゅう

▶ 次の授業まで時間があったので、図書室で自習していました。
つぎ　じゅぎょう　　じ かん　　　　　　　　　　　　と しょしつ
(I had some time before my next class, so I studied in the library.／离下一节课还有些时
间, 在图书室里自习。／다음 수업까지 시간이 있어서 도서실에서 자습했습니다.)

㉕ □ 学科 (department, course／专业／학과)
がっ か

▷ 教育学科、デザイン学科
きょういく
(Department of Education, Department of Design／教育专业、设计专业／교육학과, 디자인학과)

㉖ □ 学年 (grade, class, school year／学年／학년)
がくねん

▶ この学校には、一学年に何人生徒がいるんですか。
がっこう　　　　いち　　　　　なんにんせいと
(How many first-grade students are there at this school?／这个学校一个学年有多少学生呢?
／이 학교에는 일 학년에 몇 명 학생이 있습니까.)

㉗ □ 専門学校 (vocational school／专门学校／전문학교)
せんもんがっこう

地球・自然 21
事務用品 22
仕事・作業 23
技術・産業 24
原料・材料 25
道具・器具・機械 26
動物・植物・人間 27
学校・教育 28
大学・研究 29
対象・範囲 30

大学・研究
だいがく　けんきゅう
（university, research／大学・研究／大学・연구）

❶ □ **大学** （university／大学／대학）
　　だいがく

❷ □ **学問** （learning, scholarship／学问／학문）
　　がくもん

❸ □ **分野** （area, field／领域／분야）
　　ぶんや

▶ この賞は、学問や芸術の分野で活躍した人に与えられるものです。
（This prize is given to those active in the field of art and scholarship.／这个奖, 是颁发给那些活跃在学术或者艺术领域的学者的。／이 상은 학문과 예술 분야에서 활약한 사람에게 주어지는 것입니다.）

❹ □ **法律** （law／法律／법률）
　　ほうりつ

❺ □ **経済** （economics／经济／경제）
　　けいざい

❻ □ **文学** （literature／文学／문학）
　　ぶんがく

❼ □ **医学** （medicine／医学／의학）
　　いがく

❽ □ **専攻（する）** （to major in／专业／전공 (하다)）
　　せんこう

▶ 大学で法律を専攻しています。
（I'm majoring in law at university.／在大学学法律／대학에서 법률을 전공하고 있습니다.）

地球・自然 21

事務用品 22

仕事・作業 23

技術・産業 24

原料・材料 25

道具・器具・機械・動物・植物・人間 26

学校・教育 28

大学・研究 29

対象・範囲 30

❾ □ **学部** (faculty, department／系／학부)
がく ぶ

▷ 法学部、文学部、医学部
ほう   ぶん   い
(law faculty, literature department, faculty of medicine／法律系、文学系、医学系／법학부,
문학부, 의학부)

❿ □ **学科** (department, course, subject／专业、学科／학과)
がっ か

⓫ □ **キャンパス** (campus／校园、校区／캠퍼스)

▶ 経済学部はこっちじゃなく、ふじキャンパスの方です。
けいざいがく ぶ   ほう
(The economics department isn't here - it's at the Fuji campus.／经济系不在这里, 在富
士校区。／경제학부는 여기가 아니라 후지 캠퍼스 쪽입니다.)

⓬ □ **講義** (lecture／大学课程、讲义／강의)
こう ぎ

▷ 講義を受ける (to take a course／听课／강의를 듣다)

⓭ □ **休講(する)** (to cancel a class／停课／휴강(하다))
きゅうこう

⓮ □ **ゼミ** (seminar／研讨会。大学生在教授指导下以小组形式进行研究
和讨论。／세미나)

⓯ □ **単位** (credits, course／学分／학점)
たん い

▶ 文学部では、卒業するのに140単位をとらなければなりません。
ぶんがく ぶ   そつぎょう
(In the literature department, you have to earn 140 credits in order to graduate.／在文学
系, 要毕业必须拿满140个学分。／문학부에서는 졸업하는데 140학점을 따지 않으면 안 됩니다.)

▶ 今回の試験で頑張らないと、経済学の単位を落とすかもしれない。
こんかい   しけん   がんば   けいざいがく   お
(If I don't work hard for this exam, I might end up failing my economics course.／这次
考试要是不加油的话, 就有可能拿不了经济学(课程)的学分。／이번 시험에서 열심히 하지 않으
면 경제학 학점을 낙제할지도 모른다.)

⓰ □ **前期** (first half／前期／전기)
ぜん き

⓱ □ **後期** (second half／后期／후기)
こう き

⑱ ☐ **休学(する)** (to take a leave of absence／休学／휴학 (하다))
きゅうがく

▶悩んだ末、1年間休学して、アメリカに行くことにしました。
なや　すえ　ねんかん　　　　　　　　　　　　　　　　　い
(After much agonizing, I decided to take a one-year leave of absence from school and
go to the US.／想来想去,决定休学一年,去美国。／고민한 결과, 1년간 휴학하고 미국에 가기로
했습니다.)

⑲ ☐ **退学(する)** (to drop out／退学／퇴학(하다))
たいがく

⑳ ☐ **留学(する)** (to study abroad／留学／유학 (하다))
りゅうがく

㉑ ☐ **留学生** (foreign student／留学生／유학생)
せい

㉒ ☐ **研究(する)** (to research／研究／연구 (하다))
けんきゅう

▷植物の研究、研究室
しょくぶつ　　　　　　　　しつ
(research on plants, laboratory／对植物的研究、研究室／식물 연구. 연구실)

㉓ ☐ **論文** (thesis／论文／논문)
ろんぶん

㉔ ☐ **発表(する)** (to present／发表／발표 (하다))
はっぴょう

▶今回の調査結果は、3月の研究会で発表する予定です。
こんかい　ちょうさけっか　　　がつ　けんきゅうかい　　　　　よてい
(The results of this survey will be presented at a seminar in March.／这次的调查结果, 将
在3月份的研究会上发表。／이번 조사결과는 3월 연구회에서 발표할 예정입니다.)

㉕ ☐ **学費** (school fees／学杂费／학비)
がくひ

㉖ ☐ **授業料** (course fees／学费／수업료)
じゅぎょうりょう

㉗ ☐ **奨学金** (scholarship／奖学金／장학회)
しょうがくきん

㉘ ☐ **大学院** (graduate school／大学研究生院／대학원)
だいがくいん

UNIT 30

対象・範囲
たいしょう　はんい
(Target, scope／対象・范围／대상・범위)

地球・自然 21
事務用品 22
仕事・作業 23
技術・産業 24
原料・材料 25
道具・器具・機械 26
動物・植物・人間 27
学校・教育 28
大学・研究 29
対象・範囲 30

---

❶ □ あらゆる (all sorts of／所有的／모든)

▶ ストレスは、あらゆる病気の原因になります。
(Stress causes all sorts of illnesses.／精神紧张是所有疾病的原因。／스트레스는 모든 병의 원인이 됩니다.)

---

❷ □ 一部
いちぶ (part, some／一部分／일부)

▶ 建物の一部は、もうすでに完成しています。
たてもの　　　　　　　　　　　　　かんせい
(Part of the building has already been completed.／建筑物的一部分已经完成了。／건물 일부는 이미 완성되어 있습니다.)

---

❸ □ 限る
かぎ (to limit／限于／한하다)

▶ ご利用はお一人様、一日一回に限ります。
りよう　　ひとりさま　いちにちいっかい
(Use is limited to one person, once a day.／只限于一人每天利用一次。／이용은 한 사람, 하루 한 번에 한합니다.)

---

❹ □ 限界 (limit, breaking point／限度、界限／한계)
げんかい

▶ もう限界。これ以上走れない。
いじょうはし
(That's it. I can't run anymore.／已经是极限了。再也跑不动了。／이제 한계. 이 이상 달릴 수 없다.)

---

❺ □ すべて (all, every／所有的、一切／모두)

▶ ふじホテルでは、すべての部屋から海が見えるそうです。
へや　　　うみ　み
(I heard that you can see the ocean from every room at Fuji Hotel.／听说从富士酒店的所有房间都能看到大海。／후지 호텔에서는 모든 방에서 바다가 보인다고 합니다.)

▶ ここにある商品は、すべて半額です。
(All items here are half price.／这里所有的商品都是半价。／여기에 있는 상품은 모두 반액입니다.)

❻ □ 全〜 (all __, every __／所有〜／전 ~)

　▷ 全社員、全品 (all employees, all items／所有的公司职员、所有的产品／전 사원, 전상품)

❼ □ 全部 (all, entire／全部／전부)

▶ これを全部運んでください。
(Please carry all of this.／这些全部都请搬过去。／이것을 전부 날라 주세요.)

❽ □ 全体 (whole, entire／全体／전체)

▶ 昨日は街全体がお祭り騒ぎでした。
(The whole town was like a big carnival yesterday.／昨天全部街道都是嘈杂热闹。／어제는 거리 전체가 축제 분위기였습니다.)

❾ □ 全員 (everyone／全员、所有人／전원)

▶ 説明会には、クラス全員が参加しました。
(Everyone in class went to the briefing.／全班同学都参加了说明会。／설명회는 클래스 전원이 참가했습니다.)

❿ □ 前後 (around／前后／전후)

　▷ 3時前後 (around 3 o'clock／三点左右／3시 전후)

⓫ □ 前半 (first half／前半部分／전반)

⓬ □ 後半 (second half／后半部分／후반)

⑬ □ それぞれ (each／各自／각각)

▶ それぞれの国に、それぞれの言葉や文化がある。
(Each country has its own language and culture.／各个国家有各自的语言和文化。／각각의 나라에 각각의 말과 문화가 있다.)

⑭ □ 他 (た) (other／其他／밖)

▷ その他、他社 (しゃ) (others/etc., other companies／其他,其他公司／그 밖, 타사)

⑮ □ ほか (else／其他／그 밖)

▶ ほかにどういうものがありますか。
(What sorts of things do you have other than this?／其他,还有什么东西呢？／그 밖에 어떤 것이 있습니까?)

⑯ □ 対象 (たいしょう) (target／对象／대상)

▶ 20代の女性を対象にアンケートを行った。
(だい じょせい) (おこな)
(We conducted a questionnaire survey of women in their twenties.／以二十岁的女性为对象进行问卷调查。／20대 여성을 대상으로 앙케트를 실시했다.)

⑰ □ 互い (たが) (mutual, each other／相互／서로)

▶ 互いの立場を理解し、協力することが大切です。
(たが) (たちば) (りかい) (きょうりょく) (たいせつ)
(It's important to have mutual understanding and to cooperate with one another.／互相理解对方的立场,相互帮助是很重要的。／서로의 입장을 이해해 협력하는 것이 중요합니다.)

▶ お互い、頑張ろう。
(がん ば)
(Let's both give it our best.／互相加油吧。／서로, 열심히 하자.)

⑱ □ ～ばかり (— just now／刚刚～／~ 막 ~ 한)

▶ 今、起きたばかりで、これから着替えるところです。
(いま) (お) (き が)
(I got up just now, so I'm going to get dressed now.／现在刚刚起床,马上就要换衣服了。／지금, 막 일어나서 지금부터 옷을 갈아입으려는 중입니다.)

地球・自然 21
事務用品 22
仕事・作業 23
技術・産業 24
原料・材料 25
道具・器具・機械 26
動物・植物・人間 27
学校・教育 28
大学・研究 29
対象・範囲 30

⓭ □ 範囲 (scope, range／范围／범위)
はんい

⓴ □ 部分 (part, section／部分／부분)
ぶぶん

▶ この写真の黒い部分は海です。
しゃしん　くろ　　　うみ
(The black part of this photo is the ocean.／这张照片黑的部分是大海。／이 사진의 검은 부분은 바다입니다.)

㉑ □ 分 (part, share／部分、份儿／분)
ぶん

▶ ケーキ、私の分も残しといてね。
わたし　ぶん　のこ
(Save a piece of the cake for me, okay?／我那份蛋糕也留着哟。／케이크, 내 몫도 남겨 둬.)

▷ ３日分の食料 (three days' supply of food／三天的粮食／3일분의 식료품)
か　　しょくりょう

㉒ □ 皆／みんな (everyone／大家／모두)
みな

▶ 皆、疲れていて、誰も動こうとしなかった。
つか　　　　だれ　うご
(Everyone was so tired that no one even budged.／大家都累了,谁也不动了。／모두 피곤해서 아무도 움직이려고 하지 않았다.)

▶ 皆さん、こちらにどうぞ。
(Everyone, please come this way.／各位,请走这边。／여러분, 이쪽으로.)

★会話では「みんな」が一般的。／In conversation, みんな is used more often than 皆.
かいわ　　　　　　いっぱんてき
／口语中一般用「みんな」。／회화에서는 " みんな " 가 일반적.

㉓ □ 両～ (both ___／双～／양 ~)
りょう

▷ 両手、両親 (both hands, both parents／双手、双亲／양손, 양친)
て　　しん

㉔ □ 両方 (both／两方面／양쪽)
りょうほう

▶ ワインは赤と白、どっち買った？ ―両方買ってきたよ。
あか　しろ　　　　か　　　　　りょうほう か
("Did you buy red wine, or white wine?" "Both."／葡萄酒,红的和白的,买了哪种？―两种都买了。／포도주는 적과 백, 어느 쪽으로 샀니?―양쪽 다 사왔어.)

134

UNIT 31

社会・国・ルール
しゃかい　くに

(Society, country, rules／社会・国家・規章制度／사회・국가・규칙)

社会・国ルール 31

職業・身分 32

立場・役割 33

グループ・組織 34

行事・イベント 35

手続き 36

場所・位置・方向 37

商品・サービス 38

知識・能力 39

評価・成績 40

❶ □ **王/国王** （king／国王／왕）
おう　こくおう

❷ □ **女王** （queen／女王／여왕）
じょおう

❸ □ **王様** （king／国王／임금님）
おうさま

❹ □ **王子** （prince／王子／왕자）
おうじ

❺ □ **王女** （princess／公主／공주）
おうじょ

❻ □ **国民** （citizens／国民／국민）
こくみん

❼ □ **国籍** （nationality／国籍／국적）
こくせき

❽ □ **法** （law／法律／법）
ほう

❾ □ **法律** （the law／法律／법률）
ほうりつ
▷ **法律を守る** （to uphold/abide by the law／遵守法律／법률을 지키다）
まも

❿ □ **ルール** （rules／規矩／규칙）

▷ **会社のルール** （company rules／公司的規章制度／회사의 룰）
かいしゃ

⑪ ☐ 制度 (system／制度／제도)
せい ど

▶ この問題を解決するには、今の制度を変えるしかない。
もんだい　かいけつ　　　　　　　　いま　　　　　　　か
(The only way to solve this problem is to change the current system.／要解决这个问题,
只有改变当今的制度。／이 문제를 해결하기 위해서는 지금의 제도를 바꾸는 수밖에 없다.)

⑫ ☐ 税金/税 (tax／税金／세금)
ぜいきん　ぜい

▷ 消費税 (consumption tax／消费税／소비세)
しょう ひ ぜい

⑬ ☐ 税関 (customs／海关／세관)
ぜいかん

⑭ ☐ 成人(する) (to come of age／成人／성인(되다))
せいじん

▶ このイベントに、今年成人する約千人の若者が集まりました。
ことし　　　　やくせんにん　わかもの　あつ
(This event brought together several thousand young people who are coming of age
this year.／这个活动聚集了今年成为成人的一千多名年轻人。／이 이벤트에 올해 성인이 되는 약
천 명의 젊은이가 모였습니다.)

⑮ ☐ 権利 (rights／权利／권리)
けん り

▶ ルールを守らない人に、他人を批判する権利はない。
まも　　　ひと　　たにん　ひはん
(People who don't abide by the rules have no right to criticize others.／不遵守规矩的人,
没有资格批评别人。／규칙을 지키지 않는 사람에게 타인을 비판할 권리는 없다.)

⑯ ☐ 義務 (duties／义务／의무)
ぎ む

▶ この研修は自由参加です。義務とかではないです。
けんしゅう　じ ゆうさんか
(This training program is open to anyone who wants to join. It's not compulsory or
anything.／这个研修是自由参加的。不是义务。／이 연수는 자유참가입니다. 의무 같은 것이 아
닙니다.)

⑰ ☐ 選挙(する) (to elect／选举／선거(하다))
せんきょ

社会・国ルール 31
職業・身分 32
立場・役割 33
グループ組織 34
行事・イベント 35
手続き 36
場所・位置・方向 37
商品・サービス 38
知識・能力 39
評価・成績 40

⓲ □ **投票(する)** （to vote／投票／투표(하다)）
　　とうひょう

⓳ □ **議員** （lawmaker, Diet member／议员／의원）
　　ぎいん

⓴ □ **議会** （Diet, parliament／议会／의회）
　　ぎかい

㉑ □ **国会** （national Diet／国会／국회）
　　こっかい

▷ **国会議員** （national Diet member／国会议员／국회의원）
　　　ぎいん

㉒ □ **首相** （prime minister／首相／수상）
　　しゅしょう

㉓ □ **大臣** （minister／大臣／장관）
　　だいじん

㉔ □ **大統領** （president／总统／대통령）
　　だいとうりょう

㉕ □ **政府** （government／政府／정부）
　　せいふ

▶ 今回の政府の対応に、多くの国民が疑問を持っています。
　こんかい　　たいおう　　おお　　　こくみん　ぎもん　も
（Many citizens have doubts about how the government has handled this situation.／对这次政府的回应，很多国民都产生了疑问。／이번 정부의 대응에 많은 국민이 의문을 가지고 있습니다.）

㉖ □ **世の中** （society, the world／世上、社会／세상）
　　よ　なか

▶ 彼女はもう少し世の中のことを勉強したほうがいい。
　かのじょ　　すこ　よ　なか　　　　　べんきょう
（She should keep herself a bit more informed about what's going on in the world.／她再增加点社会经历比较好。／그녀는 조금 더 세상을 공부하는 편이 좋다.）

㉗ ☐ **世間** （せけん） (society, the world ／社会／세상)

▶ うちの親はすぐ、世間にどう見られるか、心配します。
（My parents are extremely concerned about how they are viewed by society at large. ／我父母只会担心会被这个社会怎么看。／우리 부모는 금방 세상에 어떻게 보이는지 걱정합니다.）

㉘ ☐ **公共** （こうきょう） (public／公共／공공)

▶ 水道や電気のような公共料金は値上げしてほしくない。
（We are against a price hike for public utilities like water and electricity. ／不希望自来水、电等公共事业费涨价。／수도나 전기 같은 공공요금은 가격 인상을 하지 않으면 한다.）

㉙ ☐ **公衆** （こうしゅう） (public／公共／공중)

▷ 公衆便所 （べんじょ） (public toilet ／公共厕所／공중변소)

㉚ ☐ **マナー** （manners, courtesy／礼貌、礼仪／매너)

▶ こういう場所では、ケータイの電源を切っておくのがマナーだよ。
（It's basic courtesy to switch off your cellphone in places like this. ／像这样的地方,切断手机电源是礼貌问题。／이런 장소에서는 휴대폰의 전원을 꺼 두는 것이 매너이다.）

㉛ ☐ **禁止(する)** （きんし） (to prohibit／禁止 ／금지(하다))

▷ 駐車禁止 （ちゅうしゃ） (No parking ／禁止停车／주차금지)

㉜ ☐ **罰** （ばつ） (punishment／惩罚／벌)

▷ 罰を与える （あた） (to punish ／惩罚 ／벌을 주다)

社会・国・ルール 31

職業・身分 32

立場・役割 33

グループ・組織 34

行事・イベント 35

手続き 36

場所・位置・方向 37

商品・サービス 38

知識・能力 39

評価・成績 40

㉝ ☐ **裁判** (trial／審判／재판)
さいばん

㉞ ☐ **首都** (capital／首都／수도)
しゅと

㉟ ☐ **県** (prefecture／县／현)
けん

▷ **広島県** (Hiroshima prefecture／广岛县／히로시마현)
ひろしま

> ★別の呼び方として、都（東京都）、道（北海道）府（大阪府、京都府）がある。
> べつ　よ　　かた　　　　　と　とうきょうと　　どう　ほっかい　ふ　おおさか　きょうと
> (Other terms include "to" (Tokyo-to), "do" (Hokkaido) and "fu" (Osaka-fu, Kyoto-fu).
> ／其他的称呼,有都(东京都)、道(北海道)、府(大阪府、京都府)等。／별도의 호칭으로 도(동경
> 도), 도(북해도), 부(오사카부, 교토부)가 있다.)

㊱ ☐ **市** (city／市／시)
し

▷ **市長、市民** (mayor, citizen／市长、市民／시장 , 시민)
しちょう　しみん
▷ **区** (ward／区／구)
く

㊲ ☐ **町** (neighborhood／町、城镇／읍)
まち

▶ **この店、私の町にもある。**
みせ　わたし　まち
(There's a branch of this shop in my neighborhood, too. ／这个店,在我那个城镇也有。／
이 가게 우리 읍에도 있다.)

㊳ ☐ **村** (village／村／면)
むら

▶ **村の人が全員出迎えてくれた。**
むら　ひと　ぜんいん でむか
(Everyone in the village came to welcome us. ／村里的人们全部都出来迎接我。／면 사람
이 전원 맞이해 주었다.)

UNIT 32

職業・身分
しょくぎょう み ぶん
(Occupation, social status／職业・身份／직업・신분)

❶ □ **職業** しょくぎょう (occupation／职业／직업)

❷ □ **身分** みぶん (social status／身份／신분)

▶学生の身分で、そんな高級車に乗ってるんですか！
がくせい こうきゅうしゃ の
(A student driving a high-end car like that?／身为学生,开这么高级的车啊！／학생 신분
으로 그런 고급 차에 탑니까!)

❸ □ **身分証明書** みぶんしょうめいしょ (ID card／身份证／신분증명서)

❹ □ **画家** がか (painter／画家／화가)

❺ □ **作家** さっか (artist, writer／作家／작가)

★本や芸術作品の作者。
げいじゅつさくひん さくしゃ
(Used to refer to the creator of books or artworks.／书或者艺术的作者。／책이나 예술의
작자)

❻ □ **小説家** しょうせつか (novelist／小说家／소설가)

❼ □ **医師** いし (doctor／医师／의사)

★「医師」は正式な職業の名前、「医者」は一般的な呼び名。
いし せいしき しょくぎょう なまえ いしゃ いっぱんてき よ な
("Ishi" is the formal term, while "isha" is the more common form of address.／"医师"
"医师"是正式职业的名称, "医生""医者"是一般的称呼。／"医师"는 정식 직업의 이름, "医者"는
일반적인 명칭.)

❽ □ **教授** きょうじゅ (professor／教授／교수)

社会・国・ルール 31

職業・身分 32

立場・役割 33

グループ・組織 34

行事・イベント 35

手続き 36

場所・位置・方向 37

商品・サービス 38

知識・能力 39

評価・成績 40

❾ □ 講師 (lecturer, instructor／讲师／강사)
こうし

▷ 英会話学校の講師
えいかいわ がっこう
(instructor at an English conversation school／英语会话学校的老师／영어회화학교의 강사)

❿ □ 校長 (school principal／校长／교장)
こうちょう

⓫ □ 記者 (reporter／记者／기자)
きしゃ

⓬ □ アナウンサー (announcer／播音员／아나운서)

⓭ □ 大工 (carpenter／木匠／목수)
だいく

⓮ □ 漁師 (fisherman／渔夫／어부)
りょうし

⓯ □ 車掌 (conductor／乘务员／차장)
しゃしょう

▶ バスの車掌さんに聞いてみよう。
き
(Let's ask the bus conductor.／问问巴士乘务员吧。／버스의 차장에게 물어보자)

⓰ □ ウェイター (waiter／男服务生／웨이터)

⓱ □ ウェイトレス (waitress／女服务员／웨이트리스)

⓲ □ 俳優 (actor／演员／배우)
はいゆう

▷ 映画俳優 (film actor／电影演员／영화배우)
えいが

⓳ □ 女優 (actress／女演员／여배우)
じょゆう

⑳ ☐ 役者 (actor／演员／연기자)
やくしゃ

▶ いい役者になるには、まず、人をよく観察することです。
ひと　　　　　　　　　　　　　　　　かんさつ

(In order to become a good actor, you have to observe people carefully. ／要想成为好演员,需要先仔细观察人。／좋은 연기자가 되기 위해서는 우선 사람을 잘 관찰해야 합니다.)

㉑ ☐ タレント (TV personality／艺人／탤런트)

▶ この人、よくテレビで見るね。　――うん。最近人気のお笑い
み　　　　　　　　　　　　　　　　さいきんにんき　　　　わら
タレントでしょ。

(This guy shows up on TV a lot, doesn't he?　―― Yeah. He's that comedian who became really popular recently, right? ／这个人经常在电视上见到。――嗯,是最近有人气的喜剧演员。／이 사람, 자주 텔레비전에서 보네. ―― 응, 최근 인기 코미디언이잖아.)

㉒ ☐ プロ (professional／专业／프로)

▶ できればプロになりたい。

(I'd like to turn professional if I can. ／如果可能,想成为专业人员。／가능하면 프로가 되고 싶다.)

㉓ ☐ 素人 (amateur／业余的／비 전문가)
しろうと

▶ あの人、うまいね。とても素人とは思えない。
ひと　　　　　　　　　　しろうと　　　おも

(That guy is really good. You'd never think he was an amateur. ／那个人好厉害。根本想象不出是业余的。／저 사람, 잘하네. 아무리라도 비 전문가로는 생각할 수 없다.)

㉔ ☐ 公務員 (government worker／公务员／공무원)
こうむいん

㉕ ☐ 役人 (government official／官员／관리)
やくにん

▶ 国の役人が来て説明してくれたけど、難しくてよくわからな
くに　やくにん　き　せつめい　　　　　　　　　むずか
かった。

(A government official came to explain everything, but it was really difficult and I didn't understand. ／政府官员来给我说明了,可太难,不太明白。／나라의 관리가 와서 설명해 주었지만, 어려워서 잘 모르겠다.)

社会・国・ルール　31

職業・身分　32

立場・役割　33

グループ・組織　34

行事・イベント　35

手続き　36

場所・位置・方向　37

商品・サービス　38

知識・能力　39

評価・成績　40

㉖ □ **兵／兵隊** (soldier／士兵／군대)
へい／たい

㉗ □ **〜員** (~member／〜员／~원)
いん

▷ **係員、店員、船員、会社員**
かかりいん　てんいん　せんいん　かいしゃいん
(staff member, shop assistant, sailor, company employee ／主管人员、店员、船员、公司职员。／담당자, 점원, 선원, 회사원)

㉘ □ **就職(する)** (to find a job／就职／취직(하다))
しゅうしょく

▷ **旅行会社に就職する**
りょこうがいしゃ
(to find a job with a travel agency ／就职于旅行社。／여행회사에 취직하다)

▷ **就職活動** (job hunting ／就职活动／취직활동)
かつどう

㉙ □ **就く** (to fill, assume／从事／취임하다)
つ

▶ **希望していた仕事に就くことができた。**
きぼう　しごと
(I was able to get the job I was hoping for. ／得以从事所希望的工作。／희망하고 있던 일에 취업할 수 있었다.)

㉚ □ **入社(する)** (to join a company／进公司／입사하다)
にゅうしゃ

㉛ □ **雇う** (to employ／雇用／고용하다)
やと

▶ **うちの会社は、今、新しい社員を雇う余裕はないと思う。**
かいしゃ　いま　あたら　しゃいん　やと　よゆう　おも
(I don't think my company has the means to employ new staff at the moment. ／我觉得我们公司现在没有余力雇用新社员。／우리 회사는 지금 새 사원을 고용할 여유는 없다.)

㉜ □ **退職(する)** (to resign／退休／퇴직(하다))
たいしょく

▷ **会社を退職する** (to resign from a company ／从公司退休／회사를 퇴직하다)

㉝ □ パート (part-time job／零工／파트타이머)

▶ 私の知り合いも、ここのスーパーでパートをしています。
わたし　し　あ
(I also know someone who worked part-time at this supermarket. ／我的朋友也在这家
超市打零工。／내 지인도 여기의 슈퍼에서 파트타이머를 하고 있습니다.)

㉞ □ 従業員 (employee／从业人员／종업원)
じゅうぎょういん

▶ この企画コンテストは、パートやアルバイトを含む全従業員が
き　かく　　　　　　　　　　　　　　　　　　　　　　　　　　ふく　ぜん
対象です。
たいしょう
(This contest is aimed at all employees, including part-time workers. ／这次策划竞赛面
向所有从业人员,包括钟点工和临时工。／이 기획 경연대회는 파트타이머나 아르바이트를 포함
하는 전 종업원이 대상입니다.)

㉟ □ 転職(する) (to switch jobs／换工作／전직(하다))
てんしょく

▶ 今の仕事はあまり面白くないから、転職したいと思っています。
いま　し　ごと　　　　　　　おもしろ　　　　　　　　　　　　　　　おも
(My current job isn't very interesting, so I'm thinking of switching careers. ／现在的工
作不太有意思,所以想换工作。／지금의 일은 그다지 재미없어서 전직하고 싶습니다.)

㊱ □ 失業(する) (to become unemployed／失业／실업(하다))
しつぎょう

㊲ □ フリーター (freeter／自由职业者／프리터)

★フリーター：学校を出ても決まった職業に就かないで、アルバイトをして生活している
がっこう　で　　き　　　　しょくぎょう　つ　　　　　　　　　　　　　　　　せいかつ
人。
(Used to refer to someone who lives on part-time jobs without settling on a fixed
occupation even after graduating.／自由职业者：学校毕业以后,没有从事正式的职业,靠
打工而生活的人。／학교를 나와도 일정한 직업에 취업하지 않고 아르바이트를 해서 생활하는
사람.)

UNIT 33

立場・役割
たちば　やくわり

（Positions & roles ／立場・作用 ／입장・역할）

社会・国ルール 31

職業・身分 32

立場・役割 33

グループ・組織 34

行事・イベント 35

手続き 36

場所・位置・方向 37

商品・サービス 38

知識・能力 39

評価・成績 40

❶ □ 委員　いいん　（committee, committee member／委员／위원）

▶ 会のホームページを作るなら、誰か委員を決めましょう。
かい　　　　　　　　　　　　　　　　だれ　　　　　き
（If we're going to create a website for our association, then let's set up a committee to handle it. ／制作这个会的网页,选出谁当委员吧。／모임의 홈페이지를 만든다면 누군가 위원을 정합시다.）

❷ □ 会員　かいいん　（member／会员／회원）

▷ スポーツクラブの会員
（fitness club member ／运动俱乐部的会员／스포츠클럽의 회원）

❸ □ 監督(する)　かんとく　（coach, supervisor ／领队、教练／감독(하다)）

❹ □ コーチ　（coach／教练员、技术指导／코）

▶ 一度、プロにコーチをしてもらいたい。
いちど
（Someday I'd like to have a pro coach me. ／想请专业老师来做一次技术指导。／한번 프로가 코치해 주었으면 한다.）

❺ □ 司会　しかい　（emcee, moderator／主持人／사회）

❻ □ 指示(する)　しじ　（instruction／指挥／지시(하다)）

▶ 何か問題が起きたときは、上司の指示に従ってください。
なに　もんだい　お　　　　　　　　じょうし　　　　したが
（If any problems occur, please follow your boss' instructions. ／发生什么问题的时候,请遵从上司的指示。／무언가 문제가 일어났을 때는 상사의 지시에 따라 주세요.）

❼ ☐ **指導(する)** (guidance／指导／지도(하다))
　しどう

▶先生の指導のおかげで、合格することができました。
　せんせい　　しどう　　　　　　　　ごうかく
(Thanks to my teacher's guidance, I was able to pass the entrance exam. ／在老师的指
导下，我们合格了。／선생님의 지도 덕분에 합격할 수가 있었습니다.)

---

❽ ☐ **審判** (referee, umpire／审判／심판)
　しんぱん

---

❾ ☐ **責任** (responsibility／责任／책임)
　せきにん

▶今回の事故は誰に責任があると思いますか。
　こんかい　じこ　だれ　せきにん　　　　おも
(Who do you think is responsible for the accident? ／这次的事故，你认为谁该负责呢？／
이번 사고는 누구에게 책임이 있다고 생각합니까?)

▷責任者、無責任な態度
　せきにんしゃ　む せきにん　たいど
(person in charge, irresponsible attitude ／责任人、不负责任的态度／책임자, 무책임한 태
도)

---

❿ ☐ **代表(する)** (representative／代表／대표(하다))
　だいひょう

▶チームを代表して、感謝の気持ちを述べたいと思います。
　　　　　だいひょう　　かんしゃ　きも　　　の　　　　おも
(On behalf of the team, I would like to express our gratitude to you. ／我代表整个集体
说两句，向大家表示感谢。／팀을 대표해 감사의 기분을 말하고 싶습니다.)

⓫ ☐ **立場** (position／立场／입장)
　たちば

▶専門家の立場から、少し意見を言わせていただきます。
　せんもんか　たちば　　　　すこ　いけん　い
(I would like to offer my opinion as an expert. ／从专家的立场，请让我说点儿意见。／전문
가의 입장에서 조금 의견을 말하겠습니다.)

⓬ ☐ **担当(する)** (in charge of／担任、负责／담당(하다))
　たんとう

▶アルバイトですが、レジを担当することもあります。
(It's just a part-time job, but I sometimes handle the cash register. ／谈到打工的话，我也
做过收银员。／아르바이트입니다만, 카운터를 담당하는 때도 있습니다.)

社会・国・ルール 31

職業・身分 32

立場・役割 33

グループ・組織 34

行事・イベント 35

手続き 36

場所・位置・方向 37

商品・サービス 38

知識・能力 39

評価・成績 40

❸ □ **務める** (to serve (as) ／担任…職務／맡다)
つと

▶ その日、司会を務めてくれたのは、大学時代の友人です。
ひ　　しかい　　　　　　　　　　　　　　　　だいがく じ だい　　ゆうじん
(The person who served as emcee on that day was an old college friend of mine. ／那天,担当主持人的是我大学时代的朋友。／그날, 사회를 맡아 준 것은 대학 시절의 친구입니다.)

❹ □ **役割** (role ／作用、分配的任务／역할)
やくわり

❺ □ **〜長** (head of ___／〜长／~장)
ちょう

▷ **市長、委員長** (mayor, committee chair ／市长、委员长／시장 , 위원장)
し　　いいん

❻ □ **副〜** (vice ___／副〜／부~)
ふく

▷ **副社長** (vice president ／副社长／부사장)
ふくしゃちょう

❼ □ **同僚** (colleague, coworker ／同事／동료)
どうりょう

▷ **会社の同僚** (office colleagues ／公司的同事／회사의 동료)
かいしゃ

❽ □ **部下** (subordinate ／部下／부하)
ぶ　か

❾ □ **上司** (boss ／上司／상사)
じょうし

❿ □ **新入社員** (new employee ／公司新职员／신입사원)
しんにゅうしゃいん

㉑ □ **メンバー** (member ／成员／멤)

㉒ □ **リーダー** (leader ／领导／리더)

UNIT 34

グループ・組織
そ しき

(Groups & organizations
／集体・组织／그룹・조직)

---

❶ □ **グループ** （group／集体、集团／그룹）

---

❷ □ **会** （association, society／会议／모임）
かい

▶ それはどんな会なんですか。 ——料理の勉強会です。
りょう り べんきょう

（"What kind of association is that?" "It's a cooking study group." ／那是什么样的会
呢？——烹调的学习会。／그것은 어떤 모임입니까?——요리 공부모임입니다.）

❸ □ **会員** （member／会员／회원）
かいいん

▶ 一般だと 1000 円、会員だと 800 円です。
いっぱん えん かいいん えん

（The fee is ¥1,000 for non-members, and ¥800 for members. ／一般是1000日元,会员是
800日元。／일반이면 1000엔, 회원이면 800엔입니다.）

❹ □ **入会** （する） （to join／入会／입회 (하다)）
にゅうかい

---

❺ □ **集合**（する） （to meet, to gather／集合／집합(하다)）
しゅうごう

---

❻ □ **解散**（する） （breaking up, dispersing／解散／해산(하다)）
かいさん

▶ じゃ、一度解散します。2時半にまたここに集合してください。
いちど じ はん しゅうごう

（All right, we'll break up for a while. Please get back together here at 2:30. ／那就暂时
解散吧。两点半请在这里集合。／자, 한 번 해산합니다. 2시간 반에 또 여기에 집합해 주세요.）

---

❼ □ **組織** （organization／组织／조직）
そ しき

▶ 組織にいる以上、自分勝手な行動は許されない。
い じょう じ ぶんかって こうどう ゆる

（As a member of an organization, you can't just do what you want. ／既然在组织里, 就
不允许擅自行动。／조직에 있는 이상, 자기 멋대로인 행동은 용서되지 않는다.）

社会・国・ルール 31
職業・身分 32
立場・役割 33
グループ・組織 34
行事・イベント 35
手続き 36
場所・位置・方向 37
商品・サービス 38
知識・能力 39
評価・成績 40

❽ □ 団体 (group／团体／단체)
だんたい

▶ 20人以上の団体の場合、料金が2割引きになります。
にんいじょう　　　ばあい　りょうきん　　わりび
(Groups of 20 or more people get a 20% discount.／二十人以上的团体,费用打八折。／
20명 이상의 단체인 경우, 요금이 2할 싸게 됩니다.)

❾ □ 個人 (individual／个人／개인)
こじん

❿ □ 部 (department／部门／부)
ぶ

▷ 営業部、管理部
えいぎょうぶ　かんりぶ
(sales department, administrative department／营业部、管理部／영업부, 관리부)

⓫ □ 課 (section／科／과)
か

▷ 企画課、〈大学〉学生課
きかくか　　　だいがく　がくせい か
(planning section, (university) student affairs section／企划科、〈大学〉学生科／기획과,
<대학> 학생과)

⓬ □ チーム (team／队／팀)

⓭ □ サークル (club／组织、俱乐部／서클)

▶ 田中さんとは、大学のサークルで知り合いました。
た なか　　　　　だいがく　　　　　　　し あ
(I met Tanaka in a university club.／和田中是在大学的俱乐部里认识的。／다나카 씨와는 대
학의 서클에서 알게 되었습니다.)

⓮ □ クラブ (club／俱乐部／클럽)

▶ 高校生の時は、何かクラブ活動をしていましたか。 ——テニ
こうこうせい　とき　　なに　　　　　　　かつどう
ス部に入っていました。
ぶ　はい
("Were you in any clubs in high school?" "Yes, I was on the tennis team."／高中的时
候,参加了什么俱乐部的活动了吗？——加入了网球部。／고등학생 때는 무언가 클럽 활동을
했었습니까?——테니스부에 들어 있었습니다.)

UNIT 35

行事・イベント
ぎょうじ

(Occasions & events／活動
／행사・이벤트)

---

❶ □ 行事 (event, occasion／活动／행사)
ぎょうじ

❷ □ イベント (event ／活动／이벤트)

▶ 7月はイベントが多くて忙しくなりそうです。
がつ　　　　　　　　おお　　　　いそが

(A lot of events are scheduled for July, so I'll likely be busy then. ／7月活动多，看来会很忙。／7월은 이벤트가 많아 바빠질 것 같습니다.)

---

❸ □ 会 (meeting, gathering／会／회)
かい

▷ 勉強会、運動会、飲み会
べんきょう　うんどう　　の

(study group meeting, field day, drinking party ／学习会、运动会、酒会／공부회, 운동회, 회식.)

❹ □ 開く (to hold ／召开／열다)
ひら

▶ 友だちの就職が決まったから、お祝いの会を開くことにしました。
とも　　　しゅうしょく　き　　　　　　いわ

(One of my friends landed a job, so we're going to hold a party to celebrate. ／朋友们工作定下来了，所以决定开庆祝会。／친구의 취직이 정해져서 축하 모임을 열기로 했습니다.)

---

❺ □ 講演(する) (lecture／讲演／강연(하다))
こうえん

▶ 多くの人にこの問題を知ってもらいたいと思い、全国を講演して回っています。
おお　　ひと　　　もんだい　し　　　　　　　　おも　　ぜんこく
まわ

(I want lots of people to know about this issue, so I'm traveling around the country to lecture about it. ／我想让更多的人了解这个问题，于是在全国进行巡回演讲。／많은 사람에게 이 문제를 알리기 위해 전국을 강연하며 돌고 있습니다.)

▷ 講演会 (lecture ／讲演会／강연회)
かい

社会・国・ルール 31

職業・身分 32

立場・役割 33

グループ・組織 34

行事・イベント 35

手続き 36

場所・位置・方向 37

商品・サービス 38

知識・能力 39

評価・成績 40

❻ ☐ 開会(する) (opening／开会／개회(하다))
かいかい

▷ 開会式 (opening ceremony／开会仪式／개회식)
しき

❼ ☐ 閉会 (する) (closing／闭会／폐회 (하다))
へいかい

❽ ☐ 大会 (meet, tournament, convention／大会、大赛／대회)
たいかい

▷ 花火大会、マラソン大会
はなび
(fireworks show, marathon／烟花大会,马拉松大会／불꽃놀이 대회, 마라톤대회)

❾ ☐ 出場(する) (to participate／出场／출장(하다))
しゅつじょう

▶ 来年の北京の国際大会に出場することが決まりました。
らいねん ぺきん こくさい
(It's been decided that she will play in the international tournament in Beijing next year.
／已经定下要参加明年北京的国际大赛。／내년 북경 국제대회에 출장하는 것이 정해졌습니다.)

❿ ☐ 出る (〜に) (to participate／参加／나가 (〜 는데))
で

⓫ ☐ コンテスト (contest／竞赛／경연대회)

▷ スピーチコンテストに出る
で
(to enter a speech contest／参加演讲比赛／스피치콘테스트에 나가다)

⓬ ☐ コンクール (contest／竞赛会／콩쿠르)

▶ 写真コンクールに初めて応募しました。
しゃしん はじ おうぼ
(I entered in my first photo contest ever.／第一次参加摄影竞赛。／사진콩쿠르에 처음으로
응모했습니다.)

⓭ ☐ 予選 (preliminary round／预选／예선)
よせん

▶ たくさんの人が参加するので、予選を通るだけでも大変なんで
ひと さんか とお たいへん
す。
(A lot of people are playing in the tournament, so it's going to be tough to make it past
the preliminary round.／因为很多人参加,光是通过预选就很困难。／많은 사람이 참가하기
때문에 예선을 통과하는 것만도 힘듭니다.)

❹ □ **遠足** えんそく (excursion／郊游／소풍)

▶ さくら公園には、学校の遠足で行きました。
こうえん　　がっこう　　　　　　い
(We took a class trip to Sakura Park. ／曾在学校郊游时去过樱花公园。／벚꽃 공원에는 학교 소풍으로 갔습니다.)

❺ □ **式** しき (ceremony／典礼／식)

▶ 式は何時からですか。 ──そろそろ始まると思いますよ。
なんじ　　　　　　　　　　　　　　　　はじ　　　　　おも
("What time does the ceremony start?" "I think it'll be starting shortly." ／仪式从几点开始？──我觉得快要开始了。／식은 몇 시부터입니까?──슬슬 시작될 것 같습니다.)

▷ 入学式、結婚式
にゅうがくしき　けっこん
(school entrance ceremony, wedding ceremony ／入学典礼、结婚典礼／입학식, 결혼식)

▷ 式場 (ceremony hall ／会场／식장)
しきじょう

❻ □ **葬式** そうしき (funeral／葬礼／장례식)

❼ □ **儀式** ぎしき (ceremony, ritual／仪式／의식)

▶ 毎年ここで、お米の収穫を祝う儀式が行われてきた。
まいとし　　　　　こめ　しゅうかく　いわ　　　　　　おこな
(A ceremony to celebrate the rice harvest has been held here every year. ／每年在这里举行庆祝大米收获的仪式。／매년 여기에서 쌀 수확을 축하하는 의식이 행해져 왔다.)

❽ □ **会場** かいじょう (venue／会场／회장)

▷ 結婚式の会場 (wedding hall ／结婚典礼的会场／결혼식 회장)
けっこんしき

❾ □ **観客** かんきゃく (audience, spectator／观众／관객)

❿ □ **年賀状** ねんがじょう (New Year's greeting card／贺年卡／연하장)

 UNIT **36**

手続き
てつづ (Procedures／手続／수속)

---

❶ □ **窓口** (counter／窓口／창구)
まどぐち

▶ 〈銀行で〉すみません、両替はどこですか。 ——5番の窓口
ぎんこう りょうがえ ばん
になります。

((at the bank) Excuse me, where can I change money? ——At counter 5.／〈在银行〉
请问, 换外币在什么地方呢？——在5号窗口。／"<은행에서>미안합니다. 환전은 어디입니
까?——5번 창구가 되겠습니다.")

---

❷ □ **申し込む** (to apply／申请／신청하다)
もう こ

▷ パソコン講座に申し込む
こうざ
(to apply for a computer course／申请参加电脑讲座／컴퓨터 강좌를 신청하다)

▷ 参加を申し込む、結婚を申し込む
さんか けっこん
(to enter, to propose／申请参加、申请结婚／참가를 신청하다, 결혼을 신청하다)

❸ □ **申し込み** (application／申请／신청)

▷ 申込者 (applicant／申请人／신청자)
しゃ

❹ □ **資格** (qualifications／资格／자격)
しかく

---

❺ □ **提出(する)** (to submit／提出／제출(하다))
ていしゅつ

▷ レポートを提出する (to submit a report／提出报告／리포트를 제출하다)

---

❻ □ **登録(する)** (to register／登录／등록(하다))
とうろく

▶ ボランティアに興味があったので、登録しました。
きょうみ
(I registered because I was interested in becoming a volunteer.／我对当志愿者有兴趣,
所以登录了。／자원봉사에 흥미가 있어서 등록했다.)

社会・国・ルール 31

職業・身分 32

立場・役割 33

グループ・組織 34

行事・イベント 35

手続き 36

場所・位置・方向 37

商品・サービス 38

知識・能力 39

評価・成績 40

❼ □ 手続き（する） (to go through procedures ／手续／수속(하다))
てつづ

▶ 入会の手続きは思ったより簡単だった。
にゅうかい　　　　　　おも　　　　　　かんたん
(The procedures for becoming a member were easier than I thought. ／入会的手续比相像的简单。／입회 수속은 생각보다 간단했다.)

❽ □ 受け付ける (to receive／受理／접수하다)
う　つ

▷ 申し込みを受け付ける (to receive an application ／受理申请／신청을 접수하다)
もう　こ

❾ □ 許可（する） (to give permission／许可／허가(하다))
きょか

▶ 許可がないと、ここでは撮影できません。
さつえい
(You can't film here without permission. ／没有许可,是不能在这里照相的。／허가가 없으면 여기에서는 촬영할 수 없습니다.)

❿ □ 募集（する） (to recruit／招募／모집(하다))
ぼしゅう

▷ 参加者を募集する (to recruit participants ／招募参加人员／참가자를 모집하다)
さんかしゃ

⓫ □ 応募 （する） (to apply／应聘／응모 (하다))
おうぼ

⓬ □ 定員 (capacity／人员的定额／정원)
ていいん

▷ 募集定員 (Number admitted／招募人数／모집정원)
ぼしゅう

⓭ □ 期限 (deadline／期限／기한)
きげん

▷ 提出期限、支払い期限
ていしゅつ　　　しはら
(submission deadline, payment deadline ／提出期限、支付期限／제출기한, 지급 기한)

⓮ □ 締め切る (to cut off／截止／마감하다)
し　き

▶ 募集は今日で締め切られました。
ぼしゅう　きょう
(The last day for applications was today. ／招募今天结束了。／모집은 오늘로 마감되었습니다.)

⓯ □ 締め切り (deadline ／截止日期／마감)

UNIT 37

場所・位置・方向
ば しょ　い ち　ほうこう
(Location, position & direction／场所・位置・方向／장소・위치・방향)

❶ □ **位置** (position／位置／위치)
い ち

▶ テーブルの位置はここでいい？

(Is this where you want the table?／桌子的位置在这里行吗？／테이블의 위치는 이것으로 됐니?)

❷ □ **方向** (direction／方向／방향)
ほうこう

▶ 方向はこっちで合ってる？

(Is this the right direction?／这边的方向是正确的吗？／방향은 이쪽이 맞아?)

❸ □ **向き** (orientation／方向／향)
む

▷ 南向きの部屋 (room facing the south／朝南的房间／남향 방)
　みなみ む　　へ や

❹ □ **逆** (opposite／相反／역)
ぎゃく

▶ 向きが逆になってる。

(It's facing the wrong way.／方向相反／방향이 거꾸로 되어 있다.)

❺ □ **上下** (up and down, vertically／上下／상하)
じょう げ

▶ 画面を上下に動かしてみてください。
　がめん　　　うご
(Try scrolling up and down the screen.／上下移动画面试。／화면을 상하로 움직여 보세요.)

❻ □ **左右** (right and left／左右／좌우)
さ ゆう

▶ 道路を渡るときは、左右をよく見てください。
　どうろ　わた　　　　　　　　　み
(Look carefully both ways before crossing roads.／过马路的时候，要好好看看左右。／도로를 건널 때는 좌우를 잘 보세요.)

社会・国ルール　31
職業・身分　32
立場・役割　33
グループ組織　34
行事・イベント　35
手続き　36
場所・位置・方向　37
商品・サービス　38
知識・能力　39
評価・成績　40

❼ □ 中心 (center／中心／중심)
　　ちゅうしん

　▶ 彼女を中心に準備を進めています。
　　かのじょ　　　　じゅんび　　すす
　　(Preparations are now being made, mainly by her. ／以她为中心准备着。／그녀를 중심으
　로 준비를 진행하고 있습니다.)

❽ □ 奥 (back, deep inside ／里面／구석)
　　おく

　▶ 先生の研究室は5階の一番奥です。
　　せんせい　けんきゅうしつ　かい　いちばん
　　(The professor's lab is located at the far back of the fifth floor. ／老师的研究室在五楼的
　最里面一间。／선생님의 연구실은 5층의 가장 구석입니다.)

❾ □ 手前 (in front of, just before／面前、这边／바로 앞)
　　て まえ

　▶ 〈タクシーで〉次の信号の手前で止めてください。
　　　　　　　　　　つぎ　しんごう　　　と
　　((In a taxi) Please drop me off just before the next stoplight. ／（出租车上）请在下一个
　信号灯前停一下车。／<택시에서> 다음 신호의 바로 앞에서 세워주세요.)

❿ □ 端 (edge／边缘、旁边／끝)
　　は し

　▶ 電車が来るから、ホームの端を歩かないで。
　　でんしゃ　く　　　　　　　　　　ある
　　(A train is coming, so don't walk along the edge of the platform. ／电车要来了,不要在
　站台边上行走。／전차가 오니까 홈의 끝을 걷지 마라.)

⓫ □ 隅 (corner／角落／구석)
　　す み

　▶ これ、じゃまだから、隅のほうに置いといて。
　　　　　　　　　　　　　　　　　　お
　　(This is in the way, so move it to the corner. ／这个挡道,放角落吧。／이것 방해가 되니까
　구석에 놓아둬.)

⓬ □ コーナー (section, corner／角落、拐角／코너)

　▷ 絵本のコーナー (picture book section ／图画书之角／그림책 코너)
　　え ほん

社会・国・ルール 31
職業・身分 32
立場・役割 33
グループ・組織 34
行事・イベント 35
手続き 36
場所・位置・方向 37
商品・サービス 38
知識・能力 39
評価・成績 40

⑬ □ **周囲** （surroundings／周围／주위）
しゅう い

▶ 研修所は、周囲を山に囲まれた、静かなところでした。
けんしゅうじょ やま かこ しず
（The training center was located in a quiet place surrounded by mountains. ／进修所在一个被山包围着的、安静的地方。／연수원은 주위가 산으로 둘러싸인 조용한 곳이었습니다.）

⑭ □ **周辺** （around／周围／附近／주변）
しゅうへん

▶ 駅の周辺に少しお店があります。
えき すこ みせ
（There are a few shops around the train station. ／车站附近有一些店铺。／역 주변에 약간 가게가 있습니다.）

⑮ □ **正面** （front／正面／정면）
しょうめん

▶ 学校の正面にコンビニができました。
がっこう
（A convenience store has opened in front of the school. ／学校的正面建起了一家便利店。／학교의 정면에 편의점이 생겼습니다.）

⑯ □ **向かい** （across, opposite／对面／건너편）
む

▷ 向かいのビル （the building opposite ／对面的大厦／건너편 빌딩）

⑰ □ **あちこち** （here and there／到处／여기저기）

▶ あちこち探したけど、結局、見つからなかった。
さが けっきょく み
（I looked all over the place but couldn't find it. ／到处都找了, 结果没有找到。／여기저기 찾았지만, 결국 발견되지 않았다.）

⑱ □ **先** （tip／前面／앞）
さき

▶ この靴、先の部分が汚れてる。
くつ ぶ ぶん よご
（The toes of these shoes are dirty. ／这双鞋, 前面脏了。／이 구두, 앞부분이 더러워.）

⑲ □ **表面** （surface／表面／표면）
ひょうめん

▶ このバッグは表面がビニールなので、汚れても簡単に拭きとれます。
よご かんたん ふ
（This bag is covered in vinyl, so grime can be easily wiped off. ／这个包表面是塑料, 脏了也可以很简单地擦拭掉。／이 가방은 표면이 비닐이어서 더러워도 간단히 닦을 수 있습니다.）

❷⓿ □ 辺り (around, vicinity／附近／주변)
あた

▶ この辺りは昔、田んぼだったそうです。
むかし　た
(I heard that this area used to be covered with rice paddies a long time ago. ／听说这附近过去农田。／이 부근은 옛날 논이었다고 합니다.)

❷① □ 〜側 (__ side／〜側／~측)
がわ

▷ 外側・内側、反対側
そと　うち　はんたい
(outside/inside, opposite side／外側、内側、反面／외측·내측·반대 측)

❷② □ 〜口 (__ exit/entrance／〜口／~구)
ぐち

▷ 北口、正面口、裏口
きた　しょうめん　うら
(north exit, front entrance, back entrance／北口、正门、后门／북구, 정면출구, 뒷문)

❷③ □ 行き止まり (dead end／尽头、顶点、止境／막힌 길)
い　ど

❷④ □ 突き当たり (end (of the street/hall)／(道路等的)尽头／막다른 곳)
つ　あ

❷⑤ □ 方面 (toward／方面、方向／방면)
ほうめん

▷ 京都方面の電車
きょうと　でんしゃ
(a train headed toward Kyoto／京都方向的电车／교토방면의 전차)

❷⑥ □ 経由 (via／经由／경유)
けいゆ

▷ シンガポール経由バンコク行き
い
(bound for Bangkok, with a stopover in Singapore／经由新加坡去曼谷／싱가포르 경유 방콕행)

社会・国・ルール 31

職業・身分 32

立場・役割 33

グループ・組織 34

行事・イベント 35

手続き 36

場所・位置・方向 37

商品・サービス 38

知識・能力 39

評価・成績 40

㉗ ☐ **坂** (hill, slope／坡／경사)
さか

㉘ ☐ **上り** (upward／上去／오르막길)
のぼ

㉙ ☐ **下り** (downward／下去／내리막길)
くだ

▷ 下りは楽ですね。
くだ　　　らく
(It's easier going down, isn't it?／下去很轻松。／내리막길은 편하군요)

㉚ ☐ **頂上** (summit, top／山頂／정상)
ちょうじょう

㉛ ☐ **地下** (underground／地下／지하)
ち か

㉜ ☐ **都市** (city／都市／도시)
と し

㉝ ☐ **都心** (downtown／城市的中心地区／도심)
と しん

45
CD1

㉞ ☐ **郊外** (suburbs／郊外／교외)
こうがい

▶ 当然、都心より郊外のほうが家賃が安い。
とうぜん　 としん　　こうがい　　　　やちん　やす
(Naturally, rent is cheaper in the suburbs than it is downtown.／当然, 比起市中心来说,
郊外的房租更便宜／당연히, 도심보다 교외 쪽이 집세가 싸다.)

㉟ ☐ **都会** (city／都市／도회)
と かい

▶ 昔は都会の生活に憧れていました。
むかし　 とかい　 せいかつ　あこが
(A long time ago I used to yearn for city life.／过去一直憧憬着都市的生活。／옛날은 도회
생활을 동경했었다.)

㊱ ☐ **田舎** (countryside／农村／시골)
い なか

㊲ ☐ **地方** (region, provinces／地区／지방)
ち ほう

▶ 同じ料理でも、地方によって違いますね。
おな　りょうり　　　ちほう　　　　ちが
(Even the same dish may vary from region to region.／即使同样的菜肴, 地方不一样菜
肴也不一样。／같은 요리라도 지방에 따라 다릅니다.)

❸❽ □ **地域** _{ち いき} (region, area／地域、地区、地方／지역)

▶ 無料配達ができる地域とできない地域があるんだって。──
　えっ、そうなの!?
_{む りょうはいたつ}

("It says that free delivery is not available in some areas." "It does!?"／听说有免费邮送的地区和不免费的地区。──诶,是吗!?／무료배달을 할 수 있는 지역과 할 수 없는 지역이 있대.──어, 그래!?)

❸❾ □ **地区** _{ち く} (district／地区／지구)

▶ 出場チームを東地区と西地区の二つに分け、それぞれで予選
　を行います。
_{しゅつじょう　　　　ひがし　　にし　　ふた　　わ　　　　　　　　　　　　　　よせん}
_{おこな}

(The teams in the tournament were divided into two districts, east and west, each with its own playoff.／出场队分为东地区和西地区两部分,各自进行预选赛。／출장 팀을 동지구와 서지구의 두 개로 나눠 각각 예선했습니다.)

❹⓿ □ **地名** _{ち めい} (place name／地名／지명)

❹❶ □ **地元** _{じ もと} (local／当地／지역)

▶ ここは地元では有名なお店なんです。
_{ゆうめい　　　みせ}

(This restaurant is well known among the locals.／这是当地有名的店铺。／여기는 지역에서는 유명한 가게입니다.)

❹❷ □ **現場** _{げん ば} (site／现场／현장)

▷ 工事現場、撮影現場
_{こう じ　　　　さつえい}

(construction site, filming location／工程现场、拍摄现场／공사현장, 촬영현장)

❹❸ □ **越える** _こ (to cross (over)／超越、超过／넘다)

▶ 〈スポーツ〉この線を越えると反則になります。
_{せん　　　　　　　はんそく}

((In a sport) Crossing this line is a foul.／（运动）越过了这条线就违反规定。／<스포츠> 이 선을 넘으면 반칙이 됩니다.)

❹❹ □ **超える** _こ (to surpass／超过／넘다)

▶ 応募者が 1,000 人を超えた。
_{おう ぼ しゃ　　　　　　　にん}

(The number of applicants surpassed 1,000.／应征者超过了一千人。／응모가 1000명을 넘었다.)

㊺ □ 近づく(ちか) (to approach／接近／다가가다)

▶ 危(あぶ)ないから火(ひ)に近づかないで。
(Stay away from the fire. It's dangerous. ／危险, 别靠近火。／위험하니까 불에 가까이 가지 마.)

㊻ □ 近づける (to move something closer ／接近／ 가까이 하다)

▶ 見(み)えないから、もうちょっとこっちに近づけて。
(I can't see it. Move it a little closer. ／看不见, 再靠近点儿。／보이지 않으니까 좀 더 이쪽으로가까이 해.)

㊼ □ 通(とお)り過(す)ぎる (to go past／走过、通过／지나치다)

▶ 新宿(しんじゅく)で降(お)りるはずでしたが、通り過ぎてしまいました。
(I had planned to get off at Shinjuku, but I rode past it. ／本来在新宿下车的, 可是坐过站了。／신주쿠에서 내렸어야 하는데 지나쳐버렸습니다.)

㊽ □ ～場(じょう) (place for __／～场／~장)

▷ 練習(れんしゅう)場、会(かい)場 (practice field, venue ／练习场、会场／연습장 , 회장)

㊾ □ 座席(ざせき) (seat／座位／좌석)

㊿ □ 指定席(していせき) (reserved seat／指定席／지정석)

(51) □ 自由席(じゆうせき) (nonreserved seat／自由席 ／자유석)

(52) □ 海外(かいがい) (overseas ／国外／외국)

(53) □ 西洋(せいよう) (the West／西方／서양)

(54) □ 東(とう)洋 (the East ／东方／동양)

UNIT 38

商品・サービス
しょうひん
（Products and services
／商品・服务／상품・서비스)

---

❶ □ 商品 (products／商品／상품)
しょうひん

▶ その店は食料品だけじゃなく、いろいろな商品を扱っていま
みせ しょくりょうひん あつか
した。

(This store sold not just food, but also various other kinds of products. ／这个店不仅仅
有食料品卖,还经营各种商品。／그 가게는 식료품만이 아니라 여러 가지 상품을 취급하고 있었습
니다.)

---

❷ □ 品物 (goods, things／物品、产品／물건)
しなもの

▶ 品物を見ていないので、買うかどうか、まだ決めていません。
み か き

(I haven't seen the goods, so I haven't decided if I'm going to buy or not. ／因为没看到
商品,所以还没决定要不要买。／물건을 보지 않아서 살지 어떨지 아직 정하지 않았습니다.)

---

❸ □ ～品 (~goods／～品／~품)
ひん

▷ セール品、高級品、ブランド品
こうきゅう

(sale items, luxury goods, branded goods ／减价品、高级商品、名牌产品／세일품, 고급품,
브랜드품)

---

❹ □ 新品 (new article／新货、新产品、新物品／신품)
しんぴん

▶ そのギター、新品？　うん。先週買った。
せんしゅう

(Is this guitar new? Yeah. I bought it last week. ／那个吉他是新的吗？嗯,上周才买的。／
그 기타, 신품? 응. 지난주에 샀다.)

❺ □ パック （carton／包装／팩）

▶ 牛乳の紙パックはリサイクルごみです。
ぎゅうにゅう　かみ
（Milk cartons made of paper are classified as recyclable trash. ／装牛奶的纸盒子是再利用资源。／우유의 종이 팩은 리사이클 쓰레기입니다.）

▶ このイチゴ、1パック500円？　安いね。
えん　　　　　やす
（¥500 for a carton of these strawberries? That's cheap. ／这个草莓一盒500日元？真便宜。／이 딸기, 1팩에 500엔? 싸군.）

❻ □ 販売(する) （to sell／出售、贩卖／판매(하다)）
はんばい

▶ チケットは、ネットでも販売しています。
（Tickets are also on sale online. ／在网上也有售票的。／티켓은 네트에서도 판매하고 있습니다.）

❼ □ 発売(する) （to launch／出售、发售／발매(하다)）
はつばい

▶ その本はいつ発売ですか。
ほん
（When is that book going to be launched? ／这本书什么时候发售？／그 책은 언제 발매됩니까?）

❽ □ 問い合わせる （to inquire／问询、打听。／문의）
と　あ

▶ 席、まだあるかなあ。　──電話で問い合わせてみよう。
せき　　　　　　　　　　でんわ
（I wonder if there are still any seats available? ── Let's call and find out. ／还有座位吗？──打电话问问吧。／자리, 아직 있을까. ──전화로 문의해 보자.）

❾ □ 問い合わせ （inquiry／询问、打听／문의）

❿ □ ヒット(する) （to be a hit／大受欢迎／히트(하다)）

▶ これは、90年代にヒットした曲を集めたCDです。
ねんだい　　　　　　きょく　あつ
（This CD is a compilation of hit songs from the 90s. ／这是汇集了90年代流行歌曲的CD。／이것은 90년대에 히트한 곡을 모은 CD입니다.）

社会・国・ルール 31
職業・身分 32
立場・役割 33
グループ・組織 34
行事・イベント 35
手続き 36
場所・位置・方向 37
商品・サービス 38
知識・能力 39
評価・成績 40

⓫ □ **売り切れる** (to sell out／全部售完／매진)
うき

▶ そのチーズケーキを買いに行ったんだけど、もう売り切れていた。
かい

(I went to buy one of those cheesecakes, but they were sold out.／我去买奶酪蛋糕了，但是卖完了。／그 치즈케이크를 사러 갔지만 벌써 매진되어 있다.)

⓬ □ **売り切れ** (sold out／售完、售光／매진)

⓭ □ **価格** (price／价格／가격)
か かく

▶ 今、野菜の価格が上がっているそうです。
いま やさい あ

(Vegetable prices have gone up recently.／听说现在蔬菜涨价了。／지금, 야채 가격이 오르고 있다고 합니다.)

⓮ □ **定価** (list price／定价／정가)
てい か

▶ 定価 2,000 円だけど、1,500 円で買えました。
えん

(The list price was ¥2000, but I managed to buy it for ¥1500.／定价是2000日元，花1500日元就买下来了。／정가 2000엔이지만, 1500엔에 살 수 있었습니다.)

⓯ □ **バーゲン** (bargain／减价、降价／바겐)

⓰ □ **セール** (sale／减价出售、贱卖／세일)

⓱ □ **割引(する)** (discount／减价、打折／할인(하다))
わりびき

▶ セール品はすべて2割引きです。
ひん

(All sale items are 20% off.／减价产品全都是打八折。／세일 품은 모두 2할 할인입니다.)

⓲ □ **半額** (half price／半价／반액)
はんがく

⓳ □ **送料** (postage, shipping／邮费、运费／송료)
そうりょう

⑳ □ 営業（えいぎょう）(する)　(to do business／营业／영업(하다))

▶〈店（みせ）〉年内（ねんない）は休（やす）まず、営業します。
(<at a store> We are open every day throughout the year.／〈商店〉年内不休息、照常营业。／<가게> 연내는 쉬지 않고 영업합니다.)

㉑ □ やる 同　(to be open／做／동 : 하다)

▶駅前（えきまえ）のスーパーは遅（おそ）くまでやってるよ。
(The supermarket in front of the station is open late.／车站前面的超市都是营业到很晚。／역 앞의 슈퍼는 늦게까지 하고 있다.)

㉒ □ 休業（きゅう）(する)　(to be closed／停工、歇业／휴업 (하다))

㉓ □ 貸（か）し出（だ）す　(rental／借出。／대출)

㉔ □ 貸し出し　(lending (of books, equipment, etc.)／出租／대출)

▶本（ほん）の貸し出しはできますか。　——はい。お一人（ひとり）5冊（さつ）までです。
(Can I borrow the books?　— Yes. Each person can borrow up to 5.／能借书吗？——一个人只能借五本。／책 대출은 가능합니까?——한 사람 5권까지 입니다.)

㉕ □ レンタル(する)　(to rent／出租、租赁／렌털(하다))

▶お金（かね）がもったいないから、レンタルしよう。
(It would be a waste of money to buy, so let's rent it.／花钱就可惜了，租吧。／돈이 아까우니까 렌털을 하자.)

㉖ □ 書留（かきとめ）　(registered mail／挂号信／등기 우편)

㉗ □ 小包（こづつみ）　(parcel／邮政包裹／소포)

㉘ □ クリーニング(する)　(dry cleaning／洗衣、干洗／클리닝)

▷シャツをクリーニングに出す
(to drop off a shirt at the dry cleaner's／把衬衫拿去洗衣店洗。／셔츠를 클리닝에 내다.)

UNIT 39

知識・能力
ち しき　のうりょく
(Knowledge & ability／知识・能力／지식・능력)

---

❶ □ 能力 (ability, competency／能力／능력)
のうりょく

▶ 彼は能力はあるんですが、やる気があまり見られないんですよ。
かれ　　　　　　　　　　　　　　　　　　　　　　き
(He's got ability, but he doesn't show much drive.／他虽然有能力,但是看不出有干劲儿。
／그는 능력은 있습니다만, 의욕이 그다지 보이지 않습니다.)

---

❷ □ 才能 (talent／才能／재능)
さいのう

▶ あの子には絵の才能があるかもしれない。
こ　　え
(That child may have a talent for painting.／那个孩子可能有绘画的才能。／저 아이에게는
그림의 재능이 있을지도 모른다.)

---

❸ □ 知識 (knowledge／知识／지식)
ち しき

▶ 鈴木教授は知識が豊富で話がおもしろい。
すずき きょうじゅ　　　　　ほう ふ　　はなし
(It's interesting to hear Prof. Suzuki talk because he knows so much.／铃木教授知识丰
富,说话幽默。／스즈키 교수는 지식이 풍부하고 말이 재미있다.)

---

❹ □ 経験 (experience／经验／경험)
けいけん

▶ 半年ほど、英語を教えた経験があります。
はんとし　　えい ご　　おし
(I have about six months' experience in teaching English.／我有半年教英语的经验。／반
년 정도, 영어를 가르친 경험이 있습니다.)

---

❺ □ 資格 (qualifications／资格／자격)
し かく

▶ 看護師になるには、どのような資格が必要ですか。
かん ご し　　　　　　　　　　　　　　　　ひつよう
(What qualifications are necessary to become a nurse?／当护士,需要什么样的资格呢?
／간호사가 되기 위해서는 어떤 자격이 필요합니까?)

社会・ルール 31

職業・身分 32

立場・役割 33

グループ・組織 34

行事・イベント 35

手続き 36

場所・位置・方向 37

商品・サービス 38

知識・能力 39

評価・成績 40

❻ □ **身につける** (to acquire／掌握／몸에 익히다)
み

▶ 最初の２年間で基本的な知識を身につけます。
さいしょ　ねんかん　きほんてき　ちしき

(You'll acquire basic know-how in the first two years.／最初的两年是掌握基本知识。／최초 2년 동안 기본적인 지식을 몸에 익힙니다.)

❼ □ **身につく** (to acquire／学到手／몸에 익다)
み

❽ □ **実力** ((real) ability, talent／实力／실력)
じつりょく

▶ ペーパーテストだけでは、実力はわからない。

(Real ability can't be assessed with just a written test.／仅仅是书面测试,看不出实力。／종이 시험만으로는 실력을 알 수 없다.)

❾ □ **ベテラン** (veteran, seasoned／经验丰富的人／베테랑)

▷ ベテラン記者 (veteran reporter／经验丰富的记者／베테랑 기자)
きしゃ

❿ □ **暗記(する)** (memorization／背诵／암기(하다))
あん き

⓫ □ **記憶(する)** (memory／记忆／기억(하다))
き おく

▷ 記憶力 ((one's power of) memory／记忆力／기억력)
りょく

⓬ □ **訓練(する)** (training／训练／훈련(하다))
くんれん

▶ 地震が起きたときのため、避難訓練をしておきましょう。
じしん　お　　　　　　　　　　ひなん

(It's a good idea to practice training so that you'll be ready when an earthquake strikes.／为了(应付)地震发生时的各种情况,我们做好避难训练吧。／지진이 일어났을 때를 위해 피난훈련을 해 둡시다.)

⓭ □ **トレーニング(する)** (training／训练／훈련(하다))

▶ 雨の日は、室内練習場でトレーニングします。
あめ　ひ　　しつないれんしゅうじょう

(When it rains, we practice in an indoor training facility.／下雨的时候,在市内练习场进行训练。／비 오는 날은 실내연습장에서 훈련합니다.)

⓮ □ 上達（する） (improvement／进步／늘다)
じょうたつ

▶ もうそんなに話せるの？ 子供は上達が早いなあ。
はな　　　　　　　　　　こども　　　　じょうたつ　はや
(She can already say that much? Kids sure learn quickly. ／已经这么能说了啊？孩子的进步真是很快啊。／벌써 그렇게 말할 수 있니? 아이는 빨리 느네.)

⓯ □ 進歩（する） (progress／进步／진보(하다))
しん　ぽ

▷ 技術の進歩、医学の進歩
ぎ　じゅつ　しん　ぽ　い　がく
(technological progress, advances in medicine ／技术的进步、医学的进步／기술의 진보, 의학의 진보)

⓰ □ 研修（する） (training／研修／연수(하다))
けんしゅう

▶ 新しく入った人は、まず最初に２週間の研修を受けます。
あたら　　　はい　　　ひと　　　　　　さいしょ　　しゅうかん　けんしゅう　　う
(New employees spend their first two weeks in a training program. ／新人, 首先要接受两周的研修培训。／새로 들어온 사람은 우선 처음에 2주간의 연수를 받습니다.)

⓱ □ 見学（する） (tour (for study)／参观／견학(하다))
けんがく

⓲ □ 実習（する） (practical training, internship／实习／실습(하다))
じっしゅう

▶ 実習は思っていたより大変で、怒られてばかりだった。
じっしゅう　おも　　　　　　　　たいへん　　おこ
(My internship was tougher than I expected. I was constantly getting yelled at. ／实习比想像的要够呛, 老是被挨骂。／실습은 생각했던 것보다 힘들어 꾸중만 듣는다.)

⓳ □ 初級 (beginning／初级／초급)
しょきゅう

⓴ □ 中級 (intermediate ／中级／중급)
ちゅうきゅう

㉑ □ 上級 (advanced ／高级／상급)
じょうきゅう

㉒ □ 級 (level ／级／급)
きゅう

▶ 級によって受験料が違います。
きゅう　　　　　じゅけんりょう　ちが
(Tuition varies by level. ／根据级别不一样, 考试费也不一样。／급에 따라서 수험료가 다릅니다.)

UNIT 40

評価・成績
ひょうか　せいせき
(Evaluation, performance／评价、成绩／평가・성적)

社会・国・ルール　31

職業・身分　32

立場・役割　33

グループ・組織　34

行事・イベント　35

手続き　36

場所・位置・方向　37

商品・サービス　38

知識・能力　39

評価・成績　40

❶ □ **優れる** すぐ (to excel／出色／뛰어나다)

▶ ここの商品がほかより優れているのはデザインだと思う。
(I think what makes the products here better than elsewhere is their design.／我觉得这里的商品和其他的相比出色之处在于其设计。／여기 상품이 다른 곳보다 뛰어난 것은 디자인이라고 생각한다.)

❷ □ **賢い** かしこ (clever, wise／聪明的／현명하다)

▷ 賢い犬、賢いやり方
(clever dog, clever method／聪明的狗、聪明的做法／영리한 개, 현명한 방법)

❸ □ **利口(な)** りこう (clever, smart／聪明／현명(한))

▶ 彼女は利口だから、そんなことはしないはずです。
(She's a smart person, so it's unlikely she would do something like that.／她那么聪明，应该不会干这种事。／그녀는 현명하니까 그런 것은 하지 않을 것이다.)

❹ □ **ばか(な)** (stupid／傻瓜／바보(같은))

▶ えっ、プレゼント、置いてきちゃったの!?　ばかだなあ。
(What? You left your present behind? How stupid.／哎？你把礼物放那自己回来了!?好傻呀。／어, 선물, 두고 왔어!? 바보구나.)

❺ □ **器用(な)** きよう (dexterous, deft／手巧／손재주가 (좋은))

▶ このバッグ、自分で作ったんですか!?　器用ですね。
(You made this bag yourself? You're good with your hands.／这个包是自己做的吗？手好巧呀。／이 가방, 스스로 만들었습니까!? 손재주가 있으시네요.)

❻ ☐ **優秀(な)** (excellent, outstanding／优秀的／우수(한))
　　ゆうしゅう

　　▷ 優秀な成績 (outstanding grades／优秀的成绩。／우수한 성적)
　　　　せいせき

❼ ☐ **見事(な)** (wonderful, dazzling／精彩的／훌륭(한))
　　み　ごと

　　▶ これは見事な作品ですね！　驚きました。
　　　　　　　　　　　　　　　　　　　おどろ
　　(This is a wonderful creation! I'm so surprised.／这真是精彩的作品！太吃惊了。／이것은
　　훌륭한 작품이군요! 놀랐습니다.)

❽ ☐ **拍手(する)** (applause／拍手／박수(치다))
　　はくしゅ

❾ ☐ **偉い** (agreat, important (person)／身份高的／위대하다,훌륭하다)
　　えら

　　▶〈人の行動をほめるとき〉じゃ、そのおばあさんの荷物、ホー
　　　　　こうどう　　　　　　　　　　　　　　　　　　　　　　　　に もつ
　　ムまで持ってあげたの？　偉い！
　　　　　も
　　((Praising someone's action) So you carried the old lady's things all the way to the
　　platform? That was wonderful of you!／(表扬别人行动的时候）那么说,你帮着把那位老
　　奶奶的行李拿到站台上了？真了不起。／<타인의 행동을 칭찬할 때>자, 그 할머니의 짐, 홈까지
　　들어주었니? 훌륭하네!)

❿ ☐ **素敵(な)** (lovely, charming／很漂亮／멋(진))
　　すてき

　　▶ 素敵なお宅ですね。　── いえいえ、そんなことないです。
　　　　　　　　たく
　　("What a lovely home you have." "Oh, no, not at all."／好漂亮的房子。──哪里哪里,没
　　什么。／멋진 집이군요.--아니에요. 그렇지 않아요.)

⓫ ☐ **高級(な)** (high-class, upscale／高级／고급(스런))
　　こうきゅう

　　▷ 高級レストラン、高級時計
　　　　　　　　　　　　　とけい
　　(upscale restaurant, luxury watch／高级餐馆、高档手表／고급 레스토랑, 고급기계)

⓬ ☐ **一流** (first-rate, top-class／一流／일류)
　　いちりゅう

　　▷ 一流企業、一流大学
　　　　きぎょう　　だいがく
　　(top-class company, top-class university／一流企业、一流大学。／일류 기업, 일류 대학)

社会・国ルール 31

職業・身分 32

立場・役割 33

グループ・組織 34

行事・イベント 35

手続き 36

場所・位置・方向 37

商品・サービス 38

知識・能力 39

評価・成績 40

❸ □ **さすが** (as expected of (someone like you)／真不愧／과연)

▶ さすが先生！　動きが全然違う。
　　（せんせい　　うご　　　ぜんぜんちが）
(They don't call you a teacher for nothing! Your movement is completely different from mine. ／真不愧是老师！动作完全不同。／과연 선생님! 움직임이 전혀 다르다.)

❹ □ **まあまあ** (so-so／还算可以／어지간함)

▶〈料理の紹介〉見た目は悪いけど、味はまあまあでした。
　（りょうり　しょうかい　み　め　　わる　　　あじ）
((Talking about a dish) It looked awful, but it didn't taste too bad. ／（菜品的介绍）虽然外表不好看, 味道还可以。／<요리 소개> 보기에는 나쁘지만, 맛은 어지간했습니다.)

❺ □ **ただ(の〜)** (just ___／仅仅是／단(지))

▷ ただの友だち、ただの冗談
　　　　とも　　　　　　じょうだん
(just a friend, just a joke／仅仅是朋友, 仅仅是玩笑。／단지 친구, 단지 농담)

❻ □ **貴重(な)** (valuable, precious／宝贵／귀중(한))
　　 きちょう

▶ 貴重なお話を聞かせていただき、ありがとうございました。
　　　　　はなし　き
(Thank you for your very enlightening talk. ／您给我们讲了这么宝贵的内容, 真是谢谢了。／귀중한 말씀을 들려주셔서 감사했습니다.)

❼ □ **くだらない** (trifling, worthless／无聊的／한심하다)

▶ そんなくだらないことでけんかしてたの？
(You were fighting over something as trifling as that? ／因为这么无聊的事情吵架了？／그렇게 하찮은 일로 싸움을 했었니?)

❽ □ **容易(な)** (easy／容易／쉬(운))
　　 ようい

▶ これを使えば、比較的容易に作業できます。
　　　　　つか　　　ひかくてき　　　　さぎょう
(The job can be done relatively easily if you use this. ／如果用这个, 就能比较容易地操作。／이것을 사용하면 비교적 간단하게 작업을 할 수 있습니다.)

❿ □ 得（な） (advantageous, benefit／合算／이익(인))

▶ セットで注文したほうがだいぶお得ですね。
(You'll save a lot if you order it in a set.／如果成套订购的话很合算。／세트로 주문하는 편이 꽤 이득이군요.)

⓴ □ 損（な） (loss／损失／임금님)

▶ あの映画は見なきゃ損だよ。
(You'll really miss out if you don't see that movie.／那部电影,不看的话太可惜了。／저 영화는 보지 않으면 손해다.)

㉑ □ 不利（な） (disadvantageous／不利／불리한)

▶ このルールだと、日本の選手にちょっと不利になる。
(This rule puts Japan's players at a disadvantage.／如果是这种规则,对日本选手会有点不利。／이 법칙이라면 일본 선수에게 조금 불리하게 된다.)

㉒ □ もっとも（な） (understandable, reasonable／理所当然／당연(한))

▶ まずいなんて言ったの？　彼女が怒るのはもっともだよ。
(You said it tasted bad? It's no wonder that she would be upset.／竟然说出不好吃之类的话？她生气也是理所当然的。／맛없다고 했어? 그녀가 화를 내는 것도 당연하다.)

㉓ □ 積極的（な） (proactive／积极的／적극적(인))

▶ 言われたことだけするんじゃなくて、もっと積極的に動いて。
(Don't just do what you're told. You need to be more proactive.／不要只做被吩咐的事情,要更积极地行动。／말을 들은 것만 하지 말고 좀 더 적극적으로 움직여라.)

㉔ □ 価値 (value／价值／가치)

▶ この絵はどれくらいの価値があるんだろう。
(How much is this painting worth?／这幅画到底具有多少价值呢。／이 그림은 어느 정도 가치가 있는 것일까.)

社会・国ルール 31

職業・身分 32

立場・役割 33

グループ・組織 34

行事・イベント 35

手続き 36

場所・位置・方向 37

商品・サービス 38

知識・能力 39

評価・成績 40

㉕ □ **評価（する）** (evaluation, acclaim／评价／평가(하다))
ひょうか

▶長年続けた研究がやっと評価された。
ながねんつづ　　けんきゅう
(My years of research have finally been recognized.／长年持续的研究终于得到了评价。
／오랫동안 이어진 연구가 겨우 평가받았다.)

㉖ □ **批判（する）** (criticism／批判／비판(하다))
ひはん

▶今回の政府の対応について、マスコミ各社は厳しく批判してい
こんかい　せいふ　たいおう　　　　　　　　　　　かくしゃ　きび
ます。
(The government is being lambasted by the media for its response.／关于这次政府的对
应,各处媒体在严厉批判。／이번 정부의 대응에 대해 매스컴 각사는 가차없이 비판하고 있습니다.)

㉗ □ **長所** (strong point／长处／장점)
ちょうしょ

▶私の長所は、新しいことに積極的なところです。
わたし　ちょうしょ　　あたら　　　　　　せっきょくてき
(My strong point is that I readily take up new challenges.／我的长处是对新事物态度积
极。／나의 장점은 새로운 것에 적극적인 점입니다.)

㉘ □ **短所** (weak point／短处／단점)
たんしょ

㉙ □ **欠点** (shortcoming, defect／缺点／결점)
けってん

㉚ □ **魅力** (appeal, charm／魅力／매력)
みりょく

▶就職率の高さが、この学校の大きな魅力になっています。
しゅうしょくりつ　たか　　　　　　がっこう　おお
(The high job placement rate is a big attraction of this school.／就业率高成了这个学校
的巨大魅力。／취직률의 높음이 이 학교의 큰 매력이 되고 있습니다.)

㉛ □ **魅力的（な）** (appealing／魅力的／매력적(인))
てき

㉜ □ **もったいない** (waste／可惜／아깝다)

▶これ、捨てるの？　もったいない。まだ使えるじゃない。
す　　　　　　　　　　　　　　　つか
(You're throwing this away? What a waste. This still can be used, you know.／这个要扔
掉？太可惜了,不是还能用吗。／이것 버릴 거야? 아깝다. 아직 사용할 수 있잖아.)

㉝ □ 勧める すす (to suggest, to encourage／推荐／권하다)

▶そんなに勧めるんなら、私もそれ、飲んでみようかな。
(Well, if you insist, I'll drink that, too.／既然如此推荐,那我也试着喝喝这个吧。／그렇게 권한다면 나도 이것을 마셔 볼까.)

㉞ □ おすすめ (recommended／推荐／추천)

▶〈レストランで〉おすすめの料理は何ですか。
((At a restaurant) What do you recommend?／(在饭店) 你们所推荐的菜品是什么？／<레스토랑에서> 추천하는 요리는 무엇입니까?)

㉟ □ 推薦(する) すいせん (recommendation／推荐／추천(하다))

▶先生が、今の会社の社長に私を推薦してくれたんです。
せんせい いま かいしゃ しゃちょう わたし
(The professor recommended me to the president of the company where I work now.／老师向现在公司的社长推荐了我。／선생님께서 지금 회사의 사장에게 나를 추천해 주었습니다.)

▷推薦状 じょう (letter of recommendation／推荐信／추천장)

㊱ □ 評判 ひょうばん (reputation／声望、名声／평판)

▶ここは、安くておいしいって評判だよ。
やす
(This place is known for its cheap but tasty food.／大家对这里的评价是又便宜又好吃。／여기는 싸고 맛있다는 평판이다.)

㊲ □ 賞 しょう (award, prize／奖／상)

▷賞金、賞品
しょうきん しょうひん
(prize money, award／奖金、奖品／상금, 상품)

㊳ □ 勝ち か (win, victory／赢／이김)

㊴ □ 負け ま (loss, defeat 输／짐)

社会・国・ルール 31

職業・身分 32

立場・役割 33

グループ・組織 34

行事・イベント 35

手続き 36

場所・位置・方向 37

商品・サービス 38

知識・能力 39

評価・成績 40

❹⓪ □ **優勝(する)** (victory／获胜／우승(하다))
ゆうしょう

❹① □ **～位** (__ place／～名／~위)
い

▶ 6位までに入れたら、賞がもらえるんだって。
はい しょう
(I heard that the top six finishers win prizes. ／听说进到前六名就能拿奖。／ 6위에 들어가면 상을 받을수 있대.)

❹② □ **順位** (rank／名次／순위)
じゅん い

❹③ □ **受かる** (to pass (an exam)／考中／붙다)
う

▷ 試験に受かる / 落ちる
しけん お
(to pass/fail an exam ／考试合格/落榜／시험에 붙다/떨어지다)

❹④ □ **解答(する)** (answer／解答／답을(하다))
かいとう

▶ 問題が多くて、全部解答できなかった。
もんだい おお ぜんぶ
(There were so many problems that I didn't have time to answer them all. ／问题太多,没能全答完。／문제가 많아서 전부 답을 쓰지 못했다.)

▶ 解答は後ろのページに載ってます。
うし の
(The answers are listed on the last page. ／答案在后页上。／정답은 뒷 페이지에 실려 있습니다.)

❹⑤ □ **点数** (score／分数／점수)
てんすう

❹⑥ □ **カンニング(する)** (cheating／作弊／커닝(하다))

❹⑦ □ **ずるい** (underhanded, unfair／狡猾／교활하다)

UNIT 41

経済・ビジネス
けいざい

(the economy, business／
経済.商务／경제 · 비지니스)

❶ ☐ **経済** けいざい (the economy／经济／경제)

❷ ☐ **経済的(な)** (economical／经济的／경제적)

▶ 高い金を出して買うより借りたほうがずっと経済的だよ。
たか かね だ か
(It's much more economical to rent instead of spending a large sum of money buying.
／和花高价买相比,借的话更合算。／비싼 돈을 내서 사기보다 빌리는 편이 훨씬 경제적이다.)

❸ ☐ **景気** けい き (economic climate／景气／경기)

▶ 最近、景気がよくないですね。
さいきん
(The economy hasn't been good recently. ／最近不景气呀。／최근, 경기가 좋지 않군요.)

❹ ☐ **株** かぶ (stocks／股票／주식)

❺ ☐ **市場** し じょう (market／市场／시장)

▶ 健康食品の市場はさらに大きくなるでしょう。
けんこうしょくひん おお
(The market for health products is expected to expand even more. ／健康食品的市场会
进一步扩大吧。／건강식품의 시장은 더욱 커질 것입니다.)

❻ ☐ **金融** きんゆう (finance／金融／금융)

❼ ☐ **物価** ぶっ か (prices, cost of living／物价／물가)

▶ 東京に比べると、この辺は物価が安い。
とうきょう くら へん やす
(Prices here are cheap compared to Tokyo. ／和东京相比,这一带物价低。／동경에 비하면
이 부근은 물가가 싸다.)

経済・ビジネス 41

文学・音楽・芸術 42

精神・宗教 43

気持ち・心の状態① 44

気持ち・心の状態② 45

方法・形式・スタイル 46

本 47

言葉 48

性格・態度 49

単位・数え方 50

❽ □ 消費(する) (to consume／消费／소비(하다))
しょうひ

▶ 日本人のお米の消費量は徐々に減っている。
にほんじん　こめ　　りょう　じょじょ　へ
(Japanese consumption of rice is gradually decreasing.／日本人的大米消费量在逐渐减少。／일본인의 쌀 소비량은 서서히 줄고 있다.)

▷ 消費者 (consumer／消费者／소비자)
しゃ

❾ □ インフレ(ーション) (inflation／通货膨胀／인플레)

❿ □ デフレ(ーション) (deflation／通货紧缩／디플레)

⓫ □ 企業 (corporation, business／企业／기업)
きぎょう

▷ 企業の社会的責任
しゃかいてきせきにん
(corporate social responsbility／企业的社会责任／기업의 사회적 책임)

⓬ □ 経営(する) (to manage／经营／경영(하다))
けいえい

▷ 経営者 (manager／经营者／경영자)
しゃ

⓭ □ 売り上げ／売上 (sales／营业额／매상)
う　あ　　うりあげ

▷ 売上が伸びる (growth in sales／营业额提高／매상이 늘다)
の

⓮ □ 利益 (profit／利益／이익)
りえき

▷ 利益を得る (to earn profit／获得利益／이익을 얻다)
え

⓯ □ 倒産(する) (to go bankrupt／倒闭／도산(하다))
とうさん

文学・音楽・芸術
ぶんがく　おんがく　げいじゅつ
(Literature, music, art／文学.音乐.艺术／문학・음악・예술)

❶ □ **芸術** (art／艺术／예술)
げいじゅつ

▷ 芸術家 (artist／艺术家／예술가)
か

❷ □ **作品** (work／作品／작품)
さくひん

❸ □ **展示(する)** (to exhibit／展示／전시(하다))
てんじ

▶ 今回の展示には、有名な作品がいくつもありました。
こんかい　　　　　　　　ゆうめい
(There were several famous works on display at this exhibition.／这次的展示中有一些有名的作品。／이번 전시에는 유명한 작품이 여럿 있습니다.)

❹ □ **作者** (author／作者／작자)
さくしゃ

❺ □ **小説** (novel／小说／소설)
しょうせつ

▷ 小説家 (novelist／小说家／소설가)
か

❻ □ **詩** (poem／诗／시)
し

▷ 詩人 (poet／诗人／시인)
し じん

❼ □ **劇** (play／剧／극)
げき

❽ □ **曲** (song, piece／曲／곡)
きょく

❾ □ **作曲**(する) (to compose／作曲／작곡(하다))
　　　さっきょく

▶ この曲は誰が作曲したんですか。
　　　　　だれ
(Who composed this song?／这首曲子是谁作曲的呢？／이 곡은 누가 작곡했습니까.)

❿ □ **演奏**(する) (to perform／演奏／연주(하다))
　　　えんそう

⓫ □ **バイオリン** (violin／小提琴／바이올린)

⓬ □ **オーケストラ** (orchestra／管弦乐／오케스트라)

⓭ □ **リズム** (rhythm／节奏／리듬)

▶ リズムに合わせて手を叩いてください。
　　　　　　あ　　　　て　たた
(Please clap your hands along with the rhythm.／请合着节奏拍手。／리듬에 맞추어 손을 쳐 주세요.)

経済・ビジネス 41
文学・音楽・芸術 42
精神・宗教 43
気持ち・心の状態① 44
気持ち・心の状態② 45
方法・形式・スタイル 46
本 47
言葉 48
性格・態度 49
単位・数え方 50

UNIT 43

精神・宗教
せいしん　しゅうきょう
（Mind, religion／精神、宗教／정신・종교）

❶ □ **精神** （mind／精神／정신）
せいしん

▶私の場合、親が常に精神的な支えになってくれました。
わたし　ばあい　おや　つね　　　てき　ささ
（My parents have always been a source of psychological support for me.／我呢, 父母总是在精神上支撑着我。／나의 경우, 부모가 항상 정신적인 지주가 되어 주었습니다.)

❷ □ **宗教** （religion／宗教／종교）
しゅうきょう

❸ □ **神** （god, deity／神／신）
かみ

❹ □ **神様** （gods／神（的敬称）／하느님）
かみさま

❺ □ **キリスト教** （Christianity／基督教／기독교）
きょう

❻ □ **イスラム教** （Islam／伊斯兰教／이슬람교）
きょう

❼ □ **仏教** （Buddhism／佛教／불교）
ぶっきょう

❽ □ **仏** （Buddha／佛／부처）
ほとけ

❾ □ **仏様** （Buddha／佛（的敬称）／부처님）
ほとけさま

UNIT 44

気持ち・心の状態①
き　も　　　　こころ　　じょうたい
(Feelings & state of mind①／心情・心理状态①／기분・심리상태①)

❶ □ 希望(する) （wish, hope／希望／희망(하다))
き ぼう

▶希望する大学に入ることができました。
だいがく　　はい
(I was accepted to the college I wanted to enter. ／考上了自己希望进的大学。／희망하는
대학에 들어갈 수 있었습니다.)

❷ □ 期待(する) （expectation／期待／기대(하다))
き たい

▶期待していたほど、おいしくなかった。
(It didn't taste as good as I expected. ／没有期待的好吃。／기대한 만큼 맛있지 않았다.)

❸ □ 感動(する) （stirring emotion, thrill／感动／감동(하다))
かんどう

▶彼女の歌を聴いて、とても感動しました。
かのじょ　うた　き
(I was really moved by her singing. ／听她的歌,非常感动。／그녀의 노래를 듣고 무척 감동
했습니다.)

❹ □ 興奮(する) （excitement／兴奋／흥분(하다))
こうふん

▶今日の試合はすごかったね。久しぶりに興奮した。
きょう　しあい　　　　　　ひさ
(Today's game was really something, huh? I hadn't been so excited for a long time. ／
今天的比赛太棒了,好久没这么兴奋了。／오늘 시합은 굉장했지, 오랜만에 흥분했다.)

❺ □ (お)めでたい （happy, joyful／可喜可贺／축하다))

▶村田さんが結婚？　それはめでたい。
むら た　　　　けっこん
(Murata's engaged? That's happy news. ／村田结婚了吗？真是可喜可贺啊！／무라타씨
가 결혼? 그것은 축하할일이네.)

経済・ビジネス 41
文学・音楽・芸術 42
精神・宗教 43
気持ち・心の状態① 44
気持ち・心の状態② 45
方法・形式・スタイル 46
本 47
言葉 48
性格・態度 49
単位・数え方 50

❻ □ ありがたい (thankful／值得感谢的／감사하다)

▶原さんは困ったときにいつも助けてくれて、本当にありがたい
と思っています。
(I really feel grateful to you because you always help me out when I'm in a bind. ／原先
生总是在我困难的时候帮助我，真是太感谢了。／하라 씨가 곤란할 때에 항상 도와주어서 정말
감사합니다.)

❼ □ 緊張(する) (tension, nervousness／紧张／긴장(하다))

▶人前で話すのは苦手で、いつも緊張します。
(I'm not comfortable speaking in front of people, so I always get nervous when I have
to do that. ／不擅长在人前说话,很紧张。／사람 앞에서 말하는 것은 잘 못해서 항상 긴장합니
다.)

❽ □ 落ち着く (to relax／稳定、镇定／침착하다)

▶落ち着いてゆっくり話してください。
(Just relax and speak slowly. ／镇定下来,慢慢说。／침착하게 천천히 말해 주세요.)

❾ □ 気楽(な) (carefree／轻松／편(한))

▶私はアルバイトだから気楽にやってるけど、社員の人は大変そ
うです。
(I've got it easy because I'm a part-timer, but the full-timers really have it rough. ／我是
打工的,所以就能轻松地工作,正式的公司职员就很累了。／나는 아르바이트이니까 속 편하게
하고 있지만, 사원인 사람은 힘들 것 같습니다.)

❿ □ 自慢(する) (pride／自夸、吹嘘／자랑(하다))

▶森さんはいつも子どもの自慢をするんですよ。別に聞きたくな
いのに。
(Mori is always bragging about his kids. It's not like I want to hear about it. ／别人也不
想听,森先生还总爱夸自己的孩子。／모리 씨는 항상 아이 자랑을 합니다. 별로 듣고 싶지 않은데.)

⓫ □ 自信 じしん (self-confidence／自信／자랑(하다))

▶いろいろ研究もしましたので、味には自信があります。
(I've done a lot research, so I'm confident about the flavor of it.／因为做了各种研究,所以我对味道很有自信。／여러 가지 연구도 했으니까 맛에는 자신이 있습니다.)

⓬ □ 勇気 ゆうき (courage／勇气／용기)

▶私には、知らない人に注意する勇気はないなあ。
(I don't have the courage to warn strangers.／我没有勇气提醒陌生人注意。／나에게는 모르는 사람을 주의를 줄 용기는 없다.)

⓭ □ 気 き (feeling, inclination／心情、心绪／기)

▶ねえ、買う気がないなら、帰ろうよ。もう７時だよ。
(Hey, if you're not going to buy anything, then let's go. It's already 7 o'clock, you know.／喂, 没心思买的话, 就回去吧。都七点了。／이봐, 살 마음이 없으면 돌아가자. 벌써 7시야.)

⓮ □ 気がする (to have the feeling that __／感觉／~기분이 든다.)

▶こっちのほうがお得な気がする。
(I have the feeling that this one is the better deal.／这边比较划算。／이쪽 편이 득인 기분이 든다.)

⓯ □ 夢中(な) むちゅう (crazy about／入迷、沉溺／열중하는)

▶うちの子は今、サッカーに夢中なんです。
(Our kid is crazy about soccer now.／我家的孩子现在对足球入迷了。／우리 아이는 지금 축구에 열중해 있습니다.)

⓰ □ 熱中(する) ねっちゅう (absorbed／热衷、专心致志／열중(하다))

▶ごめん。ゲームに熱中して、メールに気づかなかった。
(Sorry. I was so absorbed in a game that I didn't notice your e-mail.／对不起,热衷于打游戏,没注意到邮件。／미안, 게임에 열중해서 메일을 알아채지 못했다.)

❶❼ ☐ **必死（な）** (desperately, like crazy／死命、拼命／필사)
ひっし

▶ 一年間必死に勉強したら、受かるかもしれない。
いちねんかん　　　べんきょう　　　　　　う
(If I study like crazy for a year, I might just pass the exam.／拼命地学一年，可能会考上。
／1년간 필사적으로 공부하면 합격할지도 모른다.)

❶❽ ☐ **感情** (emotion／感情／감정)
かんじょう

▶ 動物にも感情があります。うれしいときはうれしいし、悲しい
どうぶつ　　　　　　　　　　　　　　　　　　　　　　　　　　　かな
ときは悲しいんです。
(Animals have feelings, too. They get happy in happy times, and sad in sad times.／动
物也有感情。高兴的时候高兴，悲伤地时候悲伤。／동물에게도 감정이 있습니다. 기쁠 때는 기쁘
고 슬플 때는 슬픕니다.)

❶❾ ☐ **懐かしい** (good old, bring back memories／怀念的／그립다)
なつ

▶ この曲、懐かしい。昔よく聴いた。
きょく　　　　　　　むかし　き
(This song sure brings back memories. I used to listen to it all the time in my younger
days.／这首曲子很怀旧。过去经常听来着。／이 곡, 그립다. 옛날에 자주 들었다.)

❷⓿ ☐ **ホームシック** (homesick／想家的、思乡／부랑자)

❷❶ ☐ **泣く** (to cry／哭／울다)
な

▶ 日本に来た最初の頃は、ホームシックでよく泣いていました。
にほん　き　さいしょ　ころ
(I cried a lot from homesickness during my early days in Japan.／来到日本最初的日子，
由于想家经常哭。／일본에 와서 처음에는 향수병으로 자주 울었습니다.)

❷❷ ☐ **かわいそう（な）** (pitiful／可怜的／불쌍(한))

▶ こんな小さい子が手術するの？　かわいそう。
ちい　こ　しゅじゅつ
(A little child like this has to have surgery? Poor thing.／这么小的孩子就手术吗？太可怜
了。／이런 작은 아이가 수술하니? 불쌍하다.)

経済・ビジネス 41

文学・音楽・芸術 42

精神・宗教 43

気持ち・心の状態① 44

気持ち・心の状態② 45

方法・形式・スタイル 46

本 47

言葉 48

性格・態度 49

単位・数え方 50

54
CD1

㉓ □ **憎い**（にく）(hateful／可恨的／밉다)

▶ 子どものころは、酒を飲んで暴れる父親を憎いと思ったこともありました。
（さけ の あば ちちおや おも）
(When I was a kid, I sometimes hated my dad for his drunken rages. ／小时候, 恨过酗酒而发脾气的父亲。／아이 때는 술을 마시고 난폭하게 구는 아버지를 밉게 생각한 적도 있었습니다.)

㉔ □ **反省(する)**（はんせい）(reflection, regret／反省／반성(하다))

▶ 説明が足りなかったと反省しています。
（せつめい た）
(I regret that I didn't provide a more detailed explanation. ／我反省自己的说明不够。／설명이 부족했다고 반성하고 있습니다.)

㉕ □ **申し訳ない**（もう わけ）(I'm sorry／对不起／죄송하다)

▶ お返事が遅くなって、申し訳ありませんでした。
（へんじ おそ）
(I'm sorry I didn't reply to you sooner. ／回信晚了, 对不起。／대답이 늦어져서 죄송합니다.)

㉖ □ **悩む**（なや）(to worry, to suffer／烦恼／고민하다)

▶ いろいろ悩みましたが、会社をやめることにしました。
（かいしゃ）
(After agonizing over how things will go, I finally decided to quit my job. ／烦了很久, 终于决定辞掉工作。／여러 가지 고민했습니다만, 회사를 그만두기로 했습니다.)

㉗ □ **悩み** (worry, trouble／烦恼／고민)

㉘ □ **しょうがない** (It can't be helped, There's no use in／没办法／어쩔 수 없다.)

㉙ □ **しかた（が）ない** (There's no choice, can't help／没办法／어쩔 수 없다)

㉚ □ **あきらめる** (to give up／断念、死心／포기하다)

▶ 最後まであきらめないで、よく頑張ったよ。
（さいご がんば）
(You really put in a great effort. Never once did you throw in the towel. ／到最后都不要放弃, 好好加油啊。／마지막까지 포기하지 않고 애썼다.)

㉛ ☐ 焦る（あせ） (to feel rushed, to be anxious／焦急／초조하다)

▶ 起きたら9時過ぎてたから、焦った。
（お）（じ）
(It was already past 9 o'clock when I woke, so I felt rushed. ／起来都九点过了，很着急。／일어나니 9시가 지나서 초조했다.)

㉜ ☐ 慌てる（あわ） (to panic, to get flustered／着慌／당황하다)

▶ 時間はあるから、慌てなくていいよ。
（じかん）
(We have plenty of time, so there's no need to panic. ／还有时间的，不要着急。／시간이 있으니까 당황하지 않아도 돼요.)

㉝ ☐ 恐ろしい（おそ） (dreadful, horrible／可怕／무섭다)

▶ この病気は感染するとほぼ100パーセント死ぬんだって。
（びょうき）（かんせん）（し）
——えっ、死ぬの!?　……恐ろしい。
("They say people who get this disease have a nearly 100% chance of dying." "Dying!? That's dreadful." ／听说这种病感染上就会百分之百的死亡。——啊，要死人啊？！…太恐怖了。／이 병은 감염하면 거의 100% 죽는대. ——어, 죽어!?......무섭다.)

㉞ ☐ 怖い（こわ） (scary, frightening／恐怖／무섭다)

▷ 怖い映画（えいが） (scary movie／恐怖电影／무서운 영화)

㉟ ☐ 恐怖（きょうふ） (fear／恐怖／공포)

▶ その時は本当に恐怖を感じました。
（とき）（ほんとう）（かん）
(I was scared out of my mind at the time. ／那时真是感到很恐怖。／그때는 정말 공포를 느꼈습니다.)

㊱ ☐ 不思議（な）（ふしぎ） (strange, mysterious／不可思议的／이상(한))

▶ どうして鳥が自分の巣に戻れるのか、ほんと、不思議だよね。
（とり）（じぶん）（す）（もど）
(It really is a wonder how birds can find the way back to their nests. ／为什么鸟类能回到自己的巢穴呢，真是不可思议啊。／어떻게 새가 자기의 둥지로 돌아갈 수 있는지 정말 신기해.)

経済・ビジネス 41

文学・音楽・芸術 42

精神・宗教 43

気持ち・心の状態 ①気持ち・心の状態 44

②気持ち・心の状態 45

方法・形式・スタイル 46

本 47

言葉 48

性格・態度 49

単位・数え方 50

❸⑦ □ 意外（な） （unexpected／意外的／의외(인)）
いがい

▶ 青木さんがそんなことを言うなんて、意外だなあ。
あおき　　　　　　　　　　　　　　　　　い
(I never thought that Aoki would say such a thing. ／青木居然说那样的话,真是让人感到意外。／아오키 씨가 그런 것을 말하다니 의외이군.)

❸⑧ □ 感心（する） （admiration／佩服／감동(하다)）
かんしん

▶ リカちゃんはまだ8歳なのに、一人で何でもできて、感心しました。
　　　　　　　　　　さい　　　　　　ひとり　なん
(It's really something how Rika can do so much on her own, even though she's still eight. ／莉香才八岁,就一个人什么都能做,真让人佩服。／리카는 아직 8살인데 혼자서 무엇이나 할 수 있어 감동했습니다.)

❸⑨ □ 関心 （interest ／关心、兴趣／관심）
かんしん

▶ 彼女はスポーツにはあまり関心がないようです。
かのじょ
(She doesn't seem to be very interested in sports. ／她好像对运动不是很有兴趣。／그녀는 스포츠에는 그다지 관심이 없는 것 같습니다.)

❹⓪ □ 無関心（な） （indifference／不关心／무관심한）
む かんしん

▶ このままでは政治に無関心な若者がますます増えてしまう。
　　　　　　　　せいじ　　　　　　　　わかもの　　　　　　　ふ
(If something doesn't change, more and more young people are going to be indifferent to politics. ／像这样的话,对政治一点儿都不关心的年轻人会慢慢增加的。／이대로는 정치에 무관심한 젊은이가 점점 늘어날 것이다.)

❹① □ 笑顔 （smile／笑脸／웃는 얼굴）
え がお

❹② □ 機嫌 （mood／心情、心绪／기분）
き げん

▶ 今日は社長は機嫌がいいみたいです。
きょう　しゃちょう
(The boss seems to be in a good mood today. ／今日社长的心情好像挺好的。／오늘 사장님은 기분이 좋은 것 같습니다.)

UNIT 45
気持ち・心の状態②
きも こころ じょうたい
(Feelings, emotions②／心情、内心的状態②／기분・마음의상태②)

❶ □ 嫌い（な） (dislike／厌恶／싫다)
きら

▷嫌いな食べ物、大嫌い
た もの だい
(foods one dislikes, hateful／讨厌的食物、非常厌恶／싫은 음식, 아주 싫다.)

❷ □ 嫌う (to dislike／厌恶／싫어하다)
きら

▶別に彼を嫌ってるわけじゃありません。よく知らないだけなん
べつ かれ し
です。
(It's not that I dislike him or anything - I just don't know him very well.／并非厌恶他。只
是不太了解。／별로 그를 싫어하는 것은 아닙니다. 잘 모를 뿐입니다.)

❸ □ 嫌（な） (unpleasant／讨厌／싫은)
いや

▶また雨が降ってきた。嫌な天気だね。
あめ ふ てん き
(It rained again. What awful weather!／又下雨了。真是讨厌的天气。／또 비가 내린다. 싫은
날씨군.)

❹ □ 嫌がる (to hate／不愿意／싫어하다)
いや

▶妹はいつも、歯医者に行くのを嫌がってました。
いもうと は い しゃ い
(My younger sister always hated going to the dentist.／妹妹总是不愿意去看牙医。／여동
생은 항상 치과에 가는 것을 싫어했었습니다.)

❺ □ うらやましい (jealous／羡慕／부럽다)

▶10日も休みがとれるの？ うらやましいなあ。
か やす
(You can take 10 days off? I'm jealous.／竟然能休假10天？好羡慕呀。／10일이나 휴가를
얻을 수 있어? 부럽군.)

経済・ビジネス 41

文学・音楽・芸術 42

精神・宗教 43

気持ち・心の状態① 44

気持ち・心の状態② 45

方法・形式・スタイル 46

本 47

言葉 48

性格・態度 49

単位・数え方 50

❻ □ 惜しい (disappointing／可惜／아깝다)

▶〈スポーツ〉惜しい！　あともうちょっとだったね。

(sports> What a shame! They almost made it. ／(体育) 真可惜！就差那么一点了。／ <스포츠> 아깝다! 조금만 더 하면 됐었는데.)

❼ □ 悔しい (regrettable／懊恼／속상하다)

▶あんなチームに負けるなんて、悔しいなあ。

(It's so frustrating to lose to a team like that. ／竟然输给了那样的队,好窝囊啊。／저런 팀에 지다니. 속상하다.)

❽ □ 悔やむ (to regret, feel sorry／后悔／속상해하다)

▶悔やんでもしかたないよ。あの時はそう思ったんだから。

(It's no use feeling sorry - that's how you felt at the time. ／再后悔也没用。因为那个时候是那样想的。／속상해해도 소용이 없다. 그때는 그렇게 생각했었으니까.)

❾ □ 後悔(する) (to regret／后悔／후회(하다))

▶あんなことを言わなければよかったと後悔しています。

(I shouldn't have said that. I regret it now. ／真后悔,不说那种话就好了。／그것을 말하지 않으면 좋았다고 후회하고 있습니다.)

❿ □ 辛い (tough／痛苦／괴롭다)

▶そんなに辛かったら、仕事やめたら？

(If it's that tough, why don't you quit? ／如果那么痛苦,就辞职吧？／그렇게 괴로우면 일을 그만두면 어때?)

⓫ □ 不満(な) (dissatisfaction／不满／불만인)

▶不満があるなら、はっきり言ってください。

(If there's anything you're not satisfied with, please make it clear. ／如果有不满,请明说。／불만이 있으면 확실하게 말하세요.)

⓬ □ 飽きる (to get sick of／厌烦, 腻烦／싫증 나다)
あ

▶ 毎日同じメニューで飽きない？
まいにちおな
(Don't you get sick of eating the same thing every day?／每天都是同样的菜谱, 不腻吗？
／매일 같은 메뉴로 질리지 않니?)

⓭ □ うんざり (する) (to be fed up with／厌烦／질리다)

▶ 課長の自慢話にはうんざりだよ。
か ちょう じ まんばなし
(I'm fed up with listening to our manager brag.／已经听烦了科长的自我吹嘘。／과장의
자랑이야기는 질렸다.)

⓮ □ 落ち込む (to feel down／情绪低落／실망하다)
お こ

▶ そんなに落ち込まないで。次、頑張ろう。
つぎ がん ば
(Don't feel so down. Let's give it all we've got the next time.／不要这么情绪低落。下一
次再努力吧。／그렇게 실망하지 마라. 다음에 열심히 하자.)

⓯ □ がっかり (する) (to be disappointed／失望／실망하다)

▶〈映画について〉期待してたのに、がっかりした。全然面白く
えい が きたい ぜんぜんおもしろ
なかった。

(<about a movie> I was looking forward to seeing it, but it was really disappointing. A
total bore!／〈关于电影〉本来那么期待, 好失望呀。一点也没意思。／<영화에 대해> 기대했었
는데 실망했다. 전혀 재미있었다.)

⓰ □ ショック (shock／打击／충격)

▷ ショックを受ける、ショックを与える、ショックな出来事
う あた で き ごと
(to get a shock, to give (someone) a shock, a shocking event／受到打击、给与打击、令人
震惊的事件／충격을 받다, 충격을 주다, 충격적인 일.)

⓱ □ ため息 (sigh／叹气／한숨)
いき

▷ ため息をつく (to sigh／叹气／한숨을 쉬다)

UNIT 46
方法・形式・スタイル
ほうほう　けいしき
(Methods, systems, styles／方法・形式・式样／방법・형식・스타일)

❶ □ **手段** (means／手段／수단)
しゅだん

▶ ああいう人は、目的のためなら、どんな手段を使ってもいいと
　ひと　　　　もくてき　　　　　　　　　　　つか
　思っているんだよ。
　おも
(People like that think nothing of resorting to any means possible to achieve their aims.
／那种人, 为了达到目的, 会不择手段。／저런 사람은 목적을 위해서라면 어떤 수단을 써도 좋다
고 생각하고 있어요.)

▷ **交通手段** (mode of transportation／交通手段／교통수단)
こうつう

❷ □ **方法** (method／方法／방법)
ほうほう

❸ □ **アンケート** (survey, questionnaire／问卷调查／앙케트)

❹ □ **くじ** (lot／抽签／제비)

▷ **くじを引く、宝くじ** (to draw lots, lottery／抽签、彩票／제비를 뽑다, 복권)
　　　ひ　　たから

❺ □ **じゃんけん** (rock, paper, scissors／猜拳／가위바위보)

❻ □ **型** (shape,mold／模型／형)
かた

▷ **ハート型のチョコ、体型**
　　　　　がた　　　　　　たいけい
(heart-shaped chocolate, figure／心形的巧克力、体型／하트 형의 초콜릿, 몸 형)

経済・ビジネス 41
文学・音楽・芸術 42
精神・宗教 43
①気持ち・心の状態 44
②気持ち・心の状態 45
方法・形式・スタイル 46
本 47
言葉 48
性格・態度 49
単位・数え方 50

❼ □ モデル （model／模型、原型／모델）

▶彼女が作品のモデルだそうです。
かのじょ　さくひん
（I heard that she was the model for that piece of art.／听说她是这个作品的原型。／그녀가 작품의 모델이라고 합니다.）

❽ □ 最新のモデル （latest model／最新样式／최신모델）
さいしん

❾ □ 形式 （system, style／形式／형식）
けいしき

▶今までの形式にこだわらないで、自由にやってください。
いま　　　　　　けいしき　　　　　　　　　　　　じゆう
（Please take a free approach to it without sticking to previous conventions.／不要拘泥于过去的形式,自由地做吧。／지금까지의 형식에 구애받지 말고 자유롭게 해 주세요.）

❿ □ スタイル （style／姿势、风度／스타일）

▶彼女は顔もいいし、スタイルもいいし。ほんと、うらやましい。
かお
（She has a pretty face and great style to match. I'm really envious.／她长得又漂亮, 身材又好。真是羡慕。／그녀는 얼굴도 예쁘고 스타일도 좋고. 정말, 부럽다.）

▷文章のスタイル （style of sentences／文章的样式／문장의 스타일）
ぶんしょう

⓫ □ 図 （diagram, picture／图表／그림）
ず

⓬ □ 表 （table, chart／表／표）
ひょう

⓭ □ グラフ （graph, chart／倶乐部／그래프）

▷円グラフ、棒グラフ、折れ線グラフ
えん　　　　ぼう　　　　お　　せん
（pie chart, bar chart, line graph／圆形图、柱形图、曲线图表／원그래프, 막대그래프, 꺾은 선 그래프）

⓮ □ 記号 （symbol／记号／기호）
き　ごう

▶地図に書いてあるこの記号はどういう意味？
ちず　か　　　　　　　　　　　　　　　　い み
（What does this symbol on the map mean?／地图上画的这个记号是什么意思呢？／지도에 그려 있는 이 기호는 어떤 의미？）

⓯ □ 下線 (かせん) (underline／下划线／하선)

⓰ □ 省略(する) (しょうりゃく) (to abbreviate, omit／省略／생략(하다))

▶以下は省略します。
(いか)
(Some of the following has been omitted. ／以下的省略。／이하는 생략하겠습니다.)

⓱ □ 題名／題 (だいめい) (title／题目名称／제목)

▶題名を忘れちゃったんだけど、おすすめの映画がある。
(わす)　　　　　　　　　　　　　　　　　　　　　　　(えいが)
(I forgot the name, but there's a movie I wanted to recommend you. ／我忘记什么名字了，想推荐你一部电影。／제목을 잊어버렸는데 추천하고 싶은 영화가 있다.)

⓲ □ タイトル (title／标题／타이틀)

⓳ □ 日記 (にっき) (diary／日记／일기)

⓴ □ 履歴書 (りれきしょ) (resume／履历书／이력서)

㉑ □ シリーズ (series／系列／시리즈)

▷シリーズ最初の作品
(さいしょ)(さくひん)
(first work in the series ／这个系列的第一部作品／시리즈 처음의 작품)

㉒ □ 印 (しるし) (mark／记号／표시)

▶わからない言葉に印を付けてください。
(ことば)　　　(つ)
(Please put a mark next to the words you don't know. ／不懂的词语请做上记号。／모르는 말에 표시해 주세요.)

㉓ □ サイン(する) (signature／签字／사인)

経済・会社・ネット 31
文学・音楽・芸術 32
精神・宗教 43
気持ち・心の状態① 44
気持ち・心の状態② 45
方法・形式・スタイル 46
本 47
言葉 48
性格・態度 49
単位・数え方 50

❷④ □ **券** (ticket／券／권)
けん

▷入場券、券売機
にゅうじょう けんばい き
(admission ticket, ticket machine／入场券、售票机／입장권, 발매기)

❷⑤ □ **カード** (card／卡片／카드)

▷カードで払う、図書館カード
はら　　　　 と しょかん
(to pay by card, library card／用卡来支付、图书卡／카드로 지급하다. 도서관 카드)

❷⑥ □ **クレジットカード** (credit card／信用卡／크레디트 카드)

❷⑦ □ **署名(する)** (to sign／署名／서명(하다))
しょ めい

▶内容がOKなら、ここに署名するんですね。
ないよう
(So I sign here if the contents are OK, right?／内容要是没问题的话, 请在这里签名吧。／
내용이 OK라면 여기에 서명을 하는 것이군요.)

❷⑧ □ **印鑑** (stamp, seal／印章／인감)　　　　　　　　　　**話** はんこ
いん かん

▷印鑑を押す (to affix one's seal／盖上印章／도장을 찍다)
お

❷⑨ □ **暗証番号** (security code／密码／비밀번호)
あんしょうばんごう

❸⓪ □ **パスワード** (password／密码／패스워드)

❸① □ **順** (order／顺序／순)
じゅん

▶これはどういう順で並んでいるんですか。　　——人気のある順
なら　　　　　　　　　　　　　　　　　にん き
です。

(In what order do?　——According to their popularity.／这是按什么顺序排列的？——是
受欢迎的顺序。／이것은 어떤 순으로 늘어서 있는 것입니까?——인기가 있는 순서입니다.)

▷**道順** (itinerary／路线／가는 순서)
みち

経済・ビジネス 41

文学・音楽・芸術 42

精神・宗教 43

気持ち・心の状態 ① 44

気持ち・心の状態 ② 45

方法・形式・スタイル 46

本 47

言葉 48

性格・態度 49

単位・数え方 50

㉜ □ 順番 じゅんばん (order／順序、次序／순서)

▶ 〈病院など〉順番にお呼びします。
びょういん
((at a hospital, etc) We'll call your name in order. ／〈在医院等〉我会按号叫的。／ <병원
등>순서대로 부르겠습니다)

㉝ □ アルファベット (alphabet／拉丁字母／알파벳)

㉞ □ 宛て先／宛先 あ さき あてさき ((recipient's) address／地址／수신자 주소)

㉟ □ 宛て名/宛名 あ な あてな ((recipient's) name／收信人姓名／수신자 성명)

㊱ □ 添付(する) てんぷ (to attach／添加／첨부(하다))

▷ 申込書に写真を添付する
もうしこみしょ しゃしん
(to attach a photo to the application ／在申请书上附上照片／신청서에 사진을 첨부하다)

㊲ □ 手書き て が (handwritten／手写／손으로 씀)

㊳ □ 手作り て づく (homemade／亲手做的／손으로 만듦)

㊴ □ 和〜 わ (Japanese ~／日式~／일본식~)

▷ 和室、和食、和服
しつ しょく ふく
(Japanese-style room, Japanese food, Japanese clothes ／日式房间、日式套餐、和服／일
본식 방, 일본음식, 일본 전통 옷)

㊵ □ バイキング (buffet／自助餐／뷔페)

本
ほん （Books／书／책）

---

❶ □ **出版**(する) （publishing／出版／출판(하다)）
しゅっぱん

▷ 出版社 （publisher／出版社／출판사）
しゃ

---

❷ □ **書籍** （book／书籍／서적）
しょせき

❸ □ **雑誌** （magazine／杂志／잡지）
ざっし

---

❹ □ **辞典** （dictionary／词典／사전）
じ てん

❺ □ **百科事典** （encyclopedia／百科辞典／백과사전）
ひゃっか じ てん

---

❻ □ **表紙** （cover／封面／표지）
ひょう し

---

❼ □ **目次** （table of contents／目录／목차）
もく じ

---

❽ □ **著者** （author／著者／저자）
ちょしゃ

❾ □ **筆者** （writer／笔者／필자）
ひっしゃ

---

❿ □ **原稿** （manuscript／原稿／원고）
げんこう

⓫ □ **引用**(する) （citation／引用／인용(하다)）
いんよう

▶ これは新聞の記事から引用したものです。
しんぶん き じ

（This is a quote from a newspaper article.／这从报纸的报道中引用的。／이것은 신문 기사
에서 인용한 것입니다.）

UNIT 48

言葉
こ と ば
(Words／语言／말)

経済・ビジネス 41

文学・音楽・芸術 42

精神・宗教 43

①気持ち・心の状態 44

②気持ち・心の状態 45

方法・形式・スタイル 46

本 47

言葉 48

性格・態度 49

単位・数え方 50

❶ □ 語 (word／单词／어(말))
ご

▶ 次のa～dの語の中から正しいものを一つ選んでください。
つぎ　　　　　　　　　なか　　　ただ　　　　　　　　　　　ひと　えら
(Choose the correct answer from a-d below.／从下列的a～d中选择一个正确答案。／
다음의 a～d중에서 바른 것을 하나 골라 주세요.)

❷ □ 句 (phrase／句子／구)
く

❸ □ 主語 (subject (of sentence)／主语／주어)
しゅ ご

❹ □ 名詞 (noun／名词／명사)
めい し

❺ □ 動詞 (verb／动词／동사)
どう し

❻ □ 形容詞 (adjective／形容词／형용사)
けいよう し

❼ □ 副詞 (adverb／副词／부사)
ふく し

❽ □ ことわざ (proverb／谚语／속담)

❾ □ 方言 (dialect／方言／사투리)
ほうげん

UNIT 49

性格・態度
せいかく　たいど
(Personality, attitude／性格・态度／
성격・태도)

❶ □ **性格** (personality／性格／성격)
　　せいかく

▶ 母はちょっと変わった性格をしています。
　はは　　　　　　　か
（My mother has a slightly strange personality. ／母亲的性格有些怪。／엄마는 조금 특이한
성격입니다.)

❷ □ **態度** (attitude ／态度／태도)
　　たいど

▶ 店員の態度が悪くて、気分が悪くなった。
　てんいん　　たいど　　わる　　　　き ぶん　　わる
（The shop assitant had a bad attitude, which spoiled my mood. ／店员的态度恶劣, 让人
不舒服。／점원의 태도가 나빠서 기분이 나빠졌다.)

❸ □ **明るい** (cheerful ／开朗／밝다)
　　あか

▶ 彼女は明るい性格なので、友だちは多いと思います。
　かのじょ　あか　　せいかく　　　　とも　　　おお　　おも
（She has a cheerful personality, so I'm sure she has lots of friends. ／她性格开朗, 我觉
得她应该有很多朋友。／그녀는 밝은 성격이어서 친구는 많습니다.)

❹ □ **素直(な)** (frank, honest／直爽／솔직(한))
　　す なお

▶ 行きたいか行きたくないか、素直に言えばいいんだよ。
　い　　　　い　　　　　　　 す なお　　い
（It's OK to be honest about whether you want to go or not. ／想去还是不想去, 直接说就
行了。／가고 싶은지 가고 싶지 않은지 솔직히 말하면 된다.)

❺ □ **おとなしい** (quiet, subdued／老实／얌전하다)

▶ 今の彼と違って、おとなしくて目立たない男の子でした。
　いま　かれ　ちが　　　　　　　　　　めだ　　　　おとこ こ
（Unlike my current boyfriend, he was a really quiet, unassuming guy. ／和现在的他不一
样, 那时的他是一个老实的、不起眼的男孩子。／지금의 그와 달리 얌전하고 눈에 띄지 않는 남자
아이였습니다.)

経済・ビジネス 41

文学・音楽・芸術 42

精神・宗教 43

気持ち・心の状態① 44

気持ち・心の状態② 45

方法・形式・スタイル・ 46

本 47

言葉 48

性格・態度 49

単位・数え方 50

❻ □ **わがまま（な）** (selfish／任性／버릇없(는))

▶ また、そんなことを言ってるの？　わがままな人だなあ。

(He's saying those sorts of things again? What a selfish brat.／你又说这样的话？真是个任性的人啦。／또 그런 것을 말하고 있니? 버릇없는 사람이군.)

❼ □ **勝手（な）** (whatever one pleases／任性／제멋대로(인))
　かって

▶ 勝手なことばかりしてると、みんなに嫌われるよ。

(People are going to hate you if you only do whatever pleases you.／你光做这些任性的事,会被大家讨厌的。／제멋대로만 하면 모두가 싫어한다.)

▷ **自分勝手（な）** (self-centered／任性、自私、随便、只考虑自己／자기 멋대로 (인))
　じぶん

❽ □ **無責任（な）** (irresponsible／没有责任心的／무책임(한))
　む せきにん

▶ 今ごろそんなことを言うのは無責任だと思う。
　いま　　　　　　　　　　　　　　　　おも

(I think it would be irresponsible to say something like that now.／到这个时候还说那种话,真是没责任心。／지금 그런 것을 말하는 것은 무책임하다고 생각한다.)

❾ □ **不まじめ（な）** (insincere／不认真的／불성실(한))
　ふ

▶ こんな日に1時間も遅刻するなんて、不真面目だよ！
　　　　ひ　　じかん　ちこく　　　　　　　　ふまじめ

(It's really discourteous to be an hour late on a day like this, you know!／这种日子还迟到一个小时,真是不认真啊！／이런 날에 1시간이나 지각을 하다니, 불성실하군.)

❿ □ **意地悪（な）** (mean, wicked／找人麻烦的、刁难人的／심술궂(은))
　い じわる

▶ そんなこと、人前で言わなくてもいいじゃない。意地悪ね。
　　　　　　ひとまえ　い

(You don't have to say things like that in front of everyone. That's really mean.／那种事情,在大家面前不说不也行吗。真是没安好心啦。／그런 것, 다른 사람에게 말하지 않아도 좋지 않니. 심술궂구나.)

▷ **意地が悪い** (nasty, vicious／心眼坏／심술궂다)

⑪ □ ずるい (sly, cunning／狡猾的／약삭빠르다)

▶ 自分だけ先に帰るなんて、ずるい。
じぶん　さき　かえ
(Leaving ahead of everyone else - how sneaky!／就自己先回去，真是狡猾。／자기만 먼저
돌아가다니 약삭빠르다.)

⑫ □ けち(な) (stingy, cheapskate／吝嗇的／인색(한))

▶ 一つくらいくれたっていいじゃない。けちだなあ。
ひと
(You could have given me one. What a cheapskate!／给我一个不行吗。真是吝嗇。／하나
정도 주어도 좋지 않니? 인색하군.)

⑬ □ 正直(な) (honest／直率的、直爽的／정직(한))
　　しょうじき

▶ 正直に言うと、本当はあまり好きじゃないんです。
　しょうじき　い　　ほんとう
(To be honest, I don't really like it.／说实在的，真是不怎么喜欢。／정직하게 말하면 사실은
그다지 좋아하지 않습니다.)

⑭ □ 礼儀正しい (polite, courteous／礼貌的／예의 바르다)
　　れい　ぎ　ただ

▶ ここの生徒はみんな礼儀正しくて、気持ちがいいですね。
　　　せいと　　　　れいぎただ　　　きも
(The students here are really nice and courteous to everyone.／这里的学生们大家都有
礼貌，让人感到舒服。／여기의 학생은 모두 예의가 발라서 기분이 좋습니다.)

⑮ □ 上品(な) (elegant, refined／高雅的、雅致的／고상(한))
　　じょうひん

▷ 上品な女性、上品な話し方
　じょうひん　じょせい　じょうひん　はな　かた
(elegant woman, sophisticated way of saying things／高雅的女性、文雅的说话方式／고
상한 여성, 고상한 말투)

⑯ □ 下品 (な) (uncouth, vulgar／粗俗的、低俗的／천박 (한))
　　げひん

▶ あの人は酔うと下品なことを言うから嫌いです。
　　ひと　よ　　げひん　　　　　い　　　　きら
(I don't like him - he starts saying vulgar things when he gets drunk.／那个人一喝醉就
说些低俗的东西，真让人讨厌。／저 사람은 취하면 천박한 말을 하니까 싫습니다.)

UNIT 50

単位・数え方
たん　い　　かぞ　　かた

（Units of measurement／
単位、計量方法／단위・세는 법）

---

❶ □ **単位** （unit／単位／단위）
　　たん　い

❷ □ **トン [t]** （ton ／吨／톤）

❸ □ **リットル [l]** （liter ／升／리터）

❹ □ **パーセント [%]** （percent／百分比／퍼센트）

　▶ 普通は、半年か一年単位で契約します。
　　ふ つう　　はんとし　いちねん　　　けいやく
　　（Contracts are typically on a half-year or one-year basis. ／一般以半年或一年为单位签约。
　　／보통은 반년이나 1년 단위로 계약합니다.）

---

❺ □ **軒** （counter for buildings／家／채）
　　けん

　▶ ラーメン屋なら、駅前に２、３軒あります。
　　　　　　や　　えきまえ
　　（There are 2 or 3 ramen shops in front of the station. ／拉面馆呀, 在车站前有2、3家。／라
　　면가게라면 역 앞에 2,3채 있습니다.）

---

❻ □ **倍** （times／倍／배）
　　ばい

　▶ 来年は売上を倍（＝２倍）にしたい。
　　らいねん　うりあげ
　　（I want to double our sales figures next year. ／希望明年将营业额增倍。／내년은 매상을
　　배로 하고 싶습니다.）

---

❼ □ **回数** （frequency／次数／회수）
　　かいすう

　▶ 最近、彼からのメールや電話の回数が減った。
　　さいきん　かれ　　　　　　　　でん わ
　　（I've been getting fewer and fewer emails and calls from my boyfriend recently. ／最近,
　　他发邮件或打电话的次数减少了。／최근, 그로부터의 메일이나 전화 회수가 줄었다.）

経済・ビジネス 41
文学・音楽・芸術 42
精神・宗教 43
気持ち・心の状態① 44
気持ち・心の状態② 45
方法・形式・スタイル 46
本 47
言葉 48
性格・態度 49
単位・数え方 50

UNIT 51

物の状態
もの　　　じょうたい
(States of things／物的状态／사물의 상태)

---

❶ □ 氷 （ice／冰／얼음）
こおり

---

❷ □ 粉 （powder／粉／가루）
こな

▷ 小麦粉 （flour／小麦粉／밀가루）
こむぎこ

---

❸ □ 泡 （froth／泡／거품）
あわ

---

❹ □ 泥 （mud／泥／진흙）
どろ

---

❺ □ 煙 （smoke／烟／연기）
けむり

---

❻ □ 灰 （ash／灰尘／재）
はい

▷ 灰色 （grey／灰色／회색）
いろ

---

❼ □ 固まる （to harden／凝固／굳다）
かた

▶ プリン、もうできた？ ——まだ固まってない。

(Is the pudding ready yet? ——No, it hasn't set yet.／布丁已经做好了？——还没有凝固。
／푸딩, 됐어?——아직 굳지 않았어.)

❽ □ 固める （to build, establish／巩固／굳히다）

▷ 基礎を固める （to build a foundation／巩固基础／기초를 굳히다）
きそ

❾ □ **溶ける**　(melt, dissolve／溶化／녹다)
　と

　▶ 砂糖が溶けるまでよく混ぜて。
　　　さとう　　　　　　　　　　　ま
　　(Stir well until the sugar dissolves.／要好好搅拌,直到砂糖溶化。／설탕이 녹을 때까지 잘 저어.)

❿ □ **溶かす**　(to melt, dissolve／溶化／녹이다)

⓫ □ **燃える**　(to burn (intr.)／燃烧／타다)
　　も

　▶ 湿ってるから、あまりよく燃えない。
　　　しめ
　　(It's wet, so it's not burning well.／因为潮湿,没怎么燃烧。／습기가 많으니까 별로 잘 타지 않는다.)

⓬ □ **燃やす**　(to burn (tr.)／烧／태우다)

　▶ あそこから煙が出てる。何か燃やしてるのかなあ。
　　　　　　　けむり　で　　なに
　　(There's smoke coming from over there. Maybe they're burning something.／那里冒烟了。是不是在烧什么东西。／저기에서 연기가 나고 있다. 무언가 태우고 있는 것일까.)

⓭ □ **爆発(する)**　(to explode／爆发／폭발(하다))
　　ばくはつ

UNIT 52 パソコン・ネット

(Computers and the Internet／电脑・网络／컴퓨터・인터넷)

❶ □ コンピューター (computer／电脑／컴퓨터)

❷ □ ノートパソコン (notebook computer／笔记本电脑／노트 컴퓨터)

❸ □ キーボード (keyboard／键盘／키보드)

❹ □ キー (key／键／키)

▶ どのキーを押せばいいんですか。
(Which key should I press?／按哪个键好呢？／어느 키를 누르면 됩니까.)

❺ □ マウス (mouse／鼠标／마우스)

❻ □ ワープロ (word processor／打字机／워드프로세서)

❼ □ 入力(する) (to enter, input／输入／입력(하다))

▶ パスワードを入力してください。
(Please enter your password.／请输入密码。／패스워드를 입력해 주세요.)

❽ □ クリック(する) (to click／点击／클릭(하다))

▶ ここをクリックすると、ページが開くはずです。
(The page should open if you click here.／点击这里，网页就应该打开了。／여기를 클릭하면 페이지가 열릴 것입니다.)

▷ ダブルクリック(する) (to double click／双击／더블 클릭(하다))

❾ □ インストール（する） (to install／安装／설치(하다))

▷ ソフトをインストールする
(to install software ／安装软件／소프트를 설치하다)

❿ □ フリーズ（する） (to hang／死机／프리징(하다))

▶ 何も動かないんですか。 ──ええ。突然、フリーズしちゃったんです。
(Nothing is moving? ──Yes. It hung all of a sudden. ／什么都不了了吗？──是啊,突然就死机了。／아무것도 움직이지 않습니까.──네. 갑자기, 프리징해 버렸습니다.)

⓫ □ 再起動（する） (to restart／重新启动／재기동(하다))
さい き どう

▶ 一度再起動してみたらどうですか。
いち ど
(Why don't you try restarting it? ／重新再启动一次怎么样？／한번 재기동해 보면 어떻습니까.)

⓬ □ ペースト（する） (to paste／粘贴／붙이기(하다))

▷ コピー＆ペースト（する）／コピペ（する）
(to copy and paste ／复制＆粘贴／복사＆붙이기(하다))

⓭ □ 上書き（する） (to overwrite／覆盖／덮어쓰기(하다))
うわ が

▶ どうしよう。間違って上書き保存しちゃった。
まちが ほ ぞん
(What should I do? I saved and overwrote the file by mistake. ／怎么办？不小心把原来的文件覆盖后保存了。／어떡하지. 잘못해서 덮어쓰기 보존을 해버렸어.)

⓮ □ 検索（する） (to search／检索 ／검색(하다))
けんさく

▶ お店の名前で検索してみたけど、見つからなかった。
みせ な まえ み
(I tried to search for the name of the shop, but I couldn't find it. ／用店铺的名称检索了一下,没找到。／가게 이름으로 검색해 보았지만 발견되지 않았어.)

⑮ □ サイト (website／网页／사이트)

⑯ □ アクセス(する) (to access／检索、点击／억세스(하다))

　▷アクセス数の多いサイト
　　（すう　　おお）
　(website with high traffic／点击率高的网页／접속 수가 많은 사이트)

⑰ □ ダウンロード(する) (to download／下载／내려받기(하다))

　▶この写真も、どこかのサイトからダウンロードしたものなんで
　　（しゃしん）
　す。
　(These photos were also downloaded from some website.／这张照片也是从某个网页上
　下载下来的东西。／이 사진도 어딘가의 사이트에서 내려받기한 것입니다.)

⑱ □ アドレス (address／地址／어드레스)

　▷メールアドレス (email address／邮箱地址／메일 어드레스)

⑲ □ ブログ (blog／博客／블로그)

　▶この写真、ブログに載せてもいいですか。
　　（しゃしん）　　　（の）
　(Can I post these pictures on my blog?／这张照片能登在博客上吗？／이 사진, 블로그에
　올려도 되겠습니까.)

⑳ □ 送信(する) (to send／送信／송신(하다))
　　（そうしん）

㉑ □ 受信(する) (to receive／收信／수신(하다))
　　（じゅしん）

㉒ □ 転送(する) (to forward／转发／전송(하다))
　　（てんそう）

　▶そのメール、私にも転送してもらえますか。
　　　　　　　（わたし）
　(Could you also forward that email to me please?／这个邮件可以转发给我吗？／그 메일,
　나에게도 전송해 줄 수 있습니까.)

UNIT 53

問題・トラブル・事故
もんだい　　　　　　　　　　　じこ

(Problems,accidents／問題・纠纷・事故／장소・위치・방향)

❶ □ 汚染(する)　(to pollute／汚染／오염(하다))
　　おせん

　▷汚染された川 (polluted river／被污染的河流／오염된 강)
　　　　かわ

❷ □ 騒音　(noise／噪音／소음)
　　そうおん

❸ □ 害　(harm, damage／害处／해)
　　がい

　▷体に害のある食べ物
　　からだ　　　た　　もの
　　(foods that cause damage to health／对身体有害的食物／몸에 해가 되는 음식)

❹ □ 被害　(damage／受害／피해)
　　ひがい

　▶汚染による被害が拡大している。
　　おせん　　　　　　かくだい
　　(Damage resulting from pollution is spreading.／污染造成的损害在扩大。／오염에 의한
　　피해가 확대되고있다.)

❺ □ 公害　(pollution, contamination／公害／공해)
　　こうがい

❻ □ 苦情　(complaints／抱怨、牢骚／불만)
　　くじょう

　▶お客さんから苦情が来ることはありますか。
　　きゃく　　　　　く
　　(Do you ever get complaints from customers?／有客人投诉 吗?／손님에게서 불만이 오
　　는 경우는 없습니까?)

　▷苦情を言う (to complain／提意见／불만을 말하다)
　　　　い

❼ □ クレーム　(claim, complaint／索赔／클레임)

　▷クレームに対応する (to deal with a claim／应对索赔／클레임에 대응하다)
　　　　　　たいおう

❽ ☐ **トラブル** （problem／纠纷／트러블）

▷ トラブルを解決する （to solve a problem／解决纠纷／트러블을 해결하다）
かいけつ

❾ ☐ **酔っ払い** （drunk／醉汉／술주정뱅이）
よ　ぱら

❿ ☐ **暴力** （violence／暴力／폭력）
ぼうりょく

⓫ ☐ **暴れる** （to run wild, act violently／乱闹／난폭하게 굴다）
あば

▶ あそこで酔っ払いが暴れてる！　──ほんとだ。迷惑だなあ。
　　　　　　　　　　　　　　　　　　　　　　　　　めいわく
（Some drunks are causing a ruckus over there! ──You're right. What a nuisance.／那
里有醉汉在乱闹！ ──真的,好讨厌。／저기에서 술 취한 사람이 난폭하게 굴고 있다. ──정말
이네. 폐가 된다）

⓬ ☐ **事故** （accident／事故／사고）
じ　こ

▶ これは、旅行中に事故やトラブルにあったときの連絡先です。
　　　　　　りょこうちゅう　　　　　　　　　　　　　　　　れんらくさき
（This is the number you should call if you ever get into an accident or run into any
problems while on vacation.／这是旅行过程中出事故或遇纠纷时的联系方式。／이것은 여
행 중에 사고나 트러블이 있을 때의 연락처입니다.）

▷ 交通事故 （traffic accident／交通事故／교통사고）
こうつう

⓭ ☐ **迷子** （lost child／迷路／미아）
まい　ご

▷ 迷子になる、迷子を探す
　　　　　　　　　　さが
（to get lost, to look for a lost child／迷路了、找丢失的孩子／미아가 되다. 미아를 찾다）

⓮ ☐ **起こる** （to happen, occur／发生／일어나다）
お

▷ 事故 / 問題 / トラブルが起こる
　　　もんだい
（an accident/problem/trouble occurs／发生事故/问题/纠纷／사고/ 문제/ 트러블이 일어나다）

UNIT 54

事件・犯罪
じ けん　はんざい

（Incidents, crime／事件、犯罪／事件・범죄）

❶ □ **事件** (incident, affair／事件／사건)
じ けん

▶ 事件と事故、両方の可能性がある。
じ こ　りょうほう　か のうせい
(There may be both accidents and scandals. ／事件和事故, 有两方面的可能性。／사건과 사고, 양쪽의 가능성이 있다.)

❷ □ **犯罪** (crime／犯罪／범죄)
はん ざい

❸ □ **罪** (crime, fault／罪／죄)
つみ

▷ 罪を犯す、罪と罰
おか　　　　ばつ
(to commit a crime, crime and punishment ／犯罪、罪行和惩罚／죄를 범하다, 죄와 벌)

❹ □ **違反(する)** (violation／违反／위반)
い はん

▷ ルール違反 (violation of the rules ／违反规章／규칙 위반)

❺ □ **泥棒** (thief, burglar／小偷／도둑)
どろぼう

▶ 部屋に泥棒が入ったそうです。
へ や　　　　はい
(Apparently, a burglar broke into the house. ／听说房间里进小偷了。／방에 도둑이 들었다고 합니다.)

▷ すり (pickpocket ／扒手／소매치기)

❻ □ **殺す** (to kill／杀死／죽이다)
ころ

▷ 殺人 (murder ／杀人／살인)
さつじん

❼ ☐ テロ　(terrorism／恐怖分子／테러)

❽ ☐ 犯人　(criminal／犯人／범인)
　　　　はんにん

❾ ☐ 捕まえる　(to catch, arrest／捕捉／잡다)
　　　　つか

▶絶対、犯人を捕まえてほしい。
　ぜったい
(I want the criminal to be arrested at all costs.／希望一定要捉到犯人。／절대 범인을 잡아
주었으면 한다.)

▷魚／虫を捕まえる、タクシーを捕まえる
　さかな　むし
(to catch fish/insects, to catch a taxi／捕鱼/捉虫、叫出租车／물고기/ 곤충을 잡다, 택시를
잡다)

❿ ☐ 捕まる　(to be caught, arrested／被抓获／잡히다)
　　　　つか

▶犯人が捕まったみたいです。
　はんにん
(It seems the criminal was arrested.／犯人好像被抓获了。／범인이 잡힌 것 같습니다)

▶困ったなあ。タクシーが捕まらない。
　こま
(Damn, I can't get a taxi.／好麻烦。打不着车。／곤란하군, 택시가 잡히지 않는다.)

⓫ ☐ 逮捕(する)　(to arrest／逮捕／체포(하다))
　　　　たい　ほ

PART 2

コツコツ覚えよう、
基本の言葉

Basic words - steady mastery

基本单词—点点积累地记忆

꾸준히 외우자, 기본적인 말

① こそあ (Ko-So-A)

□ **これら**
(these／这些／이것들)

▶ これらは何でできているんですか。 — 鉄です。
("What are these made of?" "Steel."／这些是用什么做的？——用铁做的。／이것들은 무엇으로 만들어진 것입니까?--철입니다.)

□ **それら、あれら**
(those (near you), those (over there)／那些, 那些／그것들, 저것들)

□ **こんなに**
(this much／这样／이렇게)

▶ こんなにおいしいピザは食べたことがない。
(I've never eaten a pizza as tasty as this.／没吃过这么好吃的披萨饼。／이렇게 맛있는 피자는 먹은 적이 없다.)

□ **そんなに**
(that much／那样／그렇게)

▶ まじめにやってるんだから、そんなに笑わないでよ。
(I'm doing this seriously, so don't laugh at me so much.／我是认真做的, 别那样笑嘛。／진지하게 하고 있으니까 그렇게 웃지 마라.)

□ **あんなに**
(that much／那样／저렇게)

▶ 原さんはいつもあんなに親切なんですか。
(Is Hara always that kind?／原先生总是那么亲切吗？／하라 씨는 항상 저렇게 친절합니까?)

□ **この頃**
(that time, the time／那时候／요즘(그때))

▶ この頃はまだ学生でした。
(I was still a student at the time.／那时候还是学生。／그때는 아직 학생이었습니다.)

□ **その頃**
(that time, the time／其后、后来／그즈음)

▶ その頃はどこに住んでいたんですか。
(Where did you live at that time?／那时候住在什么地方呢？／그때는 어디에서 살았습니까?)

★「そのころ」と「このころ」は同じ意味になる場合が多い。
そのころ and このころ have the same meaning in many cases.／「そのころ」和「このころ」意思相同的时候比较多。／「そのころ」와「このころ」는 같은 의미로 사용되는 경우가 많다.

□ **あの頃**
(those days／那时／그 때)

▶ あの頃が懐かしいですね。
(Those were the good old days, weren't they?／真是很怀念那时候啊。／그 때가 그립군요.)

□ **この頃**
(these days／近来、最近／요즘)

▶ のら猫ですか？ この頃は見なくなりました。
(Stray cats? They don't seem to come around these days.／野猫吗？最近都很少看到了。／들 고양이입니까?--요즘은 보지 않게 되었습니다.)

□ **このまま**
(this way／这样／이대로)

▶ このままだと、負けてしまう。
(If this keeps up, we're going to lose.／像这样的话, 会输的。／이대로라면 져버린다.)

□ **そのまま**
(that way／那样／그대로)

▶ 食器はそのままにしておいてください。
(Leave the dishes as they are.／餐具就那样放着吧。／식기는 그대로 두어 주세요.)

② 「何」を含む表現
なに　ふく　ひょうげん

(Expressions that include "nan(i)"／帯有「何」的 表現形式／"무엇"을 포함하는 표현)

こそあ

1

「何」を含む表現

2

否定表現

3

前に付く語

4

後ろに付く語

5

いろいろな意味を持つ動詞

6

動詞＋動詞

7

意味のいろいろな形

8

会話で使う一言

9

短い句・表現

10

☐ **何か** なに (something／什么／무언 가)	▶ **何か欲しいもの、ある？** なに　ほ (Is there something you want?／有什么想要的东西吗？／무언가 원하는 것 있니?)
☐ **何も～ない** なに (anything／什么也没有 ／아무것도～않다)	▶ **まだ何も買ってない。** なに　か (I haven't bought anything yet.／还什么都没买。／아직 아무것도 사지 않았다.)
☐ **何で** なん (why／为什么／왜)	▶ **昨日は何で来なかったの？** きのう　なん　こ (Why didn't you come yesterday?／昨天为什么没来呢？／어제는 왜 안 왔니?)
☐ **何でも** なん (anything／不管什么／무 엇이나)	▶ **わからないことがあったら、何でも聞いてください。** なん　き (Please ask if there's anything you don't understand.／有什么不懂的，就问我吧。／모르는 것이 있다면 무엇이나 물어 주세요.)
☐ **何とか** なん (somehow／设法、想方设 法／간신히)	▶ **だめかと思ったけど、何とか間に合った。** おも　なん　ま　あ (I thought we wouldn't manage, but somehow we made it in time.／还以为不行了，还是设法赶上了。／안된다고 생각했지만, 간신히 시간에 댔다.)
☐ **何となく** なん (somehow or other／不知 为何、说不清、总觉得／ 그냥)	▶ **何でこれにしたの？──特に理由はないけど、何となく。** なん　とく　りゆう　なん (Why did you pick this one? --No particular reason. I just decided somehow or other.／为什么选择了这个？----没什么特别的理由，凭感觉吧。／왜 이것으로 했니?--특별한 이유는 없지만 그냥.)

3 否定表現
ひ てい ひょうげん

（Negations／否定表現／부정표현）

□ **決して〜ない**
けっ

(to never ~／绝(不)、无论
如何也(不)／결코~않다)

▶ 皆さんのことは決して忘れません。
みな　　　　　　　　けっ　　　わす

(I'll never forget everyone.／我绝对不会忘记大家。／여러분의 일은 결코
잊지 않겠습니다.)

□ **少しも〜ない**
すこ

(not even ~ a bit／一点(也
不)、丝毫(也不)／조금
도~아니다)

▶ 久しぶりに彼女と会ったけど、少しも変わって
ひさ　　　　　　かのじょ　あ　　　　　　すこ　　　　か
なかった。

(I met her for the first time in a long while, but she hadn't changed one bit.／好
久没见到她了，一点儿都没变。／오랜만에 그녀와 만났지만, 조금도 변
하지 않았다.)

□ **全然〜ない**
ぜんぜん

(not ~ at all／全然、完全／
전혀~없다)

▶ 私もその映画見たけど、全然面白くなかった。
わたし　　　えいが み　　　　ぜんぜんおもしろ

(I saw that film, too. It wasn't interesting at all.／我也看了那个电影，但是一
点儿都没意思。／나도 그 영화 보았지만, 전혀 재미없었다.)

□ **特に〜ない**
とく

(not ~ in particular／没什么
特别／특히~없다)

▶ 何か聞きたいことはありますか。　　— いえ、
なに き
特にありません。
とく

(Is there anything you want to ask? --No, nothing in particular.／有什么想问的
吗？─没有什么特别想问的。／무언가 묻고 싶은 것은 있습니까?--아
니요, 특별히 없습니다.)

□ **とても〜ない**

(really not ~／如论如何也、
怎么也／도저히~없다)

▶ あと２日じゃ、とても間に合わない。
ふつか　　　　　　　ま　あ

(We'll never make it if there are only two days left.／还剩两天了，怎么也赶不及
了。／앞으로 이틀로는 도저히 시간에 댈 수 없다.)

□ **二度と〜ない**
にど

(to not ~ again／再也不／
두 번 다시~않다)

▶ 彼の顔なんか、二度と見たくない。
かれ かお　　　　にど　み

(I never want to see his face again.／我再也不想看见他。／그의 얼굴 따위 두
번 다시 보고 싶지 않다.)

□ **別に〜ない**
べつ

(to not really ~／没什么特
别／별로~아니다)

▶ 赤ワインのほうがよかったけど、白でも別にか
あか　　　　　　　　　　　　　　しろ　　　べつ
まいません。

(I would have preferred red wine, but I don't really mind white, either.／红酒还好一
点，白的也行。／적포도주 쪽이 좋지만, 백포도주도 별로 상관없습니다.)

□ **全く〜ない**
まった

(to not ~ at all／根本不／
전혀~아니다~아니다)

▶ どこに置いたか、全く覚えていないんです。
お　　　まった おぼ

(I have absolutely no recollection of where I put it.／我一点儿都不记得放在哪里
了。／어디에 두었는지 전혀 기억하지 못하겠습니다.)

こそあ 1

「何」を含む表現 2

否定表現 3

前に付く語 4

後ろに付く語 5

いろいろな意味を持つ動詞 6

動詞＋動詞 7

意業のいろいろな形 8

会話で使う一言 9

短い句・表現 10

☐ **めったに～ない** ▶ 運がいいですね。こんなきれいな景色はめったに見られませんよ。

(only rarely／很少／좀처럼~아니다) (You're really lucky - we get to see such beautiful scenery only rarely.／运气太好了。我很少看到这么漂亮的景色。／운이 좋군요. 이런 예쁜 경치는 좀처럼 볼 수 없습니다.)

☐ **もう～ない** ▶ お腹いっぱいで、もう食べられない。

(not ~ any more／已经不／더는~아니다) (I'm full - I can't eat any more.／肚子吃饱了,已经一点儿都吃不下去了。／배가 불러서 더 이상은 먹을 수 없다.)

4
CD2

④ 前に付く語 (Prefixes／前缀语／앞에 붙는 말)

☐ **あと～** ▶ あと一つください。

(Give me just one more, please.／请再给我一个。／또 하나 주세요.)

☐ **ある～** ▶ ある日、一人で映画を見に行ったんです。

(One day, I went to see a movie alone.／有一天,自己一个人去看了场电影。／어느 날, 혼자서 영화를 보러 갔습니다.)

▶ この店は、ある人に紹介されて知ったんです。

(I learned about this restaurant from a certain someone I know.／这家店是别人介绍才知道的。／이 가게는 어떤 사람에게서 소개받고 알았습니다.)

☐ **大～** ▷ 大雨、大地震

(heavy rain, strong earthquake／大雨、大地震／큰 비, 대지진)

☐ **再～** ▷ 再配達を頼む、再放送

(to request re-delivery, rerun／请求再次配送、再次播放／재배달을 부탁하다, 재방송)

☐ **最～** ▷ 最高、最低、最大、最小

(highest/best, lowest/worst, maximum, minimum／最高、最低、最大、最小／최고, 최저, 최대, 최소)

☐ **新～** ▷ 新商品、新曲、新品

(new product, new tune, brand new item／新商品、新歌曲、新产品／신상품, 신곡, 신품)

★新品…まだ一度も使ってなくて、買ったときのきれいな状態のもの。
Something that is brand new.／一次都没有用过,保持购买时的清洁状态。／아직 한 번도 사용하지 않고 샀을 때의 깨끗한 상태의 것.

215

☐ 前〜
ぜん

▷ 前日、前回、前半、前首相
ぜんじつ　ぜんかい　ぜんはん　ぜんしゅしょう

(the day before, the time before, first half, former prime minister ／前几天、前次、前半部分、前首相／전일, 전회, 전반, 전 수상)

☐ 大〜
だい

▷ 大成功、大問題
だいせいこう　だいもんだい

(smashing success, big problem／很大的成功、很大的问题／대성공, 대문제)

☐ 第〜
だい

▷ 第一の目的、第二の都市
だいいち　もくてき　だいに　とし

(primary aim, second largest city／第一个目的、第二大城市／첫 번째의 목적, 제2의 도시)

☐ 長〜
なが/ちょう

▷ 長靴、長いす、長電話
ながぐつ　なが　ながでんわ

(boots, couch, long phone conversation／长靴、长椅、长时间的电话／장화, 긴 의자, 길게 통화함)

▷ 長期、長距離、長時間
ちょうき　ちょうきょり　ちょうじかん

(long-term, long distance, long time／长期、长距离、长时间／장기, 장거리, 장시간)

☐ 不〜
ふ/ぶ

▶ これでは不十分です。もう少し詳しくレポートしてください。
ふじゅうぶん　すこ　くわ

(This report is inadequate. Add more details to it.／这不太充分。请再详细地报告一下。／이것으로는 불충분합니다. 좀 더 자세히 보고해 주세요.)

▷ 不健康、不安定
ふけんこう　ふあんてい

(unhealthy, unstable／不健康、不安定／건강하지 않음, 불안정)

☐ 本〜
ほん

▷ 本人が直接、申し込まなければならない。
ほんにん　ちょくせつ　もう　こ

(The applicant has to apply in person.／本人必须直接申请。／본인이 직접 신청하지 않으면 안 된다.)

▷ 本社、本物のダイヤ、本日休業
ほんしゃ　ほんもの　ほんじつきゅうぎょう

(head office, real diamond, closed today／总公司、真正的钻石、今天休息／본사, 진짜 다이아몬드, 당일 휴업)

☐ 真〜
ま

▷ 真夜中、真ん中、真っ赤
まよなか　まなか　まか

(midnight, middle, bright red／深夜、中间、通红／한밤중, 한가운데, 새빨감)

☐ 満〜
まん

▶ 帰りのバスも満員でした。
かえ　まんいん

(The bus home was also jam-packed.／回去的巴士也是满员的。／귀가 버스도 만원이었습니다.)

▷ 満席、満点
まんせき　まんてん

((all seats are) filled, perfect score／满座、满分／만석, 만점)

216

⑤ 後ろに付く語 （Suffixes／后缀语／뒤에 붙는 말）

こそあ 1

「何」を含む表現 2

否定表現 3

前に付く語 4

後ろに付く語 5

いろいろな意味を持つ動詞 6

動詞＋動詞 7

言葉のいろいろな形 8

会話で使う一言 9

短い句・表現 10

☐ ～一
いち
▶ 富士山は日本一高い山です。
ふ じ さん　　に ほんいちたか　　やま
(Mt. Fuji is Japan's tallest mountain.／富士山是日本最高的山。／후지 산 일본에서 제일 높은 산입니다.)

☐ ～おき
▶ 髪は一日おきに洗う。
かみ　いちにち　　　あら
(I wash my hair every other day.／头发隔一天洗一次。／머리는 하루걸러 (이틀에 한 번) 감다.)

☐ ～家
か
▷ 政治家、小説家、画家、作家
せい じ か　しょうせつ か　が か　さっ か
(politician, novelist, painter, writer／政治家、小说家、画家、作家／정치가, 소설가, 화가, 작가)

☐ ～階建て
かい だ
▷ 10階建てのビル
かい だ
(10-story building／十层楼的大厦／10층 건물의 빌딩)

☐ ～か所
しょ
▶ トイレは3か所あります。
しょ
(There are three restrooms.／厕所有三处。／화장실은 3곳에 있습니다.)

★「～カ所」「～ヶ所」など、いくつかの書き方がある。
This can written in other ways, such as ～カ所 and ～ヶ所.／有「～カ所」「～ヶ所」等几种写法。／"～カ所" "～ヶ所" 등, 몇 가지 쓰는 방법이 있다.

☐ ～気味
ぎ み
▷ 太り気味、風邪気味
ふと　ぎ み　かぜぎ み
(a bit pudgy, a touch of a cold／有点胖、有点儿感冒／살찐 것 같음, 감기 기운이 있음)

☐ ～きる
▶ 量が多くて食べきれない。
りょう　おお　　た
(This is so much that I can't eat it all.／量太大了吃不完。／양이 많아 다 먹을 수 없다.)

▷ 最後まで使いきる
さい ご　　つか
(to use up／彻底用完。／끝까지 다 사용하다)

☐ ～号
ごう
▷ 東京行きひかり480号、（雑誌の）7月号
とうきょうい　　　　　　ごう　ざっし　　　がつごう
(Hikari No. 480 bound for Tokyo, July issue／去东京的光480号、7月刊／동경행 히카리 480호, 7월호)

☐ ～ごと
▶ 一年ごとに契約しています。
いちねん　　　けいやく
(I renew my contract every year.／一年签一次合同。／1년마다 계약하고 있습니다.)

☐ ～中
じゅう
▶ 昨日は一日中、雨でした。
きのう　いちにちじゅう　あめ
(It rained all day yesterday.／昨天一天都在下雨。／어제는 온 종일 비였습니다.)

		▷ 世界中の国
		せかいじゅう くに
		(countries throughout the world／世界上的国家／세계 속의 나라)
☐	～過ぎ	▷ 働き過ぎ、太り過ぎ
	す	はたら す ふと す
		(overworking, overweight／工作过度、过胖／지나치게 일함, 너무 살찜)
☐	(～の)せい	▶ 私のせいで負けた。
		わたし ま
		(We lost because of my fault.／由于我的失误，输了。／내 탓으로 졌다.)
☐	～製	▷ 鉄製のフライパン、日本製の車
	せい	てつせい にほんせい くるま
		(steel frying pan, car made in Japan／铁制的平底锅、日本制造的车／철제 프라이팬, 일제 차)
☐	～性	▷ 可能性、重要性
	せい	か のうせい じゅうようせい
		(potential, importance／可能性、重要性／가능성, 중요성)
☐	～足	▶ 新しい靴を1足買った。
	そく	あたら くつ そく か
		(I bought a pair of new shoes.／买了一双新鞋。／새 구두를 한 컬레 샀다.)
☐	～代	▷ 電気代、本代、食事代
	だい	でん き だい ほんだい しょく じ だい
		(electric bill, book fees, meal expenses／电费、书费、餐饮费用／전기료, 책값, 식사대)
☐	(～の)ため	▷ 健康のために運動をする
		けんこう うんどう
		(to exercise for one's health／为健康而运动。／건강을 위해서 운동을 한다.)
☐	～中	▶ 電話をしましたが、話し中でした。
	ちゅう	でん わ はな ちゅう
		(I called, but the line was busy.／打了电话，对方占线。／전화했습니다만, 이야기 중이었습니다.)
		▶ 食事中にメールをしないで。
		しょく じ ちゅう
		(Don't e-mail when you're eating.／吃饭的时候不要发短信／식사 중에 메일을 하지 마라.)
☐	～的	▷ 世界的な企業、女性的
	てき	せ かいてき き ぎょう じょせいてき
		(world-class company, feminine／国际性的企业、女里女气／세계적인 기업, 여성적)
☐	～通り	▶ 申込方法は次の通りです。
	とお	もうしこみほうほう つぎ とお
		(The method of applying is as follows.／申请方式如下。／신청방법은 다음과 같습니다.)
		▷ 予定通り
		よ ていどお
		(as scheduled／按计划、按预定／예정대로)
☐	～内	▷ 国内、社内、年内
	ない	こくない しゃない ねんない
		(domestic, in-house, before the end of this year／国内、公司内、年内／국내, 사내, 연내)

こそあ 1

「何」を含む表現 2

否定表現 3

前に付く語 4

後ろに付く語 5

いろいろな意味を持つ動詞 6

動詞＋動詞 7

言葉のいろいろな形 8

会話で使う一言 9

短い句・表現 10

□ ～のうち
▶ a～d のうち、正しいものを一つ選びなさい。
(Choose the correct answer from a-d.／从a～d中，选择一个正确的答案。
／a～d 가운데 바른 것을 하나 고르시오.)

▶ 父は数日のうちに退院する予定です。
(My father will be leaving the hospital within the next several days.／父亲预定
在数日后出院。／아버지는 며칠내에 퇴원할 예정입니다)

□ ～泊
▶ ２泊３日で京都に旅行に行きます。
(I'm going on a two-night stay in Kyoto.／我要去京都旅行，预计是三天两
晚。／2박 3일로 교토에 여행하러 갑니다.)

□ ～発
▶ 東京発新大阪行き、３時 15 分発
((train) for Shin-Osaka departing from Tokyo, 3:15 departure／东京出发去大
阪，三点十五分发车／동경발 신오사카행, 3시 15분 발)

□ ～番目
▷ 前から３番目
(third from the front／从前面数第三个／앞에서 3번째)

□ ～費
▷ 交通費、食費
(travel expenses, dining expenses／交通费、饮食费／교통비, 식비)

□ ～袋
▷ 紙袋、ビニール袋
(paper bag, plastic bag／纸袋、塑料袋／종이 봉투, 비닐봉지.)

□ ～名
▷ 会社名、商品名、地名
(name of company, product name, place name／公司名、商品名、地名／회
사명, 상품명, 지명)

▶ 100 名の方にプレゼントをご用意しています。
(We have gifts for 100 people.／为一百位朋友准备了礼物。／100명에게
선물을 준비해 두었습니다.)

□ ～問
▶ 全部で 50 問あります。
(There are 50 questions in total.／全部有50个问题。／전부 50문제 있습니다.)

□ ～料
▷ 入場料、受験料、キャンセル料
(admission fee, exam fee, cancellation charge／入场费、考试费、取消费用
／입장료, 수험료, 취소 수수료)

□ ～割
▶ 客の７割は女性でした。
(70% of the customers were women.／客人的百分之七十是女性。／손님
의 7할은 여성이었습니다.)

⑥ いろいろな意味を持つ動詞

(Verbs with multiple meanings／具有各种意思的动词／여러 가지 의미가 있는 동사)

☐ 出る
　で
▷ 授業に出る、電話に出る、大通りに出る、大学を出る
　　じゅぎょう で　でんわ で　おおどお で　だいがく で

(to attend a class, to answer the phone, to come out onto a main road, to graduate from university／去上课、接电话、到大马路上、大学毕业／수업에 나가다, 전화를 받다, 큰길에 나가다, 대학을 나오다)

☐ かける
▷ かぎをかける、掃除機をかける、電話をかける、音楽をかける
　　そうじき　でんわ　おんがく

(to lock, to vacuum, to make a call, to put on some music／锁上、用吸尘器、打电话、放音乐／잠을 뿌리다, 커버를 씌우다, 안경을 쓰다, 행거에 코트를 걸다, 의자에 앉다, 말을 걸다)

▷ しょうゆをかける、カバーをかける、めがねをかける、ハンガーにコートをかける、いすにかける、声をかける、心配をかける
　　こえ
　　しんぱい

(to pour soy sauce, to put on a cover, to put on glasses, to hang a coat on a hanger, to sit on a chair, to say something, to worry someone／浇酱油、盖罩子、戴眼镜、把大衣挂在衣架上、坐在椅子上、搭话、让人担心／간장을 뿌리다, 커버를 하다, 안경을 쓰다, 행거에 코트를 걸다, 의자에 앉다, 말을 걸다, 걱정을 끼치다)

☐ 取る
　と
▷ メモをとる、連絡をとる、睡眠をとる、年をとる
　　れんらく　すいみん　とし

(to take notes, to contact, to get sleep, to get older／记笔记、取得联系、睡觉、上年纪／메모를 적다, 연락하다, 수면을 취하다, 나이를 먹다)

☐ 乗る
　の
▷ 相談に乗る、リズムに乗る
　　そうだん の　の

(to give advice, to get into the rhythm／帮着商量、合拍／상담을 해주다, 리듬을 타다)

☐ 見る
　み
▷ 様子を見る、味を見る、面倒を見る、夢を見る
　　ようす み　あじ み　めんどう み　ゆめ み

(to wait and see, to sample food, to take care of, to have a dream／看情况、尝味道、照顾、做梦／상태를 보다, 맛을 보다, 돌보다, 꿈을 꾸다)

☐ 引く
　ひ
▷ 風邪を引く、辞書を引く、線を引く、油を引く、子供の手を引く、注意を引く
　　かぜ ひ　じしょ ひ　せん ひ　あぶら ひ　こども て ひ　ちゅうい ひ

(to catch a cold, to refer to a dictionary, to draw a line, to grease (a pan), to lead a child by the hand, to get attention／感冒、查字典、划线、抹上油、拉着孩子的手、引起注意／감기에 걸리다, 사전을 찾다, 선을 긋다, 기름을 두르다, 아이의 손을 끌다, 주의를 부르다)

☐ する
▷ 指輪をする、10万円する、無理をする、音がする
　　ゆびわ　まんえん　むり　おと

(to wear a ring, to cost ¥100,000, to try too hard, to hear a sound／戴戒指、价值10万日元、勉强行事、听到声音／반지를 끼다, 10만엔 하다, 무리하다, 소리가 나다)

7 動詞＋動詞 (Compound verbs／动词＋动词／동사 + 동사)

□ ～合う
▶ みんなでよく話し合って決めてください。
(Before you decide, please thoroughly discuss the matter as a group.／大家商量好了决定吧。／모두 잘 서로 이야기를 하여 정해 주세요.)
▷ 知り合う、連絡し合う、話し合い
(to get to know each other, to contact each other, discussion／认识、互相联络、商量／서로 알다, 서로 연락하다, 대화)

□ ～終わる
▶ 食べ終わったら、お皿を持って来てください。
(After you finish eating, please bring your dishes to me.／吃完了，请把盘子拿过来。／다 먹으면 접시를 가져 와 주세요.)

□ ～かえる
▷ 車を買い換える、電車を乗り換える、言葉を言い換える
(to trade in one's car and buy another, to transfer to another train, to rephrase／换车、换乘电车、换句话说／차를 다시 산다, 전차를 갈아타다, 말을 바꾸다)
▷ くつを履き替える、選手を入れ替える。
(to change one's shoes, to substitute players／换鞋、替换运动员／신발을 갈아 신다, 선수를 교체하다)

□ ～かける
▶ 知らない人が話しかけてきた。
(A stranger spoke to me.／不认识的人向我打了招呼。／모르는 사람이 말을 걸어왔다.)
▷ 犯人を追いかける
(to chase a criminal／追犯人／범인을 쫓다)

□ ～出す
▶ 先輩が急にカラオケに行こうと言い出したんです。
(My senpai unexpectedly suggested that we go to a karaoke place.／学长突然说要去唱卡拉ok。／선배가 갑자기 카라오케에 가자고 말을 꺼냈습니다.)
▷ 走り出す、笑い出す
(to start running, to start laughing／跑起来、笑起来／달리기 시작하다, 웃기 시작하다)

□ ～続ける
▶ もう2時間も歩き続けています。
(We've been walking for two hours straight.／已经持续走了两个小时。／벌써 2시간이나 계속 걷고 있습니다.)
▷ 売れ続ける、探し続ける
(to continue to sell (fast), to continue searching／连续畅销、继续找／계속 팔리다, 계속 찾다)

こそあ 1
「何」を含む表現 2
否定表現 3
前に付く語 4
後ろに付く語 5
いろいろな意味を持つ動詞 6
動詞＋動詞 7
言葉のいろいろな形 8
会話で使う一言 9
短い句・表現 10

□ 〜直_{なお}す	▶ 間違_{まちが}いがないか、もう一度_{いちど}見直_{みなお}してください。 (Please go over it again to make sure there are no mistakes.／再看一遍有没有错误。／틀린 것이 없는지 다시 한 번 보세요.)
	▷ 書_かき直_{なお}す、作_{つく}り直_{なお}す、やり直_{なお}す (to rewrite, to remake, to do over／重新写、重作、重做／다시 쓰다, 다시 만들다, 다시 하다)
□ 〜始_{はじ}める	▶ 先週_{せんしゅう}から絵_えを習_{なら}い始_{はじ}めました。 (I started taking painting lessons last week.／从上周开始学习画画。／지난 주부터 그림을 배우기 시작했습니다.)
	▷ 読_よみ始_{はじ}める、食_たべ始_{はじ}める (to start reading, to start eating／开始读、开始吃／읽기 시작하다, 먹기 시작하다)
□ 見_み〜	▷ 空_{そら}を見上_{みあ}げる、海_{うみ}を見下_{みお}ろす (to look up at the sky, to look down at the sea／仰望天空、俯瞰大海／하늘을 올려다 보다, 바다를 내려보다)
	▷ 先輩_{せんぱい}を見習_{みなら}う、原稿_{げんこう}を見直_{みなお}す (to learn by watching a senpai, to review a manuscript／以前辈为榜样、重审原稿／선배를 본받다, 원고를 고치다)
□ 取_とり上_あげる (to take up／受理、采纳、申诉／취급 하다)	▷ 環境_{かんきょう}の問題_{もんだい}を取_とり上_あげる (to take up an environmental issue／将环境问题提上议事日程／환경 문제를 취급하다)
□ 取_とり消_けす (to cancel／取消／취소하다)	▷ 予約_{よやく}を取_とり消_けす、取_とり消_けしボタン (to cancel a reservation, cancel button／取消预约、取消键／예약을 취소하다, 취소 보튼)
□ 取_とり出_だす (to take out／取出／꺼내다)	▷ 箱_{はこ}から商品_{しょうひん}を取_とり出_だす (to take merchandise out of their boxes／从箱子里取出商品／상자에서 상품을 꺼내다)
□ 取_とり付_つける (to install, to attach／安装／설치하다)	▷ エアコンを取_とり付_つける (to install an air conditioner／安装空调／에어컨을 설치하다)
□ 引_ひき受_うける (to take on／承担／맡다)	▷ 仕事_{しごと}を引_ひき受_うける (to take on an assignment／承担工作／일을 맡다)
□ 持_もち上_あげる (to lift／举起、抬起／들어 올리다)	▷ 箱_{はこ}を持_もち上_あげる (to lift a box／举起箱子／상자를 들어 올리다)
□ 呼_よび出_だす (to call, to summon／叫来／부르다)	▶ 着_ついたら、受付_{うけつけ}で呼_よび出_だしてください。すぐ行_いきますので。 (After you arrive, go to the reception counter and ask for me. I'll go down there right away.／你到了，请在传达室叫一声。我马上就去。／도착하면 접수에서 불러 주세요. 곧 갈 테니까요.)

こそあ

「何」を含む表現

否定表現

前に付く語

後ろに付く語

いろいろな意味を持つ動詞

動詞＋動詞

言葉のいろいろな形

会話で使う一言

短い句・表現

⑧ 言葉のいろいろな形

（こ と ば）（かたち）

（Various forms of words／词语的各种形式／말의 여러 형태）

N←V	
□ 遊び（の道具）　←遊ぶ	□ 悲しみ　　　←悲しむ
□ 集まり　　　←集まる	□ 考え　　　←考える
□ 怒り　　　←怒る	□ 着替え（を用意　←着替える する/のとき）
□ 行き（の電車）　←行く	□ 決まり（を守る）←決まる
□ 急ぎ（の用事）　←急ぐ	□ 子育て　　←子供を育てる
□ 祈り　　　←祈る	□ 叫び　　　←叫ぶ
□ 受け取り　　　←受け取る	□ 騒ぎ　　　←騒ぐ
□ 動き（手の〜）　←動く	□ 知らせ（を聞く）←知らせる
□ 生まれ（東京〜）←生まれる	□ 楽しみ　　　←楽しむ
□ 遅れ（10分の〜）←遅れる	□ 頼み（を断る）　←頼む
□ 思い（みんなの〜）←思う	□ 違い　　　←違う
□ お届け（の時間）←届ける	□ 疲れ（旅行の〜）←疲れる
□ 踊り　　　←踊る	□ 続き（がある）　←続く
□ 驚き　　　←驚く	□ 包み（プレゼントの〜）←包む
□ 終わり　　　←終わる	□ 手伝い（を頼む）←手伝う
□ 帰り（の電車）　←帰る	□ 流れ　　　←流れる
□ 飾り　　　←飾る	□ 働き（脳の〜）　←働く
□ 片づけ（の係）　←片づける	□ まとめ（の問題）←まとめる

□ 迎え（の車）　←迎える
　むか　　くるま　　　むか

□ 揺れ（を感じる）←揺れる
　ゆ　　　かん　　　　ゆ

□ 汚れ（をとる）　←汚れる
　よご　　　　　　　よご

□ 喜び　　　　　←喜ぶ
　よろこ　　　　　　よろこ

□ 別れ（のとき）←別れる
　わか　　　　　　わか

□ 笑い　　　　　←笑う
　わら　　　　　　わら

```
V←A
```

□ 暖まる（部屋が）← 暖かい
　あたた　　へや　　　あたた

□ 暖める（部屋を）← 暖かい
　あたた　　へや　　　あたた

□ 温まる（体が）← 温かい
　あたた　　からだ　　あたた

□ 温める（体を）← 温かい
　あたた　　からだ　　あたた

□ 痛む（足が）←痛い
　いた　　あし　　いた

□ 悲しむ（親が）←悲しい
　かな　　　おや　　かな

□ 苦しむ（熱で）←苦しい
　くる　　　ねつ　　くる

```
N←A
```

□ 明るさ　　　←明るい
　あか　　　　　あか

□ 厚さ　　　　←厚い
　あつ　　　　　あつ

□ 暑さ　　　　←暑い
　あつ　　　　　あつ

□ 甘さ　　　　←甘い
　あま　　　　　あま

□ 薄さ　　　　←薄い
　うす　　　　　うす

□ 美しさ　　　←美しい
　うつく　　　　うつく

□ うれしさ　　←うれしい

□ おいしさ　　←おいしい

□ 大きさ　　　←大きい
　おお　　　　　おお

□ 重さ　　　　←重い
　おも　　　　　おも

□ 面白さ　　　←面白い
　おもしろ　　　おもしろ

□ 悲しさ　　　←悲しい
　かな　　　　　かな

□ 辛さ　　　　←辛い
　から　　　　　から

□ 軽さ　　　　←軽い
　かる　　　　　かる

□ 厳しさ　　　←厳しい
　きび　　　　　きび

□ 悔しさ　　　←悔しい
　くや　　　　　くや

□ 濃さ　　　　←濃い
　こ　　　　　　こ

□ 怖さ　　　　←怖い
　こわ　　　　　こわ

□ 寒さ　　　　←寒い
　さむ　　　　　さむ

□ 真剣さ　　　←真剣な
　しんけん　　　しんけん

□ 新鮮さ　　　←新鮮な
　しんせん　　　しんせん

□ 正確さ　　　←正確な
　せいかく　　　せいかく

□ 高さ　　　　←高い
　たか　　　　　たか

□ 強さ　　　　←強い
　つよ　　　　　つよ

□ 辛さ　　　　←辛い
　つら　　　　　つら

- □ 長さ　　　　　←長い
- □ 激しさ　　　　←激しい
- □ 速さ　　　　　←速い
- □ 広さ　　　　　←広い
- □ 深さ　　　　　←深い
- □ 太さ　　　　　←太い
- □ 優しさ　　　　←優しい
- □ 安さ　　　　　←安い
- □ 豊かさ　　　　←豊かな
- □ 良さ　　　　　←良い

他動詞と自動詞

- □ 移す（奥に〜）　　　── 移る（奥に〜）
- □ 片づける（荷物を〜）── 片づく（荷物が〜）
- □ 貯める（お金を〜）　── 貯まる（お金が〜）
- □ 伝える（気持ちを〜）── 伝わる（気持ちが〜）
- □ どける（いすを〜）　── どく（横に〜）
- □ はずす（ボタンを〜）── はずれる（ボタンが〜）

こそあ 1
「何」を含む表現 2
否定表現 3
前に付く語 4
後ろに付く語 5
言葉のいろいろな形 8
動詞＋動詞 7
言葉のいろいろな形 8
会話で使う一言 9
短い句・表現 10

7
CD2

⑨ 会話(かいわ)で使(つか)う一言(ひとこと)

(Short conversational expressions／会话中使用的一句话／회화에서 사용하는 한마디)

□ **あら(？)**
(Oh (?)／哎呀／어?)

▶ あら、スミスさん。久(ひさ)しぶりですね。
(Oh, Mr. Smith. Long time, no see.／哎呀，史密斯先生。好久不见。／어? 스미스 씨, 오랜만이군요.)

> ★主(おも)に女性(じょせい)が使(つか)う。
> Used mainly by women.／主要是女性使用／주로 여성이 사용한다

□ **あれ(？)**
(What the (?), Huh (?)／啊呀／어?)

▶ あれ？　おかしいなあ。ここに置(お)いたんだけどなあ。
(What the? That's weird. I'm sure I put it right here.／啊呀，奇怪。本来放在这里的啊。／어? 이상하군. 여기에 놓았는데.)

□ **えっ(？)**
(What (?), Huh (?)／咦／어?)

▶ えっ？　今(いま)、何(なん)て言(い)ったの？
(Huh? What did you say?／咦？刚才你说什么？／어? 지금 뭐라고 말했니?)

□ **ねえ／ね**
(Say／喂／이봐)

▶ ねえ、ちょっとこれ、持(も)ってくれない？
(Say, could you hold this for a second?／喂，这个能帮我拿一下吗？／이봐, 잠깐 이것, 들어줄래?)

□ **いえ**
(No／不／아뇨)

▶ すみません、田中(たなか)さんですか。― いえ、違(ちが)います。
("Excuse me, but are you Mr. Tanaka?" "No, you have the wrong person."／对不起，请问是田中先生吗？--不是。／실례합니다, 다나카 씨입니까?)

□ **いや**
(Ah, Nah／呀、哎呀／아니)

▶ 〈心配(しんぱい)そうに〉どうしたんですか。― いや、何(なん)でもないです。
((Looking worried) "Are you all right?""Ah, it's nothing."／〈担心的样子〉怎么了？---呀，没什么。／<걱정스럽게> 어떻게 된 것입니까.--아니요, 아무것도 아닙니다.)

□ **しまった**
(Oh no, Great／糟了／아차)

▶ しまった！　財布(さいふ)、忘(わす)れてきた。
(Oh, no! I forgot my wallet.／糟了，忘带钱包了。／아차, 지갑 잊어버렸음.)

 **⑩ 短い句・表現** （Short phrases, expression／短句，表达／짧은 구, 표현）
みじか　く　ひょうげん

こそあ

1

「何」を含む表現

2

否定表現

3

前に付く語

4

後ろに付く語

5

持つ動詞 いろいろな意味を

6

動詞＋動詞

7

言葉のいろいろな形

8

会話で使う一言

9

短い句・表現

10

□ **相変わらず**
あい か

(as ever, the usual／照旧／여전히)

▶ お父さんはお元気ですか。　── ええ。相変わらず
とう　　　　げんき　　　　　　　　　　　　　　　あい か
元気ですよ。毎朝、走ってます。
げんき　　　　　まいあさ　はし

(How's your father? Is he well? --Yes, still in great shape as usual. He goes for a run every morning.／你父亲还好吗？——嗯，还是老样子,挺好,每天早晨都跑步。／아버지는 안녕하십니까?--네, 여전히 잘 계십니다. 매일 아침 달립니다.)

□ **いつでも**

(anytime／随时／항상)

▶ 今日はだめですが、明日ならいつでもいいです。
きょう　　　　　　　　　あした

(I can't make it today, but anytime tomorrow would be fine.／今天不行,要是明天的话,随时都可以。／오늘은 안됩니다만, 내일이라면 언제라도 좋습니다.)

□ **いつの間にか**
ま

(before one knows it／不知什么时候／어느 사이엔가)

▶ ここにケーキがあったのに、いつの間にか、な
ま
くなってる。

(There was some cake here, but it disappeared before I knew it.／这里原本放着蛋糕,不知什么时候没有了。／여기에 케이크가 있었는데 어느 사이엔가 없어졌다.)

□ **いつの間に**
ま

(before noticing it／什么时候／어느 사이에)

▶ あれ？　スーさん、いつの間に帰ったんだろう。
ま　　かえ

(Huh? I wonder when she went home.／咦？小苏什么时候回去了？／어? 수 씨, 어느 사이에 돌아온 것일까.)

□ **お構いなく**
かま

(Don't trouble yourself／不用张罗／상관하지 말고)

▶ 何かお飲みになりますか。　── いえ。どうぞ
なに　　の
お構いなく。
かま

("Would you like something to drink?" "No, thank you. Please don't trouble yourself."／您喝点儿什么吗？——不了,您不用张罗了。／무언가 마시겠습니까？-- 아뇨. 상관하지 마세요.)

□ **お気に入り**
き　い

(favorite／喜欢／마음에 듦)

▶ 最近の私のお気に入りは、このチョコです。
さいきん　わたし　　き　い

(This chocolate has been my favorite snack recently.／最近我喜欢的是这种巧克力。／최근에 내 마음에 드는 것은 이 초콜릿입니다.)

▷ お気に入りのバッグ
き　い

(my favorite bag／喜欢的包／마음에 드는 가방)

□ **恐れ入ります**
おそ　い

(Excuse me, Thank you／不好意思／황송합니다)

▶ 荷物、ここに置いておきますね。　── あ、恐れ入
にもつ　　　　お　　　　　　　　　　　　　おそ い
ります。

("I'll put your things here." "Oh, thank you."／行李,我就放在这里啦。——啊,谢谢啦！／짐, 여기에 두어 두겠습니다. --아, 죄송합니다.)

▷ 恐れ入りますが、お名前を伺ってもよろしいで
おそ　い　　　　　　　　なまえ　うかが
しょうか。

(Excuse me, but could I have your name?／不好意思,能问一下您的名字吗？／송구합니다만, 성함을 여쭤봐도 되겠습니까?)

☐ **〜に代わって** （か） (in place of 〜／代替〜／ (〜를) 대신하여	▶ 出張中の課長に代わって、会議に出席しました。 （しゅっちょうちゅう　かちょう　か　かいぎ　しゅっせき） (I attended the meeting in place of our manager, who was on a business trip.／ 代替正在出差的科长出席了会议。／출장 중인 과장을 대신하여 회의 에 출석했다.)
☐ **〜に関する** （かん） (about/concerning 〜／关 于〜／(〜에)관한)	▶〈ニュース〉事故に関する新しい情報が入ってきました。 （じこ　かん　あたら　じょうほう　はい） (<news> New information about the accident has been released.／〈新闻〉收 到了关于事故的新消息。／<뉴스>사고에 관한 새로운 정보다 들어왔 습니다.)
☐ **失礼します** （しつれい） (Excuse me／失礼了／ 실례하겠습니다.)	▶〈外から中に入るとき・出るとき〉失礼します。 （そと　なか　はい　で　しつれい） ((When entering/exiting a room) Excuse me.／〈从外面进去的时候、出门的 时候〉失礼了。／<밖에서 안으로 들어갈 때 나갈 때) ▶〈帰るとき〉じゃ、私はそろそろ失礼します。 （かえ　わたし　しつれい） ((When leaving) Well, I should be going now.／〈回去的时候〉那我就此告辞 了。／<돌아갈 때> 나는 슬슬 실례하겠습니다.)
☐ **好き嫌い** （す　きら） (likes and dislikes／好恶 ／좋고 싫어하다)	▶ 食べ物の好き嫌いは、あまりないほうです。 （た　もの　す　きら） There aren't any foods that I particularly like or dislike.／在食物方面没有太多 好恶。／음식의 좋고 싫음은 별로 없는 편입니다.)
☐ **電話をかける** （でんわ） (to make a call／打电话 ／전화를 걸다)	▶ すみません、国際電話のかけ方を教えてもらえませんか。 （こくさいでんわ　かた　おし） (Excuse me, could you tell me how to make an international call?／不好意思， 能麻烦你教给我怎么打国际电话吗?／미안합니다. 국제전화의 거는 법을 가르쳐주지 않겠습니까?)
☐ **そう言えば** （い） (that reminds me／这么说 来／그러고 보면)	▶ 誰か中国語わかる人いないかなあ。　── そう 言えば、田中さんが昔、中国に留学してたよ。 （だれ　ちゅうごくご　ひと　たなか　むかし　ちゅうごく　りゅうがく） (Is there anyone who speaks Chinese? --That reminds me, Tanaka-san used to study in China.／有没有谁懂汉语呀？这么说来，田中以前曾在中国留 学。／누가 중국어 아는 사람은 없을까?--그러고 보면 다나카 씨가 옛날 중국에 유학했어요.)
☐ **一人暮らし** （ひとり　く） (living alone／独自生活 ／독신생활)	▶ 大学を出てから、一人暮らしを始めました。 （だいがく　で　ひとり　ぐ　はじ） (I started living alone after leaving college.／大学毕业后开始独自生活。／ 대학을 나오고 나서 독신생활을 시작했습니다.)
☐ **一人一人** （ひとり　ひとり） (one by one／每个人／ 한 사람 한 사람)	▶ 彼女は、会場に来たファン一人一人と握手をした。 （かのじょ　かいじょう　き　ひとり　ひとり　あくしゅ） (She shook hands with all the fans who came, one by one.／她和来到会场的每 位粉丝都握手了。／그녀는 회장에 온 팬 한 사람 한 사람에게 악수했다.)

9
CD2

敬語 11

決まった言い方 12

動詞① 13

動詞②(〜する) 14

名詞 15

形容詞 16

副詞 17

接続詞 18

ぎおん語ぎたい語 19

カタカナ語 20

11 敬語 （Honorifics／敬语／경어）
けいご

☐ **方**
かた
（＝人）
ひと

▶ あちらにいらっしゃる方はどなたですか。

(Who is that person over there?／在那里的那一位是谁啊？／저쪽에 계신 분은 어느 분입니까?)

☐ **方々**
かたがた
（＝人たち）
ひと

▷ お知り合いの方々
し あ　 かた がた

(acquaintances／认识的人们／아는 분들)

☐ **ご〜／御〜**
ご

▷ ご旅行、ご訪問、ご住所
りょこう　ほうもん　じゅうしょ

(vacation, visit, address／您的旅行,您的访问,您的住处／여행, 방문, 주소)

☐ **ございます**
（＝ある）
（＝〜です）

▶ Lサイズはありますか。 — はい、ございます。今、お持ちいたします。
いま　 も

(Do you have a large size? --Yes, we do. I'll bring it for you right away.／有大号吗？一一有的.我这就给您拿出来。／L사이즈는 있습니까?--네. 있습니다. 지금 가져오겠습니다.)

▷ こちらがLサイズでございます。

(This is a size L.／这是大号的。／이쪽이 L 사이즈입니다.)

☐ **おいで／お出で**
い
（＝来る）
く

▶ 明日、田中社長がこちらにおいでになるそうです。
あした　 た なかしゃちょう

(The company president Mr. Tanaka is coming to pay us a visit tomorrow.／听说明天田中社长要来这里。／내일, 다나카 사장이 여기에 오신다고 합니다.)

☐ **お越し**
こ
（＝来る）
く

▶ お時間のあるときに、いつでもお越しください。
じ かん　　　　　　　　　　　　　 こ

(Please visit us whenever you have the time.／您有空的时候,随时都可以过来。／시간이 있을 때에 언제라도 오세요.)

☐ **ご覧**
らん
（＝見る）
み

▶ 皆様、こちらをご覧ください。
みなさま　　　　　　　 らん

(Everyone, please take a look at this.／各位,请看这里。／여러분, 이쪽을 보십시오.)

☐ **ご存知**
ぞん じ
（＝知っている）
し

▶ いい店をご存知でしたら、教えていただけませんか。
みせ　 ぞん じ　　　　 おし

(If you know of a good place, could you tell us about it?／如果您知道好店的话,告诉我一下行吗？／좋은 가게를 아신다면 가르쳐 주시지 않겠습니까?)

☐ **存じる**
ぞん
（＝思う）
おも

▶ また近いうちにお会いできればと存じます。
ちか　　　　　 あ　　　　　　 ぞん

(I hope to see you again soon.／希望最近能再和您见面。／또 가까운 시일에 만날 수 있으면 합니다.)

☐ **いらっしゃる** （＝いること） （＝来ること）	▶ 先生はロビーにいらっしゃいます。 せんせい (Our teacher is in the lobby. ／老师在大门口。／선생님은 로비에 계십니다.)
	▶ 日本へは、いついらっしゃるんですか。 に ほん (When will you be coming to Japan? ／您什么时候来日本呢？／일본에는 언제 오십니까?)
☐ **おっしゃる** （＝言うこと）	▶ 先生が昨日おっしゃったことは本当ですよ。 せんせい　　きのう　　　　　　　　　　　　ほんとう (What our teacher said yesterday is true. ／老师昨天说的事情是真的哟。／ 선생님께서 어제 말씀하신 것은 정말입니다.)
☐ **召し上がる** め　　あ （＝食べる/飲むこと） た　　の	▶ 遠慮なく、お召し上がりください。 えんりょ　　　　　　め　　あ (Please help yourself to these.／请多吃点儿，别客气。／사양하지 말고 드 세요.)
☐ **お〜する**	▶ お待たせしました。こちらへどうぞ。 ま (Sorry to keep you waiting. This way, please.／让您久等了。请这边走。／기 다리셨습니다. 이쪽으로 오세요.)
☐ **参る** まい （＝行く） い	▶ 明日、そちらに参ります。 あした (I will come to visit you tomorrow. ／明天我去您那里。／내일, 그쪽에 가겠 습니다.)
☐ **お目にかかる** め （＝会う） あ	▶ 明日、お目にかかれるのを楽しみにしておりま あした　　め　　　　　　　　　　　　　たの す。 (I look forward to seeing you tomorrow.／期待着明天与您见面。／내일, 만 나 뵙는 것을 기대하고 있습니다.)
☐ **申し上げる** もう　　あ （＝言う） い	▶ 私の意見を申し上げてもよろしいでしょうか。 わたし　　い けん　　もう　　あ (Could I offer my opinion on this?／我能说说我的意见吗？／저 의견을 말 씀드려도 좋겠습니까?)
☐ **拝見（する）** はい けん （＝見る） み	▶ 〈車掌〉乗車券を拝見します。 しゃ しょう じょう しゃ けん　はい けん ((conductor) Tickets, please.／（列车员）请出示车票。／<차장> 승차권을 보겠습니다.)
☐ **頂戴（する）** ちょう だい （＝もらう）	▶ いただいてもいいんですか。それでは、ありが たくちょうだいします。 (Could I have this, please? Thank you so much!／我能拿吗？那我就不客气 了。／받아도 됩니까? 그럼, 감사히 받겠습니다.)

敬語 11
決まった言い方 12
動詞① 13
動詞②（〜する）14
名詞 15
形容詞 16
副詞 17
接続詞 18
ぎおん語・ぎたい語 19
カタカナ語 20

⑫ 決まった言い方 （Set phrases／固定的说法／정해진 말투）

□ よく、いらっしゃいました

▶ 遠いところ、よくいらっしゃいましたね。お疲れでしょう。

(Thank you for coming all this way. You must be tired.／欢迎您远道而来。想必累了吧！／먼 곳을 잘 오셨습니다. 피곤하시죠.)

□ おじゃまします

▶ さあ、どうぞ、上がって。 —— はい。では、おじゃまします。

(Please, come on in. --Thank you.／请进吧。---那就打扰了。／자, 올라오세요.--네. 그럼 실례하겠습니다.)

□ ご無沙汰しています

▶ ご無沙汰しています。お元気でしたか。 —— ええ、元気でしたよ。

(It's been a long time. How have you been? --Very well, thank you.／好久不见了。你好吗？---嗯，挺好的。／격조했습니다. 안녕하셨습니까?--네. 잘 있었습니다.)

□ いつもお世話になっております

▶ いつもお世話になっております。さくら食品の木村でございます。

(Thank you for your continued support. This is Kimura from Sakura Foods.／承蒙您照顾。我是樱花食品的木村。／항상 신세 지고 있습니다. 사쿠라 식품의 기무라입니다.)

□ お世話になりました

▶ 先生、長い間、お世話になりました。

(Sensei, thank you for all your help over the years.／老师，这么长时间，受您照顾了。／선생님, 오랫동안 신세를 졌습니다.)

□ お先に

▶ ［上司］じゃ、お先に（失礼します）。
—— ［部下］お疲れさまでした／です。
［部下］すみません、お先に失礼します。
—— ［上司］お疲れさまでした／です。

(<superior> Sorry to leave early. --<subordinate> Of course. Have a nice evening! <subordinate> Please excuse me for leaving before you. --<superior> Not at all. Good job today.／"[上司]那我就先走了。 —— [下属]您辛苦了。[部下]不好意思,我先走了。 —— [上司]你辛苦了。"／[상사] 그럼, 먼저. (실례하겠습니다)—[부하] 수고하셨습니다. [부하] 미안합니다.먼저 실례하겠습니다. —[상사]수고하셨습니다.")

 **動詞①**　（Verbs①／动词①／동사①）
どう　し

☐ **空く**
あ
(to be vacant/open／空、闲／비다)

▶ すみません、この席、空いていますか。

（Excuse me, but is this seat taken?／对不起,请问这个座位是空着的吗？／미안합니다, 이 자리 비어 있습니까.）

☐ **空き**
あ
(empty, free／空的／빔)

▷ 空き地、空き時間
あ　ち　あ　じかん

（vacant lot, free time／空地、有空时间／공터, 빈 시간）

☐ **揚げる**
あ
(to deep-fry／油炸／튀기다)

▶ サケは、油で揚げてもおいしいですよ。
あぶら　あ

（One tasty way to prepare salmon is to deep-fry it.／鲑鱼用油炸也很好吃哟。／연어는 기름으로 튀기어도 맛있습니다.）

☐ **挙げる**
あ
(to raise, to cite (examples)／举起／올리다)

▶ 質問がある人は手を挙げてください。
しつもん　ひと　て　あ

（If anyone has a question, please raise your hands.／有问题的人请举手。／질문이 있는 사람은 손을 드세요.）

▶ いくつか例を挙げてみてください。
れい　あ

（Please give me some examples.／请举一个例。／몇 가지 예를 들어 보세요.）

☐ **上げる**
あ
(to raise／提高／올리다)

▷ 温度を上げる、値段を上げる
おんど　あ　ねだん　あ

（to raise the temperature, to raise prices／提高温度、提高价格／온도를 올리다, 가격을 올리다）

☐ **憧れる**
あこが
(to yearn／憧憬／동경하다)

▶ ずっと都会の生活に憧れていました。
と　かい　せいかつ　あこが

（I always had a yearning for city life.／我一直生活都向往着大城市的生活。／쭉 도회에서의 생활을 동경하고 있었습니다.）

☐ **憧れ**
あこが
(yearning, idol／憧憬、向往／동경)

▶ 美人で勉強もスポーツもできる先輩は、私の憧れなんです。
びじん　べんきょう　せんぱい　わたし　あこが

（My senpai is an idol to me because she's beautiful, smart, and athletic.／长得漂亮、学习和运动都很出色的学姐是我的榜样。／미인이고 공부도 스포츠도 잘하는 선배는 내가 동경하는 선배입니다.）

☐ **預かる**
あず
(to look after／收存、保存、承担／맡다)

▶〈店の人〉コートとお荷物はこちらでお預かりします。
みせ　ひと　にもつ　あず

（(Shop attendant) You may leave your coat and belongings here, if you like.／〈商店的工作人员〉我替您寄存一下您的上衣和包吧。／<가게 사람> 코트와 짐은 여기에서 맡아두겠습니다.）

☐ **預ける**
あず
(to put in someone's care, to deposit／委托保管、委托服务／맡기다)

▶ いつも子どもを保育園に預けてから、会社に行っています。
こ　ほいくえん　あず　かいしゃ　い

（I always drop my kid off at daycare on my way to work.／总是将孩子送到保育园后,再去上班。／항상 아이를 보육원에 맡기고 회사에 가고 있습니다.）

▶ 銀行にいくら預けてあるか、よく覚えていません。
ぎんこう　あず　おぼ

（I can't remember how much money I have in my bank account.／我不记得存在银行里多少钱了。／은행에 얼마 맡기고 있는지, 잘 기억하지 못합니다.）

敬語

決まった言い方

動詞①

動詞②(〜する)

名詞

形容詞

副詞

接続詞

ぎおん語・ぎたい語

カタカナ語

□ **与える**
あた
(to give／给予／주다)

▷ 〈注意書き〉動物にえさを与えないでください。
ちゅうい が　　　　　どうぶつ　　　　　　　　あた
((Sign) Please do not feed the animals.／〈注意〉请别给动物喂食。／〈주의〉 동물에게 먹이를 주지 마세요.)

□ **暖まる**
あたた
(to warm／温暖／따뜻해지다)

▶ 部屋が暖まるまで、もう少し時間がかかります。
へや　あたた　　　　　　　すこ　じかん
(It will take a little time before the room warms up.／要让房间变得温暖，还需花些时间。／방이 따뜻해지기까지 좀 더 시간이 걸립니다.)

□ **暖める**
あたた
(to warm (something)／暖和、温、热／데우다)

□ **温まる**
あたた
(to warm／暖和、取暖／따뜻해지다)

▶ スープを飲んだら、体も少し温まるよ。
の　　　　からだ　すこ　あたた
(You'll warm up a little if you have some soup.／喝了汤，身体就有些暖和了。／수프를 마시니 몸도 조금 따뜻해지네.)

□ **温める**
あたた
(to warm (something)／暖和、温、热／데우다)

▶ 〈コンビニで〉お弁当は温めますか。
べんとう　あたた
((At a convenience store) Would you like this food warmed?／〈在二十四小时店〉你的便当要加热吗？／〈편의점에서〉 도시락은 데울까요?)

□ **当たる**
あ
(to hit, to win (a lottery)／碰撞／맞다)

▶ 私が打ったボールが、審判の頭に当たってしまった。
わたし　う　　　　　　　しんぱん　あたま　あ
(A ball I batted hit the umpire in the head.／我打的球打到裁判头上了。／내가 친 공이 심판의 머리에 맞아 버렸다.)

▷ くじが当たる、プレゼントが当たる
あ　　　　　　　　　　　あ
(to win a lottery, to win a present／中奖、中奖品／복권이 당첨되다, 선물이 당첨되다)

□ **当たり**
あ
(winning number/ticket／中／당첨)

▶ 「当たり」が出たら、もう一つもらえるんだって。
あ　　　で　　　　　　ひと
(They say if you get a winner, you get to receive another ticket.／出现"中奖"了，就会再拿一个。／"당첨"이 나오면 또 하나를 받을 수 있대.)

□ **当てる**
あ
(to win, to guess, to apply／命中、猜中／맞히다)

▷ 1等を当てる、答えを当てる、(〜に)光を当てる
とう　あ　　　こた　あ　　　　　　ひかり　あ
(to win first prize, to guess the answer, to shine a light／中了一等奖、猜中答案、聚焦／1등을 맞추다, 답을 맞추다, (〜에)빛을 비추다)

□ **扱う**
あつか
(to handle, to deal in／处理、操作／취급하다)

▶ 割れやすいから、丁寧に扱ってください。
わ　　　　　　ていねい　あつか
(It's fragile, so be careful handling it.／容易碎，请轻拿轻放。／깨지기 쉬우니까 정중히 취급하세요.)

▶ 当店では、こちらの商品は扱っていません。
とうてん　　　　　　しょうひん　あつか
(We do not deal in this item.／本店没有这个商品卖。／본 가게에서는 이쪽의 상품은 취급하지 않습니다.)

□ **編む**
あ
(to knit／编织／짜다)

▷ マフラーを編む
あ
(to knit a scarf／编围巾／목도리를 짜다)

□ **現れる**
あらわ
(to appear／出现／나타나다)

▶ 突然、向こうから社長が現れたから、びっくりした。
とつぜん　む　　　　　しゃちょう　あらわ
(The president suddenly appeared across the room, so I was startled.／社长突然从对面出来,吓我一跳。／돌연, 건너편에서 사장이 나타났기 때문에 놀랐다.)

□ **表す**
あらわ
(to express／表达／나타
내다)

▷ 意味を表す、大きさを表す
　　い み　あらわ　　おお　　　　あらわ
(to express the meaning, to indicate the size ／表达意思、表示大小／의미
를 나타내다, 크기를 나타내다)

□ **表れる**
あらわ
(to be expressed／表现／
나타나다)

▶ この手紙には彼女の気持ちがよく表れている。
　　　てがみ　　　かのじょ　き も　　　　　あらわ
(This letter really expresses her feelings.／这封信充分地表达了她的心
情。／이 종이에는 그녀의 기분이 잘 나타나 있다.)

□ **合わせる**
あ
(to adjust, to total／核对、
调／맞추다)

▶ この時計、だいぶ遅れてる。合わせないと。
　　　と けい　　　　　　おく　　　　　あ
(This clock sure is running late. I'd better reset it.／这块表慢了好多。不调一
下不行。／이 시계, 꽤 늦다. 맞추지 않으면 안 된다.)

▶ 〈会計〉全部合わせていくらになる？
　　かいけい　ぜん ぶ あ
(How much is this all together?／全部凑在一起多少钱呢？／〈会计〉전
부 합쳐서 얼마가 되니?)

□ **祝う**
いわ
(to celebrate／庆贺／축
하하다)

▶ 友だちが誕生日を祝ってくれた。
　　とも　　　たんじょう び　いわ
(My friends celebrated my birthday.／朋友们给我庆贺生日了。／친구들이
생일을 축하해줬다.)

□ **浮かぶ**
う
(to float, to come (to mind))
／漂浮／떠오르다)

▶ 湖にはたくさんのボートが浮かんでいた。
　みずうみ
(Many boats were floating on the lake.／湖面上停着很多船。／호수에는
많은 보트가 떠 있다.)

▶ 子どもたちの喜ぶ顔が目に浮かびます。
　こ　　　　　　よろこ かお　め　う
(I can just see the children's smiling faces now.／孩子们喜悦的脸庞浮现在
我眼前。／아이들의 기뻐하는 얼굴이 눈에 떠오릅니다.)

□ **浮かべる**
う
(to launch (a boat), to bring (one's mind)／浮现／띄우다)

□ **浮く**
う
(to float／浮／뜨다)

▶ プールで水に浮いているだけで気持ちいい。
　　　　みず　う　　　　　　　　き も
(I feels good just floating in a pool.／浮在游泳池的水里，心情不错。／수
영장에서 물에 떠 있는 것만으로 기분이 좋다.)

□ **動かす**
うご
(to move／挪动、搬运／
움직이다)

▶ 机を向こうに動かすから、手伝ってくれない？
　つくえ　む　　　　うご　　　　　てつだ
(I want to move the desk over there, so could you give me a hand?／我要把桌
子移动到对面，帮帮忙好吗？／책상을 건너편으로 옮길 테니까 도와주
지 않을래?)

□ **失う**
うしな
(to lose／失去／잃다)

▶ 今回の負けで、彼はすっかり自信を失ったようです。
　こんかい　ま　　　かれ　　　　　　　じしん うしな
(The defeat seems to have completely sapped his confidence.／这次的失败，
他完全失去信心了。／이번의 패배로 그는 완전히 자신을 잃어버린 것
같다.)

□ **失くす**
な
(to lose, to misplace／失去／잃어버리다)

234

敬語 11

決まった言い方 12

動詞① 13

動詞②(〜する) 14

名詞 15

形容詞 16

副詞 17

接続詞 18

ぎおん語・ぎたい語 19

カタカナ語 20

□ 薄める うすめる (to thin, to dilute／冲淡、稀释／엷게 하다)	▶ うーん、ちょっと味が濃いかなあ。もうちょっと薄めよう。 (Hmm, this seems a little spicy. I'll tone it down a little.／嗯，味道有些太浓了。冲淡点儿吧。／음, 좀 맛이 진하구나. 좀 더 엷게 하자.)
□ 疑う うたがう (to doubt／怀疑、起疑心／의심하다)	▶ 嘘じゃないですよ。 —— わかってます。別に疑っているわけじゃありません。 ("I'm not lying." "I know. I'm not doubting you."／我没有撒谎。——知道，我并没有怀疑你。／거짓말이 아닙니다. —알겠습니다. 의심하고 있는 것이 아닙니다.)
□ 打つ うつ (to hit, to type／打／치다)	▷ ボールを打つ、メールを打つ (to hit a ball, to write an e-mail／打球、发邮件／공을 치다. 메일을 보내다.) ▶ あの選手は、倒れた時に頭を打ったみたいです。 (I think that player hit his head when he fell.／那个运动员摔倒的时候，好像头碰到了。／저 선수는 넘어졌을 때 머리를 부딪친 모양입니다.)
□ 移す／うつす うつす (to move, to pass to／移动、传染／옮기다)	▷ 本社を大阪に移す、風邪を人にうつす (to relocate the head office to Osaka, to give a cold to someone／总公司搬到了大阪、感冒传染人／본사를 오사카로 옮기다. 감기를 다른 사람에게 옮기다)
□ 映す うつす (to display, to reflect／映、映照／비추다)	▶ 全身を鏡に映して見たほうがいいよ。 (You should take a look with your whole body in the mirror.／用镜子照全身比较好。／전신을 거울에 비쳐 보는 편이 좋다.)
□ 映る うつる (to be displayed, to be reflected／映出／비치다)	▶ 鏡に映った自分の顔を見てびっくりしました。 (I was surprised by how my face looked in the mirror.／看到镜子里映出的自己的脸吓了一跳。／거울에 비친 자신의 얼굴을 보고 놀라버렸습니다.)
□ 写る うつる (to be (in a photo)／拍照／찍히다)	▶ この写真に写っている人は誰? (Who's the person in this photo?／这张照片上的人是谁?／이 사진에 찍힌 사람은 누구?)
□ 産む うむ (to give birth／生、产／낳다)	▶ 元気な赤ちゃんを産めるよう、食事には気をつけています。 (I'm watching what I eat to make sure my baby is born healthy.／为了能生出健康的宝宝, 我很注意饮食。／건강한 아기를 낳을 수 있도록 식사에는 주의를 하고 있습니다.)
□ 裏返す うらがえす (to turn over／翻面、翻个儿／뒤집다)	▶ 裏返して1分ほど焼けば、出来上がりです。 (It'll be ready to eat after you turn it over and let it fry for about a minute.／翻过来再烧一分多钟, 就烧好了。／뒤집어서 1분 정도 구우면 완성입니다.)
□ 得る える (to obtain／得到、取得／얻다)	▷ 許可を得る、知識を得る、利益を得る (to obtain permission, to gain knowledge, to profit／取得许可、取得知识、取得利益／허가를 받다, 지식을 얻다, 이익을 얻다)

□ **追う**
おう
(to follow／追／쫓다)

▶ すぐ彼女を追ったんですが、見失ってしまいました。
かのじょ　お　　　　　　　　　　みうしな
(I started following her right away, but I lost track of her.／马上就追她出去了,结果看不见她了。／곧 그녀를 쫓아갔습니다만, 보이지 않았습니다.)

□ **応じる**
おう
(to respond, to depend on／按照／응하다)

▶ この店は客の注文に応じていろんな料理を作ってくれるんです。
みせ　きゃく　ちゅうもん　おう　　　　　　　　りょうり　つく
(This restaurant takes special orders for all sorts of dishes that customers want.／这个店能按照客人的要求,做各种各样的菜肴。／이 가게는 손님의 주문에 응해 여러 요리를 만들어 줍니다.)

▶ 人数に応じて料金も変わりますので、ご相談ください。
にんずう　おう　　りょうきん　か　　　　　　　　　そうだん
(The rate depends on the size of the group, so contact us for details.／人数不一样,价钱也不一样,请具体咨询。／인원수에 따라 요금도 바뀌니까 상의해 주세요.)

□ **終える**
お
(to finish／结束／마치다)

▶ 無事、発表を終えることができて、ほっとしました。
ぶじ　はっぴょう　お
(I relieved that I finished my presentation without any problems.／发表顺利结束,我也放心了。／무사히 발표를 마칠 수 있어 안심했습니다.)

□ **犯す**
おか
(to commit, to violate／犯／범하다)

▷ 犯罪を犯す、ミスを犯す
はんざい　おか　　　　　おか
(to commit a crime, to make a mistake／犯罪、犯错误／범죄를 범하다, 미스를 범하다)

□ **補う**
おぎな
(to supplement／补充／보충하다)

▶ 野菜不足を補いたいとき、このジュースはいいですよ。
やさいぶそく　おぎな
(This juice is good for people who want to make up for not eating enough vegetables.／想补充维生素不足时,这种果汁比较好。／야채부족을 보충하고 싶을 때, 이 쥬스는 좋습니다.)

□ **起こす**
お
(to cause, to raise／发生／일으키다)

▶ 林さんがまた問題を起こしたようです。
はやし　　　　もんだい　お
(Hayashi seems to have caused another problem.／小林好像又弄出问题了。／하야시 씨가 또 문제를 일으킨 모양입니다.)

▶ では、ゆっくり体を起こしてください。
からだ　お
(Okay, now slowly sit up.／那么,慢慢地扶起身子来吧。／그럼, 천천히 몸을 일으켜 주세요.)

□ **押さえる**
お
(to hold, to restrain／按着／누르다)

▶〈犬のシャンプー〉暴れないように押さえてて。
いぬ　　　　　　あば　　　　　　　お
((Washing a dog) Hold her so she doesn't resist.／〈给狗洗澡〉按住,不要让它乱动。／<개의 샴푸> 난동을 부리지 못하도록 눌러라.)

□ **落とす**
お
(to drop, to lose／掉、落／떨어뜨리다)

▶ それ、落としたら割れるから、気をつけて持ってね。
お　　　　　　わ　　　　　　き
(It will break if you drop it, so carry it carefully.／那个掉下去的话会摔碎的,要注意点儿拿。／그것, 떨어뜨리면 깨지니까 주의해 들어.)

▷ 財布を落とす、スピードを落とす
さいふ　お　　　　　　　　お
(to lose one's wallet, to slow down／钱包掉了、速度慢下来了／지갑을 떨어뜨리다, 스피드를 늦추다)

敬語 11
決まった言い方 12
動詞① 13
動詞②（〜する） 14
名詞 15
形容詞 16
副詞 17
接続詞 18
ぎおん語・ぎたい語 19
カタカナ語 20

□ **驚かす**
おどろ
(to surprise／惊奇／놀라게 하다)

▶ 彼女、25日が誕生日？　じゃ、みんなで何かプレゼント買って驚かそうよ。
かのじょ　にち　たんじょうび　　　　　　　　　　なに

(The 25th is her birthday? Let's all surprise her by getting her a gift.／她的生日? 那大家买点儿什么礼物给她个惊喜吧。／그녀, 25일이 생일? 그럼, 모두 무언가 선물을 사서 놀라게 하자.)

□ **かえる**
(to change, to switch, to replace／换／바꾸다)

▷ 〈違う内容にする〉髪型を変える、予定を変える
ちが　ないよう　　　　　かみがた　か　　　　よてい　か

(<Changing the content/form> to change one's hairstyle, to change one's schedule／〈变成不同的内容〉改变发型、改变预定／<다른 내용으로 한다> 헤어 스타일을 바꾸다, 예정을 바꾸다.)

▷ 〈途中で別のものにする・交換する〉乗り換える、言い換える
とちゅう　べつ　　　　　　こうかん　　　　の　か　　　い　か

(<Switching to another thing, substituting> to transfer (to another train), to rephrase／〈途中变成其他的东西、交换〉换成、换句话说／<도중에 다른 것으로 하다, 교환하다> 갈아타다, 바꾸어 말하다.)

▷ 〈同じ価値の別の（新しい）ものにする〉円に替える、シーツを替える
おな　かち　べつ　　あたら　　　　　　　　えん　か

(<Changing something to a (new) thing of equivalent value> to change into yen, to change the sheets／〈变成同样价值的其他(新)的东西〉换日元、换床单／<같은 가격의 다른(새로운)것으로 하다> 엔으로 바꾸다, 이불 커버를 바꾸다.)

▷ 〈その役割を別なものにさせる〉命には代えられない
やくわり　べつ　　　　　　　　いのち　か

(<Using something else to fulfill the same role> (something) is not worth risking one's life／〈其作用让别的东西代替〉不能替代的生命／<그 역할을 다른 것으로 하다> 생명과는 바꿀 수 없다.)

★区別が難しいため、「変える」が使われることが多い。はっきりしない場合は、ひらがな書きがよい。
くべつ　むずか　　　　　か　　　つか　　　　　　おお　　　　　　　　　　ばあい

Since the distinctions between kanji for かえる are not always clear, 変える tends to be used the most. When unsure which kanji is appropriate, you can just write it in hiragana.／因为区别比较难, 所以使用「变える」的时候比较多。分不清的时候, 可用平假名来写。／구별이 어려워서 "변える"가 사용되는 경우가 많다. 확실하지 않은 경우는 히라가나로 쓰는 것이 좋다.

14
CD2

□ **輝く**
かがや
(to sparkle／发光、闪耀／빛나다)

▶ 子どもたちの目が生き生きと輝いていた。
こ　　　　　め　い　い　かがや

(The children's eyes sparkled brilliantly.／孩子们的眼睛炯炯有神。／아이의 눈은 생기가 넘쳐 빛나고 있었다.)

□ **輝き**
かがや
(sparkle／光辉／빛남)

□ **嗅ぐ**
か
(to smell／闻／맡다)

▶ においを嗅いだけど、臭くなかった。
か　　　　　　くさ

(I smelled it, but it didn't stink to me.／问了一下味道, 不臭。／냄새를 맡았지만, 냄새가 나지 않았다.)

□ **隠す**
かく
(to hide／隐藏、遮蔽、隐瞒／감추다)

▶ 別に隠してるわけじゃなく、本当に知らないんですよ。
べつ　かく　　　　　　　　　ほんとう　し

(I wasn't trying to hide it from you. I really didn't know about it.／并没有瞒你, 我真的是不知道啊。／숨기고 있는 것이 아니라 정말로 모릅니다.)

□ **隠れる**
かく
(to be hidden／隐藏、躲藏、埋没、不为人知的／숨다)

▷ 隠れた名曲、隠れた機能
かく　めいきょく　かく　きのう
(great but relatively unknown song, hidden feature／埋没的名曲、隐藏的功能／숨은 명곡, 숨은 기능

□ **囲む**
かこ
(to surround／包围、围绕／둘러싸다)

▶ 実家はどんなところですか。　── 山に囲まれた静かな町です。
じっか　まち　やま　かこ
("What's your hometown like?" "It's a quiet town surrounded by mountains."／你家乡是在什么样的地方呢？──是在被大山包围着的一个安静的小城镇里。／부모님 집은 어떤 곳입니까?–산으로 둘러싸인 조용한 동네입니다.

□ **重なる**
かさ
(to be piled on, to overlap／重叠、重合／겹쳐지다)

▷ 用事が重なる、色が重なる、文字が重なる
ようじ　かさ　いろ　かさ　もじ　かさ
(to have many errands to do, color is placed over another color, characters overlap／事情堆起来、颜色重复、文字重叠／볼 일이 겹쳐지다, 색이 겹쳐지다, 문자가 겹쳐지다)

□ **重ねる**
かさ
(to pile on, to accumulate／堆起来、追加、反复／겹치다)

▷ 上に重ねる、重ねて着る、経験を重ねる
うえ　かさ　かさ　き　けいけん　かさ
(to place on top, to wear over (something else), to accumulate experience／重叠在上面、穿衣服多、积累经验／위에 쌓다, 껴입다, 경험을 반복하다)

□ **傾く**
かたむ
(to tilt／倾斜／기울다)

▶ そこに飾ってる絵、ちょっと右に傾いてるよ。
かざ　え　みぎ　かたむ
(That painting is slightly tilted to the right.／那里装饰的画，有点儿朝右倾。／거기에 장식된 그림, 조금 오른쪽으로 기울어 있다.)

□ **刈る**
か
(to mow／割／깎다)

▶ だいぶ草が伸びたね。　── うん。そろそろ刈らないと。
くさ　の　か
("The grass has gotten pretty tall, eh?" "Yeah, I'd better mow it soon."／草长高了。──是啊，必须割掉了。／무척 풀이 자랐군。-응, 슬슬 깎지 않으면 안 된다.)

□ **乾かす**
かわ
(to dry／晒干、晾干、烘干／말리다)

▶〈電話で〉ごめん、今、髪を乾かしてるから、あとでかけなおす。
でんわ　いま　かみ　かわ
((On the phone) I'm sorry, but I'm drying my hair now, so I'll call you back later.／〈电话里〉不好意思，现在正在弄干头发，一会儿我给你打过去。／<전화로> 미안, 지금 머리를 말리고 있으니까 나중에 다시 걸게.)

□ **感じる**
かん
(to feel／感觉／느끼다)

▷ 痛み／魅力／疑問／自然を感じる
いた　みりょく　ぎもん　しぜん　かん
(to feel pain/attraction/doubtful, to experience nature／感觉疼痛/感觉到美丽/感到疑问/感受自然／아픔/매력/의문/자연을 느끼다)

□ **感じ**
かん
(feeling／感觉／느낌)

▶ 誰かに見られているような感じがする。
だれ　み　かん
(I have the feeling that someone is watching us.／好像被别人看着一样的感觉。／누군가에게 보여지고 있는 듯한 느낌이 든다.)

□ **刻む**
きざ
(to cut, to mince／切碎、切细／새기다)

▶ 玉ねぎを細かく刻んで炒めてください。
たま　こま　きざ　いた
(Please chop up and sauté some onions.／把洋葱切细，然后再炒。／양파를 잘게 다져 볶아 주세요.)

□ **気づく**
き
(to notice／注意／알아채다)

▶ 先生が後ろにいることに気づかなかった。
せんせい　うし　き
(I didn't notice the professor was standing behind me.／没注意到老师在后面。／선생님께서 뒤에 있는 것을 알아채지 못했다.)

敬語 11

決まった言い方 12

動詞① 13

動詞②(〜する) 14

名詞 15

形容詞 16

副詞 17

接続詞 18

ぎおん語・ぎたい語 19

カタカナ語 20

□ **切り取る**
（to cut out／剪下来／자르다）

▶ 気になった記事は、切り取ってファイルしています。
（I clip and file articles that catch my attention.／有关心的事件,剪下来弄成文件。／신경이 쓰이는 기사는 잘라서 파일을 하고 있습니다.）

□ **崩す**
（to break, to change (money)／拆毁、弄乱、把大票换成零钱／무너뜨리다）

▶ 体調を崩す、お金を崩す
（to fall sick, to change money／搞坏身体、换零钱／건강을 잃다, 돈을 잔돈으로 바꾸다.）

□ **崩れる**
（to collapse, to turn bad／崩溃、倒塌、天气变坏／무너지다）

▶ 大地震が起きたら、ここは崩れるだろうね。
（This place would probably collapse if a big earthquake were to strike.／要是发生地震的话,这里会倒塌的吧。／큰 지진이 일어나면 여기는 무너질 것이다.）

▶ 夜には天気が崩れ、強い雨が降るそうです。
（They say that the weather will turn bad tonight, with heavy rain headed this way.／晚上天气变坏了,听说要下大雨。／밤에는 날씨가 나빠져 강한 비가 내린다고 합니다.）

□ **くっつく**
（to stick／紧贴在一起／붙다）

▶ ちょっと待って。服にシールがくっついてる。
（Wait a second. There's a sticker stuck to my clothes.／等一下。衣服上沾着贴签。／조금 기다려. 옷에 실이 붙어 있어.）

□ **くっつける**
（to attach, to bring together／粘贴／붙이다）

▷ のりでくっつける
（to paste together／用浆糊沾上／풀로 붙이다）

□ **組み合わせる**
（to combine／组合、配对／조합하다）

▶ Aの動詞とBの名詞を組み合わせて、文を作ってください。
（Please make a sentence by combining verb A with noun B.／请用A的动词和B的名词相组合,来造句。／A동사와 B 명사를 조합하여 문장을 만들어 주세요.）

□ **組み合わせ**
（combination／组合／조합）

▶ いろいろな色の組み合わせが可能です。
（Various color combinations are possible.／各种颜色的组合是有可能的。／여러 색의 조합이 가능합니다.）

□ **組む**
（to join together／编排、组成／짜다）

▷ ペアを組む、バンドを組む
（to pair up, to form a band／组对子、组成乐队／페어를 짜다, 밴드를 결성하다）

□ **組み立てる**
（to assemble／组织、构成、组装／짜다）

▷ 棚を組み立てる、組み立て工場
（to assemble a rack, assembly plant／搭建架子、组装工厂／선반을 조립하다, 조립 공장）

□ **繰り返す**
（to repeat／重复／반복하다）

▶ 繰り返し練習することが大切です。
（It's important to practice over and over.／重复练习是很重要的。／반복하여 연습하는 것이 중요합니다.）

▶ 同じミスを繰り返さないように。
（Avoid making the same mistakes.／请不要重复犯同样的错误。／같은 미스를 반복하지 않도록.）

□ 狂う くる (to go insane, to be out of whack／发疯、发狂／미치다)	▶ 突然、気が狂ったように怒り出した。 とつぜん き くる おこ だ (He suddenly blew up like he was insane.／突然像发疯一样地生气。／돌연히 미친 듯이 화를 냈다.)	
	▷ 予定が狂う、時間が狂っている よてい くる じかん くる (schedule is messed up, to show the wrong time／打乱预定、钟表的时间出毛病／예정이 어긋나다, 시간이 맞지 않다.)	
□ 加える くわ (to add／添加／보태다)	▶ もう少し砂糖を加えてもいいと思う。 すこ さとう くわ おも (I think you should add a touch of sugar.／再加一点儿糖都可以的。／좀 더 설탕을 넣어도 된다고 생각한다.)	
□ 加わる くわ (to join／增加、添加／더해지다)	▶ 新しいメンバーがチームに加わった。 あたら くわ (A new player joined the team.／队里面增加了新成员。／새 멤버가 팀에 더해졌다.)	
□ 削る けず (to scrape, to cut back／削、刨／깎다)	▷ 木／山／歯を削る、予算を削る き やま は けず よさん けず (to carve wood/to level a hill/to scrape a tooth, to slash a budget／刨木头/挖山/削牙齿、消减预算／나무/산/이를 깎다, 예산을 삭감하다)	
□ 蹴る け 	▷ (to kick／踢／차다)	
□ 凍る こお (to freeze／冻／얼다)	▶ 道が凍っていて、すべる。 みち こお (The roads have iced over, so they're slippery.／道路冻起来了,太滑。／길이 얼어서 미끄러진다.)	
□ こする (to rub／擦／문지르다)	▶ 目に何か入ったの？　あんまりこすらないほうがいいよ。 め なに はい (Did something get in your eyes? You shouldn't rub them too much, you know.／眼睛里面进什么东西了? 别揉眼。／눈에 무언가 들어왔니? 별로 비비지 않는 편이 좋아.)	
□ 異なる こと (to differ／不同／다르다)	▶ 時期によって宿泊料金が異なります。 じき しゅくはくりょうきん こと (The room rate differs depending on the season.／时期不一样,住宿费也不一样。／시기에 따라 숙박요금이 다릅니다.)	
□ 好む この (to prefer／喜好／좋아하다)	▶ 彼はシンプルなものを好みます。 かれ この (He prefers simple things.／他喜欢简单的东西。／그는 단순한 것을 좋아합니다.)	
□ 好み この (preference／喜好／취향)	▶ 暗い色より明るい色のほうが好みです。 くら いろ あか いろ この (I prefer bright colors to dark ones.／比起暗色,我喜欢明亮的颜色。／어두운색보다 밝은색 쪽을 좋아합니다.)	
	▷ 好みの男性、好みが変わる この だんせい この か (one's type of man, one's preferences change／喜欢的男性、兴趣改变／타입의 남성, 취향이 바뀌다)	

15
CD2

敬語 11

決まった言い方 12

動詞① 13

動詞②(〜する) 14

名詞 15

形容詞 16

副詞 17

接続詞 18

ぎおん語・ぎたい語 19

カタカナ語 20

□ **こぼす**
(to spill／洒、溢出来／흘리다)

▶ すみません、コーヒーをこぼしてしまいました。
(Excuse me. I spilled my coffee.／对不起,咖啡洒了。／죄송합니다, 커피를 흘려버렸습니다.

□ **こぼれる**
(to be spilled／溢出、洒落／흘리다)

□ **込める**
(to put into, to include／包含／담다)

▶ これはみんなが心を込めて作ったプレゼントです。
(This is a present for you. We all put our hearts into making it. ／这是大家用心做的礼物。／이것은 모두가 마음을 담아 만든 선물입니다.)

□ **転がす**
(to roll／使滚动／굴리다)

▷ ボールを転がす
(to roll a ball／滚球／공을 굴리다)

□ **転がる**
(to roll, to lie (on the ground)／滚转／구르다)

▶ 消しゴムがどこかに転がっちゃって、見つからない。
(I can't find my eraser. It tumbled away somewhere.／橡皮不知道滚到哪里去了,找不到。／지우개가 어딘가로 굴러가 버려서 눈에 띄지 않습니다.)

□ **転ぶ**
(to fall, to trip／倒下、跌倒／넘어지다)

▶ どうしたんですか。 ── ちょっと階段で転んでしまって……。
("What's the matter?" "I just stumbled on the stairs."／怎么了? ---在楼梯上摔了一跤。／무슨 일입니까. --조금 계단에서 넘어져 버렸습니다.)

□ **叫ぶ**
(to yell／叫、喊／외치다)

▶ こんな山奥じゃ、大声で叫んでも、誰にも聞こえないかもしれない。
(Deep in the mountains like this, no one would probably hear you if you screamed at the top of your lungs.／这个深山里,就是你大声地叫,可能也没人能听见。／이런 산골은 큰 소리로 외쳐도 누구에게도 들리지 않을 지도 모릅니다.)

□ **避ける**
(to avoid／避免／피하다)

▶ けんかは避けたいので、何も言いませんでした。
(I wanted to avoid getting into a quarrel, so I didn't say anything.／我想避免吵架,所以什么也没说。／싸움은 피하고 싶어서 아무것도 말하지 않았습니다.)

□ **刺す**
(to sting／刺／찌르다)

▶ 蚊にいっぱい刺された。
(I was bitten by a bunch of mosquitoes.／被蚊子咬了。／모기에게 많이 물렸다.)

□ **指す**
(to point／指／가르키다)

▶ 頭の部分というのは、具体的にどこを指しているんですか。
(Specifically, what part are you talking about when you refer to the head region.／头的部分,具体指的是哪里啊? ／머리 부분은 구체적으로 어디를 가리키는 것입니까.)

□ **冷ます**
(to cool(tr.)／使其变凉／식히다)

▶ 熱いから、少し冷ましてから飲んでください。
(It's hot, so let it cool a little before you drink it.／太烫了,冷一下再喝吧。／뜨거우니까 조금 식히고 마시세요.)

□ **冷める**
(to cool(intr.)／冷、凉／식다)

▶ 冷めないうちに召し上がってください。
(Eat it before it gets cold.／趁没凉的时候,再吃吧。／식기 전에 드세요)

□ **騒ぐ**
さわ
(to make noise／吵闹、吵
嚷／떠들다)

▷ 夜中に騒ぐ、電車の中で騒ぐ
よなか　さわ　　でんしゃ　なか　さわ
(to make a racket at night, to carry on in a train／半夜吵闹、在电车里吵闹
／한밤중에 떠들다, 전차 속에서 떠들다.)

□ **騒ぎ**
さわ
(commotion／闹事、骚动
／소동)

▶ あそこに人がいっぱいいるね。何の騒ぎだろう。
　　　　　　 ひと　　　　　　　　　　　　なん　さわ
　── どうせ酔っ払いのけんかでしょ。
　　　　　　 よ　　ぱら
("There's a bunch of people over there, huh? I wonder what the commotion is."
"Ah, it's probably just another fight between a couple of drunks."／那里有好多
人啊。什么骚动呢？---反正都是醉酒闹事吧。／거기에 사람이 가득
있군, 무슨 소동일까.--어차피 취한 사람의 싸움이겠지.)

16
CD2

□ **敷く**
し
(to spread, to lay (out)／
铺／깔다)

▶ リビングにはピンクのカーペットを敷いています。
(We covered the living room floor with a pink carpet.／客厅铺着粉色的毯子。
／거실에는 핑크의 카펫을 깔고 있습니다.)

□ **沈む**
しず
(to sink／下沉、沉没／
가라앉다)

▶ 日が沈む前に帰ろう。
ひ　しず　まえ　かえ
(Let's go home before the sun goes down.／日落之前回去吧。／날이 저물
기 전에 돌아가자.)

□ **じっとする**
(to stay still／一动不动地
／가만히 있다)

▶ 写真を撮るから、そのまま、じっとしてて。
しゃしん　と
(I'm going to take your picture now, so don't move.／我要拍照了,就那样,别
动。／사진을 찍을 테니까 그대로 가만히 있어.)

□ **しばる(縛る)**
しば
(to bind／束缚、绑、系上
／묶다)

▶ 〈ごみの捨て方〉新聞紙は、ひもでしばって出して
　　　　　 す　　かた　しんぶんし　　　　　　　　　　　　　　　 だ
　　ください。
((Talking about trash disposal) When disposing of newspapers, bind them with a
string.／〈扔垃圾的方式〉报纸请用绳子系上再扔。／<쓰레기의 버리
는 법> 신문지는 끈으로 묶어 내세요.)

□ **しまう**
(to put away／收拾／넣
어두く)

▶ ドライバーは？ ──ごめん、どこにしまったか忘れた。
　　　　　　　　　　　　　　　　　　　　　　　　　 わす
("Where's the screwdriver?" "I'm sorry. I don't remember where I put it."／螺丝
刀呢？---对不起,我忘记放哪里了。／드라이버는?--미안, 어디에 넣
어 두었는지 잊었다.)

□ **閉まる**
し
(to be closed／关／잠기
다)

▶ だめだ、ふたが閉まらない。
　　　　　　　　　 し
(It's no good. I can't get this lid closed.／不行,盖子关着的。／안된다, 뚜껑
이 닫히지 않는다.)

□ **閉める**
し
(to be closed／关／잠기
다)

▶ 〈店の人〉すみません、そろそろお店を閉めますので。
　　　 みせ　ひと　　　　　　　　　　　　　　　　　 みせ　し
((Shop attendant) I'm sorry, but we'll be closing soon.／〈店里的人〉对不起,
我们要下班了。／<가게 사람> 미안합니다, 슬슬 가게를 닫으니까요.)

□ **示す**
しめ
(to show／表示／나타내
다)

▶ 私たちの研究に多くの人が興味を示してくれました。
　 わたし　　　　　 けんきゅう　おお　　ひと　きょうみ　しめ
(Many people showed interest in our research.／很多人对我的研究感兴趣。
／우리들의 연구에 많은 사람이 흥미를 나타내 주었습니다.)

□ **空く**
す
(to be uncrowded／空／
비다)

▶ 今日はいつもより道が空いてる。
きょう　　　　　　　　 みち　す
(The roads aren't as crowded today as they usually are.／今天路上比平时车
少。／오늘은 보통 때보다 길이 비어 있다.)

敬語 11

決まった言い方 12

動詞① 13

動詞②(〜する) 14

名詞 15

形容詞 16

副詞 17

接続詞 18

ぎおん語・ぎたい語 19

カタカナ語 20

□ **救う**
すく
(to save, to rescue／拯救
／구하다)

▶ 一人でも多くの命を救ってほしい。
ひとり　　おお　　　いのち　すく
(I hope they save as many lives as possible.／就算是一个人也想多拯救些生命。／한 사람이라도 많은 생명을 구했으면 한다.)

□ **過ごす**
す
(to spend (time)／渡过
／지내다)

▶ 休みは家族と一緒に過ごしたい。
やす　　かぞく　いっしょ　す
(I spend my days off with my family.／休息日我想和家人一起过。／휴일은 가족과 함께 지내고 싶다.)

□ **進める**
すす
(to proceed with, to set forward
／进行／진행하다)

▶ 計画はどんどん進めてください。
けいかく　　　　　すす
(Please steadily move forward with the project.／计划请继续进行。／계획은 계속 진행해 주세요.)

▷ 時計を5分進める
とけい　ふんすす
(to set a clock five minutes forward／时间快5分钟。／시계를 5분 앞서게 하다.)

□ **済ます**
す
(to make do, to finish／做
完、办完／마치다)

▶ 新年の挨拶も、相手によっては、メールで済ますようになりました。
しんねん　あいさつ　　あいて
(Now I send some of my New Year's greetings by e-mail, depending on the person.／新年的问候，看对象，也有寄邮件的方式来问候的。／신년의 인사도 상대에 따라서는 메일로 마치게 되었습니다.)

□ **済ませる**
す
(to make do, to finish／做
完、办完／마치다)

▶ 時間がなかったので、お昼は軽く済ませた。
じかん　　　　　　　　ひる　かる　す
(I didn't have much time, so I just grabbed a quick bite for lunch.／因为没时间，所以午饭就随便解决了。／시간이 없었기 때문에 점심은 가볍게 마쳤다.)

□ **済む**
す
(to be over, to get by／结
束、解决／끝나다)

▶ 1分で済む話だからちょっと聞いて。
ぶん　す　はなし　　　　　　　　　き
(It'll take just a minute, so could you listen up?／就说一分钟，你听听吧。／1분으로 끝나는 이야기니까 잠깐 들어줘.)

▶ これくらいのけがで済んでよかったです。
す
(It's fortunate that you just got a minor injury like this.／只受了点儿轻伤真是幸运啊。／이 정도의 부상으로 끝나서 좋았습니다.)

□ **する**
(to do／做、干／하다)

▶ 狭い家ですが、ゆっくりしていってください。
せま　いえ
(It's a small place, but please make yourself at home.／我们家很窄，请别客气。／좁은 집입니다만, 천천히 있어 주세요.)

▶ 〈訪問客や患者に対して〉どうぞ楽にしてください。
ほうもんきゃく　かんじゃ　たい　　　　　　　　　らく
(<to a visitor/patient> Please make yourself comfortable.／（对客人及患者说）请随意。／<방문객이나 환자에 대해> 부디 편히 있어 주세요.)

□ **注ぐ**
そそ
(to pour／注入／붓다)

▷ グラスにワインを注ぐ
そそ
(to pour wine into a glass／往杯子里倒酒／글라스에 와인을 붓다.)

□ **そろう(揃う)**
そろ
(to be together／齐备、整
齐／갖추어지다)

▶ 全員そろったら、始めましょう。
ぜんいん　　　　　　はじ
(Let's start as soon as everyone has arrived.／人到齐了，就开始吧。／전원 모이면 시작합시다.)

□ **そろえる(揃える)** ▷ 高さを揃える、くつを揃える、種類を揃える
(to make uniform, to line up, to gather／备齐、聚齐、一致／갖추다) (to make the same height, to line up shoes neatly, to select only the same type／高度一致、摆好鞋子、种类齐备／높이를 맞추다, 신발을 가지런히 놓다, 종류를 갖추다)

□ **耐える** ▶ 新しい校舎はかなり大きな地震にも耐えられます。
(to withstand／忍耐／견디다) (The new school building can withstand very strong earthquakes.／新校舎能顶得住大地震。／새 교사는 상당히 커서 큰 지진에도 견딜 수 있습니다.)
▶ 暑さに耐えられなくて、エアコンをつけました。
(I couldn't stand the heat anymore, so I installed an air conditioner.／不能忍受炎热,打开了空调。／더위를 참을 수 없어서 에어컨을 켰습니다.)

□ **倒す** ▷ グラスを倒す、相手を倒す
(to knock over, to defeat／击倒／넘어뜨리다) (to knock over a glass, to beat an opponent／碰倒酒杯、打倒对手。／글라스를 넘어뜨리다, 상대를 넘어뜨리다)

□ **抱く** ▷ 赤ちゃんを抱く
(to hug／抱／안다) (to hug a baby／抱婴儿／아기를 안다)

□ **助かる** ▶ 森さんが手伝ってくれて、助かったよ。
(to be saved, to be helped／负担减轻、变轻松／살다) (Thanks for giving me a hand. You really helped me out.／有森先生的帮忙,我们轻松多了。／모리 씨가 도와주어서 살았다.)

□ **戦う** ▶ 日本は、次の試合に勝てば、アメリカと戦うことになる。
(to battle, to play against／战斗、作战／싸우다) (If Japan wins the next match, it will go up against the US.／日本胜了下一次比赛的话,就可以和美国比赛了。／일본은 다음 시합에 이기면 미국과 싸우게 된다.)

□ **戦い** (battle／战斗／싸움)

□ **叩く** ▷ ドアを叩く、子どもを叩く
(to knock, to hit／敲／때리다) (to knock on a door, to slap a child／敲门、敲打孩子／문을 두드리다, 아이를 때리다)

□ **たたむ** ▶ 服をたたむ、傘をたたむ
(to fold／折叠／접다) (to fold clothes, to close an umbrella／叠衣服、叠伞／옷을 접다, 우산을 접다)

□ **立ち上がる** ▶ 急に立ち上がるからびっくりしたじゃない。どうしたの?
(to stand up／站起来／일어서다) (You gave me a startle standing up so suddenly like that. What's the matter?／突然站了起来,吓我一跳。怎么了?／갑자기 일어나니까 깜짝 놀랐지 않니. 무슨 일이니?)

□ **立ち止まる** ▶ どうしたの? 急に立ち止まって。
(to halt／站住、停步／멈추다) (What's wrong? You stopped so suddenly.／怎么了? 突然停住了。／무슨 일이니? 갑자기 멈춰서.)

□ **立てる** ▶ 傘はそこに立てておいて。
(to stand (something), to set up／立着／세우다) (Stand your umbrella over there.／伞就立在那里吧。／우산은 거기에 세워 둬.)

敬語 11

決まった言い方 12

動詞① 13

動詞②（〜する）14

名詞 15

形容詞 16

副詞 17

接続詞 18

ぎおん語・ぎたい語 19

カタカナ語 20

▷ 予定を立てる
よてい た
(to make plans／制定预定表。／예정을 세우다.)

□ **例える**
たと
(to liken／例如／예를 들
다)

▶ 彼女を花に例えるなら、ヒマワリです。
かのじょ はな たと
(If I were to liken her to a flower, I'd say she's a sunflower.／如果把她比作
花,那就是向日葵。／그녀를 꽃으로 예를 들면 해바라기입니다.)

□ **例え**
たと
(analogy, metaphor／例子
／예)

▶ いい例えが思いつかない。
たと おも
(I can't think of a good analogy.／想不到好的例子。／좋은 예가 생각이 나
지 않는다.)

□ **たまる**
(to pile up, to accumulate／
堆积／쌓이다)

▷ 洗濯物がたまる、ストレスがたまる
せんたくもの
(laundry piles up, stress builds up／要洗的衣服堆起来了,压力过大／세
탁물이 쌓이다. 스트레스가 쌓이다.)

□ **黙る**
だま
(to be silent／沉默／침
묵하다)

▶ どうして黙ってるの？　——ううん、何でもない。
だま なん
("Why aren't you saying anything?" "Oh, it's nothing."／怎么默不作声的?
---嗯,没什么。／왜 침묵하고 있니?-아니, 아무것도 아니야.)

□ **試す**
ため
(to try out／试／시험하
다)

▶ いろいろな方法を試してみたけど、やっぱりこ
ほうほう ため
のやり方が一番いい。
かた いちばん
(After trying all sorts of methods, I decided that this one works best.／试了各
种各样的方法,还是这种做法最好。／여러 방법을 시도해 보았지만, 역
시 이 방법이 제일 좋다.)

□ **試し**
ため
(test, try／试验／시험)

▶ 試しに一回使ってみよう。
ため いっかいつか
(I'll use it once to see how it works.／作为试验,使用一次吧。／시험 삼아
한번 사용해 보자.)

□ **誓う**
ちか
(to promise／发誓／맹세
하다)

▶ 誰にも言わないって誓う？　——もちろん。
だれ い ちか
("Do you promise not to tell anyone?" "Of course."／发誓对谁都不说吗?
---当然。／누구에게도 말하지 않는다고 맹세해? -물로.)

□ **縮む**
ちぢ
(to shrink／缩／줄어들
다)

▶ 洗濯したら、セーターが縮んじゃった。
せんたく ちぢ
(My sweater shrank after washing it.／洗了以后,毛衣缩水了。／세탁했더
니 스웨터가 줄어들어 버렸다.)

□ **散らかす**
ち
(to scatter／弄得乱七八
糟／어지럽히다)

▶ ここで食事をしてもかまいませんが、ごみを散らか
しょくじ ち
さないようにしてください。
ち
(I don't mind if you eat here, but please don't leave your garbage lying around.／
在这里用餐也可以,就是别弄得乱七八糟的。／여기에서 식사해도 상
관이 없습니다만, 쓰레기로 어질러지 않도록 해주세요.)

□ **散らかる**
ち
(to be messy／零乱、散
乱／어질러지다)

▶ 散らかっていますが、どうぞ上がってください。
ち あ
(The house is a mess, but please come on in.／家里有点儿乱,请上来吧。
／어질러져 있습니다만, 자, 올라가세요.)

□ **ついて行く**（い）
(to follow, to go with／跟着去／따라가다)

▶ 場所わかる？ ── 先生について行くから大丈夫。
（ばしょ）（せんせい）（い）（だいじょうぶ）
("Do you know where it is?" "No problem. I'll just tag along with my professor."／知道地点吗? 跟着老师一起过去,没问题。／장소 아니?-선생님이 따라가니까 괜찮아.)

▶ この子一人だと心配なので、私もついて行くことにしました。
（こ ひとり）（しんぱい）（わたし）（い）
(I'm worried about leaving this boy on his own, so I decided to stick with him.／我担心孩子一个人,于是决定跟着去。／이 아이 한 사람이라면 걱정이어서 나도 따라가기로 했습니다.)

□ **ついて来る**
(to follow／跟着来／따라오다)

▶ あの猫、ずっと私の後をついて来る。
（ねこ）（わたし）（あと）
(That cat has been following me all the way.／那只猫一直跟着我后面来着。／저 고양이, 쭉 나의 뒤를 따라온다.)

□ **通じる**（つう）
(to get across, to do via／理解、相通；通过／통하다)

▷ 言葉が通じる、気持ちが通じる
（ことば）（つう）（きもち）（つう）
(to be able to communicate, to have one's feelings understood／语言相通、心情相通／말이 통하다, 마음이 통하다)

▶ 彼女とは、この仕事を通じて知り合いました。
（かのじょ）（しごと）（つう）（し あ）
(I met her through my job.／和她,是通过这个工作认识的。／그녀와는 이 일을 통해 서로 알았습니다.)

□ **つかむ**
(to grab／抓住／잡다)

▷ 腕をつかむ、チャンスをつかむ
（うで）
(to grab someone's arm, to seize an opportunity／抓住胳膊、抓住机会／팔을 잡다, 찬스를 잡다)

□ **付く**（つ）
(to stick on, to have, to include／带有／붙다)

▷ ごみがつく、傷がつく、ドリンク付き
（きず）（つ）
(dirt sticks on, to get scratched, comes with a drink／沾上脏东西、带伤、附赠饮料／먼지가 묻다, 상처가 나다, 음료가 붙음)

□ **付ける**（つ）
(to attach, to give, to gain／带着／붙이다)

▷ 印をつける、名前をつける、点数をつける、力をつける
（しるし）（なまえ）（てんすう）（ちから）
(to make a mark, to name, to give points, to gain strength／做记号、取名字、打分、给予鼓励／표시를 하다, 이름을 붙이다, 점수를 매기다, 힘을 기르다)

□ **つく（点く）**（つ）
(to come on／打开、接通／켜지다)

▷ 火／電気／ガスがつく
（ひ）（でんき）
(burner/light/gas heater is on／打开火、打开电器、打开煤气／불/전기/가스가 켜지다)

□ **つぐ（注ぐ）**（つ）
(to pour／倒、注入／붓다)

▶ ビール、おつぎしましょうか。 ── いいです、いいです。自分でつぎますから。
（じぶん）
("Shall I pour you some beer?" "No, that's fine. I'll pour it myself."／我帮您到啤酒吧。──不用、不用,我自己倒。／맥주 부을까요? --괜찮습니다. 괜찮습니다. 스스로 부을 거니까요.)

□ **造る**（つく）
(to build／造、做／만들다)

▷ 船を造る、ダムを造る
（ふね つく）
(to build a ship, to build a dam／造船、建造大坝／배를 만들다, 댐을 만들다)

敬語 11

決まった言い方 12

動詞① 13

動詞②（〜する） 14

名詞 15

形容詞 16

副詞 17

接続詞 18

ぎおん語・ぎたい語 19

カタカナ語 20

□ **つなぐ** ▷ ネットに**つなぐ**、手を**つなぐ**

(to connect／連接／연결 하다) (to connect to the Internet, to join hands／連接网络、牵手／인터넷에 연결하다, 손을 잡다)

□ **つながる** ▷ 電話、**つながらない**？ ── うん。ずっと話し中。

(to connect／連接／연결 하다) ("Can't you get through?" "No, the line is always busy."／电话，打不通吗？──嗯，一直占线。／전화 연결되니?--응, 쭉 통화 중.)

□ **つなげる** ▷ 〈ゲームについて〉テレビに**つなげて**大画面で楽しんでいます。

(to connect／連接、接通／연결하다) (((Talking about a video game)) I hook it up to my TV so I can enjoy playing it on a big screen.／〈关于游戏〉能连接到电视上，用大的画面来欣赏。／<게임에 대해> 텔레비전에 연결해 큰 화면으로 즐겨 주세요.)

□ **つぶす** ▷ 空き缶は**つぶして**捨ててください。

(to crush, to kill (time)／压碎、压扁／으깨다) (Please crush your empty cans before disposing of them.／把空罐压扁再扔。／빈 캔은 찌그러뜨려서 버려주세요.)

▷ 2時までどうやって時間を**つぶす**？

(What are we going to do to kill time until 2o'clock?／怎么打发时间到两点呢？／2시까지 어떻게 시간을 보내지?)

□ **つぶれる** ▷ 箱が**つぶれる**、会社が**つぶれる**

(to be crushed, to go under／压扁、倒闭／찌그러지다) (box is crushed, company goes under／压扁箱子、公司倒闭／상자가 찌그러지다, 회사가 망하다)

□ **詰まる** ▷ 慌てて食べたら、のどが**詰まり**そうになった。

(to be clogged／堵塞、不通／막히다) (I ate so quickly, I nearly choked.／吃得太急，喉咙快噎着了。／황급히 먹었더니 목이 막힐 것 같았다.)

□ **詰める** ▷ うまく**詰めれ**ば、一箱に30個くらい入ると思う。

(to pack, to move closer／塞满、填满／채우다) (If we pack right, I think we can fit about 30 in a box.／装得好的话，一箱可以装三十个左右。／잘 채우면 헌 상자에 39개정도 들어갈 거야.)

▷ すみません、席を一つ**詰めて**いただけませんか。

(Excuse me, but could you move one seat over?／不好意思，能往这里挤一个座位吗？／죄송합니다, 자리를 하나 채워주시지 않겠습니까.)

□ **積む** ▷ これからトラックに荷物を**積む**ので、みんな手伝ってください。

(to load, to gain (experience)／堆积、垒高、装载／쌓다) (We're going to load this stuff on the truck now, so please help out, everyone.／马上就向卡车装运货物，大家都帮帮忙吧。／앞으로 트럭에 짐을 쌓을 것이니까 모두 도와주세요.)

▷ 若いうちにいろいろ経験を**積んだ**ほうがいい。

(It's a good idea to get all sorts of experiences under your belt while you're still young.／年轻的时候，多积累点儿经验比较好。／젊었을 때 여러 경험을 쌓는 편이 좋다.)

□ 強まる
(to become stronger／増強／강해지다)

▶ この計画は中止になる可能性が強まっている。
(The likelihood is increasing that this project will get canceled.／这个计划终止的可能性变大。／이 계획은 중지될 가능성이 강해지고 있다.)

□ 強める
(to strengthen／加强／강하게 하다)

▶ まだ暑いから、もうちょっとエアコンを強めてくれる？
(It's still feels hot, so could you turn up the air conditioner a little？／还是很热,能再把空调开大一点吗？／아직 더우니까 좀 더 에어컨을 강하게 해 줄래?)

□ 連れていく
(to take (someone)／带着去／데려가다)

▶ パーティーに友だちを連れて行ってもいいですか。
(Can I bring some friends to the party？／我能带朋友去参加晚会吗？／파티에 친구들을 데려가도 됩니까.)

□ 適する
(to be suitable／适合／적합하다)

▶ 彼はリーダーに適した人だと思う。
(He has what it takes to be a leader.／我认为他适合当领导。／그는 리더에 적합한 사람이라고 생각한다.)

□ 出迎える
(to meet, to go to greet／迎接／마중하다)

▶ 空港まで、みんなが出迎えてくれました。
(Everyone came to the airport to greet me.／大家都到机场来接我。／공항까지 모두 마중 나와 주었습니다.)

□ 出迎え
(meeting, greeting／迎接／마중)

▶ わざわざ出迎えに来てくれなくていいですよ。
(You don't have to take the trouble of coming to pick me up..／你不用特地来接我也可以的。／일부러 마중 나와 주지 않아도 됩니다.)

□ 問う
(to inquire, to question／询问、问／묻다)

▶ 社長の責任を問うべきだという意見が多い。
(Many people feel that the president should be called to account.／应该追究社长的责任的意见比较多。／사장의 책임을 물어야 한다는 의견이 많다.)

▶ 〈広告〉20 歳以上のやる気のある方を募集。経験は問いません。
(((Ad) We're looking for highly motivated people who are 20 or older. No experience required.／〈广告〉募集20岁以上的有干劲儿的人。不问经验。／<광고>20세 이상의 의욕이 있는 사람을 모집. 경험은 묻지 않습니다.)

□ 問い
(question／问题／물음)

▶ 〈試験問題〉次の文章を読んで、問いに答えなさい。
(((Test problem) Read the following passage and answer the question.／〈考试问题〉阅读下列文章,回答问题。／<시험문제> 다음의 문장을 읽고 질문에 답하시오.)

□ 通す
(to pass (something through)／通过、穿过／통하게 하다)

▶ ここに紙を通してください。
(Pass the paper through here.／这里让纸穿过。／여기에 종이를 통과시켜 주세요.)

▶ 〈通路で〉すみません、ちょっと通してください。
(((In a corridor) Excuse me. Could you let me through？／〈在路上〉不好意思,请让我过一下。／<통로에서> 실례합니다. 좀 비켜주세요.)

☐ 溶かす (to dissolve／溶化／녹이 다)	▶ お湯に溶かして飲んでください。 (Mix this in hot water and drink it.／在温水里溶化后喝。／뜨거운 물에 녹여 마시세요.)	
☐ どく（退く） (to move back／推开、让 出空隙／물러나다)	▶ ごめん、机を運ぶから、ちょっとだけどいてくれない？ (I'm sorry, but could you step back a little? I'm going to move the desk.／对不起,我要搬桌子,能让一下吗？／미안, 책상을 나를 테니까, 조금만 비켜켜주지 않을래?)	
☐ 閉じる (to close／关上／닫히 다)	▶ 〈テスト〉では、教科書を閉じてください。 ((At a test) Okay, please close your textbooks.／〈考试〉那么,请大家关上教科书。／<시험> 그럼, 교과서를 덮어 주세요.)	
☐ 届ける (to deliver／寄到、送到／ 보내다)	▶ 商品は、ご注文から1週間以内にお届けします。 (We will deliver your purchases within one week of ordering.／此商品,在您订购之后的一周内送到。／상품은 주문부터 1주일 이내에 보냅니다.)	
☐ 泊める (to stay overnight／住宿／ 재우다))	▶ 終電なくなったの？ じゃ、うちに泊めてあげるよ。 (The last train has left? Well, I'll let you spend the night at my place.／末班电车没有了啊？那住在我家吧。／마지막 전차 끊겼니? 자, 우리 집에 재워 줄게.)	
☐ 捕る (to catch／捕捉／잡다)	▷ 魚を捕る、虫を捕る、ボールを捕る (to catch a fish/bug/ball／捕鱼、捉虫子、拿住球／물고기를 잡다. 벌레를 잡다. 공을 잡다.)	
☐ 撮る (to take (photos)／照相／ 찍다)	▷ レントゲン（写真）を撮る、ビデオを撮る (to take an X-ray (a photo), to videotape／拍X光、拍摄录像／엑스선을 찍다. 비디오를 찍다.)	
☐ 取れる (to come off／掉／떨어 지다)	▷ ボタンが取れる、汚れが取れる (button comes off, dirt is cleaned off／纽扣掉了、去掉脏东西／단추가 떨어지다. 얼룩이 지워지다.)	
☐ 眺める (to gaze／眺望／바라보 다)	▶ 窓から景色を眺めているうちに、眠ってしまった。 (I nodded off while gazing at the scenery outside the window.／从窗户眺望景色的时候,睡着了。／창에서 경치를 구경하는 사이에 잠들어버렸다.)	
☐ 眺め (view／景色／전망)	▶ ここからの眺めが最高だ。 (The view from here is excellent.／从这里看到的景色最美。／여기로부터의 경치는 최고다.)	
☐ 流れる (to flow／流、冲／흘러가 다)	▶ その道に沿って、小さな川が流れていました。 (There was a creek flowing alongside that road.／沿着这条路,有条小河流水。／이 길을 따라 작은 강이 흐르고 있습니다.)	
	▶ トイレが流れないんです。ちょっと見てもらえませんか。 (The toilet won't flush. Could you take a look at it?／厕所冲不了。能帮我看看吗？／화장실이 흘러가지 않습니다. 조금 봐 주시지 않겠습니까.)	

☐ 流れ
なが
(flow, current／流水／흐름)

▶ この辺は流れが急だから、気をつけて。
へん　なが　　きゅう　　　　　　　　き

(The current is very strong here, so be careful.／这附近的流水很急，要注意点儿。／이 부근은 흐름이 빠르니까 주의해.)

☐ 流す
なが
(to rinse, to flush／流／흘려보내다)

▶ このティッシュは水に流せます。
みず　なが

(This tissue paper can be flushed away.／这种纸巾能在水里冲走。／이 휴지는 종이에 흘려보낼 수 있습니다.)

☐ 無くなる
な
(to disappear, to be used up／不见了／없어지다)

▶ あっという間に貯金がなくなってしまいました。
ま　ちょきん

(I used up all my savings before I knew it.／一瞬间存的钱就没了。／눈 깜박할 사이에 저금이 없어져 버렸습니다.)

☐ 投げる
な
(to throw／投、扔／던지다)

▷ ボールを投げる
な

(to throw a ball／扔球／공을 던지다)

☐ 鳴らす
な
(to ring／鸣、发出声响／울리다)

▶ ご用のある方は、ベルを鳴らしてください。
よう　　かた　　　　　　な

(Please ring the bell if you require assistance.／您有事儿，请按铃。／용무가 있는 분은 벨을 울려 주세요.)

☐ 似合う
にあ
(to look good on／相称／어울리다)

▶ この帽子は、うちの母に似合いそう。
ぼうし　　　　　はは　にあ

(This hat would look good on my mother.／这个帽子，看起来和母亲比较相称。／이 모자는 우리 어머니에게 어울릴 것 같다.)

☐ におう
(to smell／有味道／냄새가 나다)

▶ 何かにおいませんか。 ── うん。ちょっと臭いね。
なに　　　　　　　　　　　　　　　くさ

("Does something smell?" "Yeah, it's a little stinky here, isn't it?"／闻到什么味儿了吗？──嗯，有点儿臭啊。／무언가 냄새가 나지 않습니까. --응, 조금 냄새가 난다.)

☐ 握る
にぎ
(to grip／握、捏／잡다)

▶ 今日は風が強いから、ハンドルをしっかり握ったほうがいいよ。
きょう　かぜ　つよ　　　　　　　　　　　　　にぎ

(It's really windy today, so you'd better hold the handlebars tightly.／今天风很大，握紧方向盘为好。／오늘은 바람이 강하니까 핸들을 꽉 잡는 편이 좋아.)

☐ 濡らす
ぬ
(to wet, to moisten／湿掉／적시다)

▶ 携帯を水に濡らしてしまったんですが、大丈夫ですか。
けいたい　みず　ぬ　　　　　　　　　　　　　だいじょうぶ

(My cell phone got wet. I wonder if it's all right.／手机被水弄湿了，没事儿吗？／휴대폰을 물에 적시어 버렸습니다만, 괜찮습니까.)

☐ 願う
ねが
(to hope, to request／愿／바라다)

▶ またいつか、みんなで会えることを願っています。
ねが

(I hope that we all can meet again someday.／希望大家能什么时候再相聚。／또 언젠가 모두가 만날 수 있을 것을 바라고 있습니다.)

☐ 願い
ねが
(wish, request／愿望／바람, 부탁)

▶ この歌には私たちの願いが込められています。
うた　　わたし　　　ねが　　こ

(Our wish is contained in this song.／这首歌包含着我们大家的愿望。／이 노래에는 우리들의 바람이 담겨 있습니다.)

敬語 11
決まった言い方 12
動詞① 13
動詞②（〜する）14
名詞 15
形容詞 16
副詞 17
接続詞 18
ぎおん語・ぎたい語 19
カタカナ語 20

□ **残す**
のこ
(to leave／剩下／남기다)

▷ 食事を残す、伝言を残す
しょくじ のこ でんごん のこ
(to leave food on the plate, to leave a message／剩下饭菜、留言／식사를 남기다, 전언을 남기다)

□ **残る**
のこ
(to remain／剩余、留下／남다)

▶ えっ、一個も残ってないの!?　— ごめん、もう全部食べちゃった。
いっこ のこ
("What? None of it is left?" "I'm sorry. I ate it all."／咦，一个都没剩啊！？ — 对不起，全都吃完了／어, 한 개도 남지 않았어?--미안, 벌써 전부 먹어버렸다.)

▶ 残ってるのは私たちと社長だけ？　— うん。もう、みんな帰った。
のこ わたし しゃちょう かえ
("The only people still here are us and the president?" "Yeah, everyone else has already left."／剩下的只有我们和社长吗? --嗯，大家都回去了／남아 있는 것은 우리와 사장만?--응, 이제 모두 돌아갔다.)

□ **残り**
のこ
(remainder／剩余／나머지)

▶ 残りはあとわずかです。
のこ
(There's only a little left.／剩下的只有一点点了。／나머지는 앞으로 조금입니다.)

□ **乗せる**
の
(to put on, to give a ride／让〜乘坐／태우다)

▶ 私も駅まで乗せてもらえますか。
わたし えき の
(Could you also give me a lift to the station?／能搭我坐到车站吗？／나도 역까지 태워 줄 수 있겠습니까.)

□ **除く**
のぞ
(to exclude／除开／빼다)

▶〈天気予報〉あすは一部の地域を除いて全国的に晴れでしょう。
てんきよほう いちぶ ちいき のぞ ぜんこくてき は
((Weather forecast) Tomorrow, it will be sunny across the country, except for a few areas.／〈天气预报〉明天除了一部分地区以外，全国都是晴朗天气。／<일기예보> 내일은 일부 지역을 빼고 전국적으로 맑을 것입니다.)

□ **望む**
のぞ
(to desire, to hope／希望／바라다)

▶ 親は一緒に住むことを望んでいますが、どうなるかわかりません。
おや いっしょ す のぞ
(My parents want to live with us, but I'm not sure if it will work out that way.／父母希望一起住，但是不知道会不会住在一起。／부모님은 함께 살 것을 희망하고 있습니다만, 어떻게 될지 모르겠습니다.)

□ **望み**
のぞ
(to desire, to hope／希望／바람)

▶ あと何試合かあるんでしょ。まだ望みはあるよ。
なんしあい のぞ
(The season isn't over yet. We still have hope.／以后还会有几个比赛吧。还有希望的哟。／앞으로 몇 번인가 시합이 있지. 아직 희망이 있다.)

□ **伸ばす**
の
(to grow, to improve／伸长／기르다)

▷ ひげを伸ばす、才能を伸ばす
の さいのう の
(to grow a beard, to improve one's skills／长胡子、增长才干／수염을 기르다, 재능을 키우다)

□ **伸びる**
の
(to grow, to improve／伸展、拉直／늘다)

▷ 髪が伸びる、背が伸びる
かみ の せ の
(hair grows longer, to grow taller／留头发、个子高／수염이 자라다, 키가 크다)

☐ **伸び**
の
(growth／进步、发展／늘음)

▶ 売上は、昨年に比べ、20%の高い伸びを示した。
うりあげ　さくねん　くら　　　　　　　たか　　の　　　しめ

(Sales grew a whopping 20% over last year's performance.／销售额与去年相比, 涨了20%。／매상은 어제 비해 20% 높은 신장을 보였다.)

☐ **延ばす**
の
(to postpone／延长／연장하다)

▶ 出発をもう 1 日延ばすことにした。
しゅっぱつ　　　　にちの

(I decided to postpone my departure by one more day.／出发又延长了一天。／출발을 또 하루 연장하기로 했다.)

☐ **延びる**
の
(to be postponed／变长、延长／연장되다)

▶ 雨で試合が来週に延びてしまいました。
あめ　しあい　らいしゅう　の

(The game was postponed to next week due to rain.／由于下雨, 比赛延长到下周。／비로 시합이 다음 주로 연장되어버렸습니다.)

☐ **上る**
のぼ
(to ascend／涨、上升／오르다)

▷ 階段を上（昇）る、坂を上る、上り坂（←→下り坂）
かいだん　のぼ　のぼ　　さか　のぼ　　のぼ　ざか　　　　くだ　ざか

(to go up stairs, to climb a hill, uphill road／上楼梯、上坡、上坡路（下坡路）／계단을 오르다, 비탈길을 오르다, 오르막길)

☐ **下る**
くだ

(to descend／降、下降／내려가다)

☐ **外す**
はず
(to remove／取下／떼다)

▶ お風呂に入るときは、眼鏡を外します。
ふろ　はい　　　　めがね　はず

(I take off my glasses when I take a bath.／洗澡的时候摘下眼镜。／목욕에 들어갈 때는 안경을 벗습니다.)

▶ 田中はちょっと席を外しておりますが……。 戻
たなか　　　　　せき　はず　　　　　　　　　　　　もど
りましたらお電話させましょうか。
でんわ

(Tanaka has stepped out for a moment. Shall I get him to call you back when he returns?／田中没在座位……等回来后让他给您打电话吗。／다나카는 조금 자리를 비웠습니다만……. 돌아오면 전화를 걸게 하겠습니다.)

☐ **離す**
はな
(to separate／隔开／떼다, 놓다)

▷ 1 メートル離す、手を離す
はな　　て　はな

(to separate by 1m, to release one's hand／隔了1米、腾出手／1미터 떼다, 손을 떼다)

☐ **離れる**
はな
(to leave, be apart／离开／떨어지다)

▷ 家族と離れて暮らす、日本を離れる
かぞく　はな　く　　　にほん　はな

(to live away from one's family, to leave Japan／离开家人生活、离开日本／가족과 떨어져 살다, 일본을 뜨다)

☐ **流行る**
はや
(to be popular／流行／유행하)

▶ 若い女性の間で、これを持ち歩くのが流行ってるみ
わか　じょせい　あいだ　　　　　　も　ある　　　　はや
たいです。

(It's become fashionable among young women to walk around with this.／在年轻女性中, 好像流行带着这个走路。／젊은 여성 사이에 이것을 들고 다니는 것이 유행하고 있는 모양입니다.)

☐ **流行り**
はや
(craze, fashion／流行／유행)

▷ 最近流行りの髪型
さいきん　はや　　　かみがた

(the latest trendy hairstyle／最近流行的发型／최근 유행인 헤어스타일)

敬語 11
決まった言い方 12
動詞① 13
動詞②(〜する) 14
名詞 15
形容詞 16
副詞 17
接続詞 18
ぎおん語・ぎたい語 19
カタカナ語 20

□ **流行(する)**
りゅうこう
(to go round, catch on／流行／流行(する))

▷ インフルエンザの流行、流行語
りゅうこう　りゅうこうご
(influenza epidemic, buzzword／流感流行、流行语／인플루엔자의 유행, 유행어)

□ **引く**
ひ
(to pull, draw／拉／당기다)

▶ 押したり引いたりしてみたけど、全然動かなかった。
お　　　ひ　　　　　　　　　　　　　　　ぜんぜんうご
(I tried pushing and pulling, but it didn't move one bit.／我试着又推又拉,结果丝纹不动。／밀거나 당기거나 해보았지만, 전혀 움직이지 않았다.)

□ **引っ張る**
ひ　ぱ
(to pull／拉、拽／잡아당기다)

▶ この電気はどうやって消すの？ ── そこのひもを引っ張るんだよ。
でんき　　　　　　　　け　　　　　　　　　　　　　　　　ひ　ぱ
(How do you turn off this light? --Pull the string over there.／这电灯怎么关? —拽那里的绳。／이 전기는 어떻게 끄니?--거기의 끈을 잡아당겨.)

▶ 彼にはリーダーとしてチームを引っ張ってほしい。
かれ　　　　　　　　　　　　　　　　ひ　ぱ
(I want him to act like a leader and pull the team together.／希望他作为领导引领队伍。／그에게는 리더로서 팀을 이끌어 줄 바란다.)

□ **広がる**
ひろ
(to spread, stretch out／变大／펼쳐지다)

▷ 砂漠が広がる、可能性が広がる、差が広がる
さばく　ひろ　　　かのうせい　ひろ　　　さ　ひろ
(wide open desert, expanding possibilities, widening gap／沙漠扩大、可能性变大、差距拉大／사막이 펼쳐지다, 가능성이 넓어지다, 차이가 넓어지다)

□ **広げる**
ひろ
(to widen, spread／扩展、摊开／넓히다)

▷ 道路を広げる、範囲を広げる、両手を広げる、机の上に広げる
どうろ　ひろ　　　はんい　ひろ　　　りょうて　ひろ　　　つくえ　うえ　ひろ
(to widen roads, to expand the scope, to spread one's hands, to spread out onto a desk／扩展道路、扩大范围、展开双手、摊在桌子上／도로를 넓히다, 범위를 넓히다, 양손을 펼치다, 책상 위에 펼치다)

□ **拭く**
ふ
(to wipe／擦／닦)

▶ テーブルが汚れているのでふいてください。
よご
(Please wipe the table - it's dirty.／桌子脏了,请擦一擦。／테이블이 더러우니까 닦아 주세요.)

□ **含む**
ふく
(to include／包含／머금다)

▶ この値段には、飲み物も含まれています。
ねだん　　　　　　の　もの　ふく
(Drinks are included in this price.／这价格里面也包含着饮料。／이 가격에는 음료도 들어 있습니다.)

□ **含める**
ふく
(to include／包括／포함하다)

▶ 参加者は、私も含めて15人です。
さんかしゃ　　　わたし　ふく　　　　にん
(There are 15 participants, including me.／参加者包括我在内15人。／참가자는 나도 포함해 15명입니다.)

□ **ふざける**
(to joke／开玩笑／농담하다)

▶ ふざけないでください。今、まじめな話をしているんです。
いま　　　　　　　はなし
(Please don't joke around. I'm being serious now.／别开玩笑,现在正在说真的呢。／농담하지 말아 주세요. 지금 진지한 이야기를 하고 있습니다.)

□ **防ぐ**
ふせ
(to prevent／防止／막다)

▶ 運転手の冷静な判断が事故を防いだ。
うんてんしゅ　れいせい　はんだん　じこ　ふせ
(The driver's calm judgment prevented an accident.／司机冷静的判断防止了事故。／운전사의 냉정한 판단이 사고를 막았다.)

□ ぶつかる
(to bump into／撞／부딪치다)

▶ 人にぶつかったら、謝るのが基本でしょ？
(Isn't it basic courtesy to apologize if you bump into someone?／如果撞上人，道歉是基本的吧。／사람에게 부딪히면 사과하는 것이 기본이죠?)

□ ぶつける
(to knock, run into／扔、撞上／부딪치다)

▶ どうしたの？ ── 壁に頭をぶつけちゃった。
(What happened? --I bumped my head against the wall.／怎么了? ──头撞墙上了。／어떻게 된 거니?--벽에 머리를 부딪쳤어.)

□ 増やす
(to increase／増加／늘리다)

▷ 量を増やす、人数を増やす
(to increase the volume/number of people／増量、増加人数／양을 늘리다, 인원수를 늘리다)

□ 振る
(to wave, shake／挥、甩／흔들다)

▶ 見て。こっちに向かって手を振ってる人がいる。
(Look. Someone's waving his hand in this direction.／看。有人正朝着这边挥手。／봐라. 이쪽을 향해 손을 흔들고 있는 사람이 있다.)

□ 震える
(to shake／发抖／떨리다)

▶ だめだ、緊張して手が震える。
(It's no good - I'm nervous and my hands are shaking.／不行, 紧张得手发抖。／안되, 긴장해서 손이 떨려.)

□ 干す
(to dry／晒／말리다)

▷ 洗濯物を干す
(to dry the laundry／晒洗的衣服／세탁물을 말리다)

□ 曲げる
(to bend／弯、曲／구부리다)

▷ ひざを曲げる、意志を曲げる
(to bend one's knee, to act against one's will／曲膝、扭曲意志／무릎을 구부리다, 의지를 구부리다)

□ 曲がる
(to bend, twist／弯／구부러지다)

▶ 風が強くて、傘が曲がってしまった。
(My umbrella got bent and warped in the strong wind.／风大, 伞都弯了。／바람이 강해 우산이 구부러져 버렸다.)

□ 混ざる
(to be mixed／混杂／섞이다)

▷ 青と黄色が混ざると緑になる。
(Mixing blue and yellow gives you green.／蓝色和黄色混在一起就成了绿色。／파랑과 노란색을 섞으면 녹색이 된다.)

□ 混ぜる
(to mix／掺混／섞다)

▷ バターに砂糖を混ぜる
(to mix sugar with butter／黄油里掺上砂糖。／버터에 설탕을 섞다.)

□ 間違う
(to be wrong, mistaken／错／틀리다)

▶ これ、住所が間違っています。
(The address here is wrong.／这个, 地址错了。／이것, 주소가 틀립니다.)

□ 間違える
(to make a mistake／弄错／틀리다)

▶ しまった！ 降りる駅を間違えた！
(Damn! I was wrong about which station we were supposed to get off at!／坏了! 下错车站了。／곤란하다! 내리는 역을 틀렸다!)

22
CD2

敬語 11

決まった言い方 12

動詞① 13

動詞②(〜する) 14

名詞 15

形容詞 16

副詞 17

接続詞 18

ぎおん語・ぎたい語 19

カタカナ語 20

★この二つはほとんど区別されずに使われている。
These two are used almost interchangeably.／两个使用的时候几乎没有区别。／이 두 개는 거의 구별되지 않고 사용되고 있다.

☐ **まとめる**
(to put together, consolidate／整理、汇总／합치다)

▷ 荷物をまとめる、まとめて買う、皆の意見をまとめる、まとめの問題

(to get one's luggage ready, to buy at the same time, to gather opinions, a question of tying it all together／整理行李、汇总买、总结大家的意见、汇总的问题／짐을 합치다, 합쳐서 사다, 모두의 의견을 합치다, 종합 문제)

☐ **招く**
まね
(to invite／招待、招致／부르다)

▷ 友人を自宅に招く、誤解を招く表現

(to invite a friend over to one's home, an expression that leads to misunderstanding／把朋友邀请到家中、招致误解的表达方式／친구를 자택으로 부르다, 오해를 부르는 표현)

☐ **守る**
まも
(to protect, keep／保護、遵守／지키다)

▷ 自然を守る、約束を守る、時間を守る

(to protect nature, to keep a promise, to be punctual／保护自然、遵守约定、遵守时间／자연을 지키다, 약속을 지키다, 시간을 지키다.)

☐ **回す**
まわ
(to turn／转动／돌리다)

▶ ここを右に回すと音が大きくなります。

(The volume increases when you turn this to the right.／如果从这往右转动，声音就会变大。／여기를 오른쪽으로 돌리면 소리가 크게 됩니다.)

☐ **〜回る**
まわ
(〜 around／四处〜／돌다)

▶ 時間があったので、あちこち見て回った。

(I had some time, so I looked around here and there.／因为有时间，四处看了看。／시간이 있어서 여기저기 돌아보았다.)

▷ 歩き回る
ある まわ
(to walk around／到处走／걸어 다니다)

☐ **認める**
みと
(to allow, acknowledge／許可、认可／인정하다)

▷ 結婚を認める、才能を認める

(to allow marriage, to acknowledge one's talent／同意结婚、认可才能／결혼을 인정하다, 재능을 인정하다)

☐ **向く**
む
(to face／向、适合／향하다)

▶ ちゃんとこっちを向いて話して。

(Look here when you're talking to me.／要好好看着我说话。／제대로 이쪽을 향해 말해.)

▶ 私に向いている仕事がやっと見つかった。

(I finally found a job that suits me.／终于找到了适合我的工作。／나에게 맞는 일이 겨우 발견됐다.)

☐ **向ける**
む
(to train, turn／朝向／향하게 하다)

▷ カメラを向ける、政治に目を向ける、大会に向けて練習する

(to train the camera, to look to politics, to train for the tournament／面对相机、着眼于政治、一大会为目标进行练习／카메라를 향하게 하다, 정치에 눈을 돌리다, 대회에 대비해 연습하다)

☐ ～向け (aimed at～／面向～／ 대상)	▷ 子ども向けの本 (books aimed at children／面向孩子的书／어린이 대상의 책)
☐ 結ぶ (to tie, sign／系／묶다, 맺다)	▷ ひもを結ぶ、契約を結ぶ (to tie string, to sign a contract／系绳子、缔结合约／끈을 묶다, 계약을 맺다)
☐ 目指す (to aim at／以……为目 标／목표로 하다)	▶ 優勝を目指して頑張ります。 (I'm going to do all I can to win.／以获冠军为目标而努力。／우승을 목표 로 하여 열심히 하겠습니다.)
☐ 目立つ (to stand out, be conspicuous／显眼／눈 에 띄다)	▶ その服目立つから、遠くからでもすぐわかったよ。 (Those clothes really stand out, so I knew it was you even from a distance.／那 件衣服显眼, 所以从老远就能看出来。／그 옷, 눈에 띄니까 멀리서라도 금방 알았어.)
☐ 戻す to put back／放回／돌려 놓다	▶ 使ったら、元の場所に戻しておいてください。 (Please put it back in its place after you've used it.／用完后请放回到原处。 ／사용하면 원래 장소에 돌려놓아 주세요.)
☐ 燃やす 	(to burn／燃烧／태우다)
☐ 焼ける (to burn, toast／烤好／타 다)	▶ パン、もう焼けたんじゃない? (Didn't we already toast the bread?／面包是不是已经烤好了。／빵, 이미 구워진 것 아니니?)
☐ 破る (to break／破坏／깨다)	▶ 彼女は約束を破るような人じゃありません。 (She's not the type of person to break a promise.／她不是那种违约的人。／ 그녀는 약속을 깰 사람이 아닙니다.)
☐ 破れる (to get torn／破／찢어지 다)	▶ いっぱい入れすぎて、袋が破れてしまった。 (I put too many things in it, so the bag tore.／放得太多了, 袋子破了。／너 무 잔뜩 넣어서 봉투가 찢어져 버렸다.)
☐ 止む (to stop／停止／멈추다)	▶ 雨がやんだら出かけよう。 (Let's go out when it stops raining.／雨停后咱们就出去。／비가 멈추면 외출하자.)
☐ 譲る (to hand over／让给／양 보하다)	▶ 友だちにチケットを譲ってもらった。 (My friend let me have these tickets.／让朋友把票让给了我。／친구에게 표를 양보해 받았다.)
☐ 許す (to allow, forgive／许可／ 용서하다)	▶ こんなものに税金を使うなんて、許せない。 (Using tax money for these sorts of things is simply inexcusable.／竟然把税用在这些 东西上, 真是让人无法原谅。／이런 것에 세금을 사용하다니 용서할 수 없다.)

敬語 11

決まった言い方 12

動詞① 13

動詞②（〜する） 14

名詞 15

形容詞 16

副詞 17

接続詞 18

ぎおん語・ぎたい語 19

カタカナ語 20

▶ 私が海外で働くことを親が許すとは思えません。
（わたし　かいがい　はたら　　　　　おや　ゆる　　　　　おも）
(I don't think my parents would allow me to work abroad.／我不认为父母会许可我去国外上班的事。／나는 외국에서 일하는 것을 부모가 허락할 것이라고는 생각하지 않습니다.)

☐ **酔う**
よ
(to get drink／醉／취하다)

▶ 昨日は酒に酔って、変なことを言ったみたいです。
（きのう　さけ　よ　　　　へん　　　　い）
(Apparently, I got drunk last night and said strange things.／昨天喝醉酒了,好像说了什么奇怪的话。／어제는 술에 취해 이상한 말을 한 모양입니다.)

☐ **酔っ払う**
よ　ばら
(to get drunk／酩酊大醉／취하다)

▶ あんなに酔っ払った課長を見たのは初めてです。
（よ　ばら　　　かちょう　み　　　　はじ）
(This is the first time that I've seen our manager get so drunk.／第一次看到那么酩酊大醉的科长。／저렇게 취한 과장을 본적은 처음이었습니다.)

☐ **酔っ払い**
よ　ばら
(drunkard／醉汉／술주정뱅이)

☐ **汚す**
よご
(to pollute, make dirty／弄脏／더럽힌다)

☐ **弱まる**
よわ
(to become weak／变弱／약해지다)

▶ 風が弱まったみたいですね。
（かぜ　よわ）
(I think the wind's died down.／风好像变小了。／바람이 약해진 모양입니다.)

☐ **弱める**
よわ
(to weaken, soften／使……减弱／약하게 하다)

▶ 冷房をちょっと弱めたほうがいいんじゃないですか。
（れいぼう　　　　よわ）
(Shouldn't we turn the air conditioner down a bit?／是不是该把冷气开小一些呢。／냉방을 조금 약하게 하는 편이 좋지 않습니까.)

☐ **分ける**
わ
(to divide／把……分开／나누다)

▷ ケーキを5つに分ける、真ん中で分ける、分けて運ぶ
（　　　　　　　　わ　　　　ま　　なか　　わ　　　　わ　　　はこ）
(to divide a cake into 5 parts, to split down the middle, to carry it in parts／把蛋糕分为5块,从中间分开,分开后端过去。／케이크를 5개로 나누다, 한 가운데로 나누다, 나누어 나르다.)

☐ **分かれる**
わ
(to be split, separated／分开／나뉘다)

▷ 道が分かれる、3つのグループに分かれる
（みち　わ　　　　　　　　　　　　　　わ）
(the road splits, to be split into 3 groups ／道路分叉、分为三个小组。／길이 나뉘다. 3개의 그룹으로 나뉘다.)

☐ **割る**
わ
(to break／把……打坏／깨다)

▶ 手が滑って、お皿を割ってしまった。
（て　すべ　　　　さら　わ）
(My hand slipped and I broke the plate.／手滑了,把盘子打碎了。／손이 미끄러져 접시를 깨 버렸다.)

☐ **割れる**
わ
(to break, split／破裂／깨지다)

⑭ 動詞②(〜する)
どうし

(Verbs②／动词②／동사②)

□ **安定(する)** あんてい (to be stable／安定／안 정되다)	▷ 安定した収入 あんてい しゅうにゅう (stable income／安定的收入／안정된 수입)
□ **いたずら(する)** (to play a prank／淘气／ 장난치다)	▶ だめよ、そんないたずらをしたら。 (You shouldn't pull pranks like that.／那么淘气可不行。／안돼, 그런 장난 을 치면)
□ **うわさ(する)** (to gossip, to tell rumors／ 传言／소문을 말하다)	▶ うわさだけど、鈴木さん、結婚するらしいよ。 すず き けっこん (Rumor has it that Suzuki is going to get married.／虽是传言,说是铃木要结 婚了。／소문이지만 스즈키 씨, 결혼한다는 것 같아.)
□ **影響(する)** えいきょう (to influence／影响／영 향을 주다)	▶ 私が動物が好きなのは、きっと母の影響です。 わたし どうぶつ す はは えいきょう (I'm sure that my love for animals comes from my mother.／我之所以喜欢动 物,肯定是妈妈的影响。／내가 동물을 좋아하는 것은 틀림없이 어머니 의 영향입니다.)
□ **解決(する)** かいけつ (to solve, to settle／解决 ／해결하다)	▶ この問題が解決しないと、先に進めない。 もんだい かいけつ さき すす (We can't make any progress if we don't solve this issue first.／如果这个问题不解决, 就无法向前推进。／이 문제가 해결되지 않으면, 앞으로 나아갈 수 없다.)
□ **開始(する)** かい し (to start／开始／개시하 다)	▶ 来月から予約の受付を開始するそうです。 らいげつ よ やく うけつけ かい し (They said that they will start taking reservations next month.／听说从下月开 始接受预约。／다음 달부터 예약 접수를 개시한다고 합니다.)
□ **外出(する)** がいしゅつ (to go out／外出／외출 하다)	▶ 二人とも外出していて、しばらく戻ってきません。 ふたり がいしゅつ もど (Both of them have gone out and won't be returning for a while.／两人都外出了, 暂时不会回来。／두 사람 모두 외출해서 한동안 돌아오지 않습니다.)
□ **回復(する)** かいふく (to recover／恢复／회복 하다)	▶ 体力が回復するまで練習は休んだほうがいい。 たいりょく かいふく れんしゅう やす (You should take some time off from practice until you recover your strength.／ 在体力恢复之前最好还是不要练习了。／체력이 회복되기까지 연습은 쉬는 편이 좋다.)
□ **拡大(する)** かくだい (to expand／扩大／확대 하다)	▷ 拡大コピー、市場の拡大 かくだい し じょう かくだい (enlarged copy, market expansion／放大复印、扩大市场／확대 복사, 시장 의 확대)
□ **確認(する)** かくにん	▶ 正しく記入されているか、もう一度確認してく ただ きにゅう いち ど かくにん ださい。

敬語 11

決まった言い方 12

動詞① 13

動詞②（〜する） 14

名詞 15

形容詞 16

副詞 17

接続詞 18

ぎおん語・ぎたい語 19

カタカナ語 20

(to confirm, to check／確認／확인하다)	(Please check your form once more to make sure everything is filled in correctly.／请再确认一遍填写的是否正确。／바르게 기재되어 있는 지 다시 한 번 확인해 주세요.)
☐ 活動（する） かつどう (to be active, to operate／活動／활동하다)	▷ ボランティア活動、火山の活動 かつどう　かざん　かつどう (volunteer activity, volcanic activity／志愿者活动、火山活动／볼런티어 활동, 화산 활동)
☐ 活躍（する） かつやく (to be active／活跃／활약하다)	▶ この選手、最近、活躍してるね。 せんしゅ　さいきん　かつやく (That player has really been on the ball recently.／这个选手最近很活跃。／이 선수, 최근 활약하고 있군.)
☐ 我慢（する） がまん (to control oneself, to endure／忍耐／참다)	▶ もう一個食べたかったけど、我慢した。 いっこ　た　がまん (I wanted to eat one more, but I resisted the urge.／还想再吃一个, 可是忍住了。／또 한 개 먹고 싶었지만 참았다.)
☐ 完成（する） かんせい (to complete／完成／완성되다)	▶ 来年の春には新しい駅ビルが完成する予定です。 らいねん　はる　あたら　えき　かんせい　よてい (The train station's new shopping complex will be completed next spring.／计划明年春天要建成新的车站大楼。／내년 봄에는 새 역 빌딩이 완성될 예정입니다.)
☐ 乾燥（する） かんそう (to be dry／干燥／건조하다)	▶ 空気が乾燥して、風邪をひきやすくなっています。 くうき　かんそう　かぜ (The air has gotten drier, making it easier to catch colds.／空气干燥, 容易感冒。／공기가 건조해서 감기에 걸리기 쉽습니다.)
☐ 完了（する） かんりょう (to end／完了／완료되다)	▶ インストールが完了するまで電源を切らないでください。 かんりょう　でんげん　き (Please do not shut down your computer before installation is completed.／在安装完成之前请不要切断电源。／설치가 완료되기까지 전원을 끄지 말아 주세요..)
☐ 帰国（する） きこく (to return to one's country／回国／귀국하다)	(to return to one's country／回国／귀국하다)
☐ 記念（する） きねん (to commemorate／纪念／기념하다)	▶ 卒業記念にみんなで写真を撮りました。 そつぎょうきねん　しゃしん　と (We all posed for a commemorative photo at our graduation.／大家一起拍照作为毕业纪念。／졸업 기념으로 모두 사진을 찍었습니다.)
☐ 機能（する） きのう (to function／功能／기능하다)	▶ ワンさんの携帯は機能がたくさん付いているんですね。 けいたい　きのう　つ (Wang's cell phone has a lot of functions, doesn't it?／小王的手机带有许多功能。／왕 씨의 휴대전화는 기능이 많이 붙어 있습니다.)
☐ 共通（する） きょうつう (to have in common／共通／공통되다)	▶ この二つに共通するのは、お金があまりかからないことです。 ふた　きょうつう　かね (These two options share one thing—they don't cost too much.／这两个的共通之处就是不用花费太多钱。／이 둘에 공통되는 것은 돈이 그다지 들지 않는 것입니다.)

□ 記録（する）
きろく
(to record／记录／기록
하다)

▶ 先月は、去年の倍の売上を記録しました。
せんげつ　　きょねん　　ばい　　うりあげ　きろく

(Last month, the company recorded sales double the amount for last year.／上个月创下了去年两倍的营业额记录。／지난달은 작년 배의 매상을 기록했습니다.)

□ 工夫（する）
くふう
(to devise／想办法／궁리하다)

▶ 工夫すれば、もうちょっと部屋を広く使えると思う。
へや　ひろ　つか

(I think I can get more space out of this room if I come up with some good ideas.／只要想想办法,我觉得能让房间用起来显得更宽敞些。／궁리하면 좀 더 방을 넓게 사용할 수 있다고 생각한다.)

□ 区別（する）
くべつ
(to distinguish／区别／구별하다)

▶ ほかのと区別ができるよう、何か印を付けておいてください。
くべつ　　　　　　なに　しるし　つ

(Put some kind of mark on them so that we can tell them apart from the others.／为了能和其他的区别开,请标上某个标记。／다른 것과 구별할 수 있도록 무엇인가 표시를 해두세요.)

□ 決定（する）
けってい
(to decide／决定／결정되다)

▶ えっ、中止!?　それは決定なんですか。
ちゅうし　　　　　　けってい

(What? It has been canceled? Has that been firmly decided?／唉？中止！？这已经决定了？／어, 중지!? 그것은 결정된 것입니까.)

□ 検査（する）
けんさ
(to inspect／检查／검사하다)

▷ 胃の検査、荷物検査
い　けんさ　にもつけんさ

(stomach exam, baggage inspection／胃部检查、行李检查／위 검사, 짐 검사)

□ 見物（する）
けんぶつ
(to see the sights／游览／구경하다)

▷ 祭りを見物する、東京見物
まつ　けんぶつ　　とうきょうけんぶつ

(to go see a festival, sightseeing in Tokyo／逛庙会、游览东京／축제를 구경하다, 동경 구경)

□ 行動（する）
こうどう
(to take action／行动／행동하다)

▶ よく考えてから行動してください。
かんが　　　　　こうどう

(Think about it carefully before you act.／请仔细考虑后再行动。／잘 생각해보고 나서 행동해 주세요.)

□ 混雑（する）
こんざつ
(to be crowded／拥挤／혼잡하다)

▶ この道は混雑してるから、別の道で行こう。
みち　こんざつ　　　　　　べつ　みち　い

(This road is congested, so let's go another way.／这条路拥挤,咱们从别的道走吧。／이 길은 혼잡하니까 다른 길로 가자.)

□ 混乱（する）
こんらん
(to be confused／混乱／혼란되다)

▶ 今、言われても混乱するから、後で言ってくれる？
いま　い　　　　　　こんらん　　　　　　あと　い

(You'll just get me confused if you tell me know, so could you save it for later?／你现在说也没用,我都搞乱了。能过会儿说吗？／지금 들어도 혼란되니까 나중에 말해 줄래?)

□ 撮影（する）
さつえい

▷ 映画／写真を撮影する
えいが　しゃしん　さつえい

敬語 11

決まった言い方 12

動詞① 13

動詞②（〜する） 14

名詞 15

形容詞 16

副詞 17

接続詞 18

ぎおん語・ぎたい語 19

カタカナ語 20

(to take (a photo), to film／撮影／撮影（촬영）하다) (to shoot a film/to take a photo／拍摄电影/照片／영화/사진을 촬영하다)

□ **刺激（する）**
しげき

▶ 胃の調子が悪いから、コーラとか刺激のあるものはやめておきます。
い ちょうし わる しげき

(to stimulate, to irritate／刺激／자극하다)

(I have an upset stomach, so I'm going to lay off colas and other stuff that might irritate it.／因为胃不好，不再喝可乐等刺激性的东西。／위 상태가 나쁘니까 콜라라든가 자극이 있는 것은 그만두겠습니다.)

□ **自殺（する）**
じさつ

(to commit suicide／自杀／자살하다)

□ **支度（する）**
したく

▶ 起きたばかりで、まだ何の仕度もしていません。
お したく

(to get ready/dressed／准备／준비하다)

(I just got up, so I'm not ready to leave at all.／刚起床，还没做任何准备。／막 일어나서 아직 아무런 준비도 하지 않았습니다.)

□ **実行（する）**
じっこう

▶ 言うのは簡単だけど、実行するのはかなり難しいよ。
い かんたん じっこう むずか

(to implement／实行／실행하다)

(That's easy to say, but very hard to do.／说的简单，但实行起来相当困难。／말하는 것은 간단하지만, 실행하는 것은 꽤 어렵다.)

□ **指定（する）**
してい

▶ 場所を指定してください。こちらから行きますので。
ばしょ してい い

(to specify／指定／지정하다)

(Just choose a place and I'll meet you there.／请指定地点。我会过去的。／장소를 지정해 주세요. 이쪽에서 가겠으니까.)

□ **死亡（する）**
しぼう

▶ 交通事故で死亡した人の数は、去年より減った。
こうつうじこ しぼう ひと かず きょねん へ

(to die／死亡／사망하다)

(Fewer people have died in traffic accidents this year, compared with last year.／因交通事故死亡的人数比去年减少了。／교통사고로 사망한 사람 수는 작년보다 줄었다.)

□ **終了（する）**
しゅうりょう

▶ 本日の営業時間は終了しました。
ほんじつ えいぎょうじかん しゅうりょう

(to end／终了／종료되다)

(We have closed for the day.／今天的营业时间结束了。／오늘의 영업시간은 종료되었습니다.)

□ **主張（する）**
しゅちょう

▶ 彼は自分の意見ばかり主張する。
かれ じぶん いけん しゅちょう

(to assert／主张／주장하다)

(He just sticks to his own opinions.／他总是主张自己的意见。／그는 자신의 의견만 주장한다.)

□ **準備（する）**
じゅんび

▶ 会議で配る資料を準備しておいてください。
かいぎ くば しりょう じゅんび

(to prepare／准备／준비하다)

(Please prepare the handouts for the meeting.／请提前准备好会议中要发的资料。／회의에서 나눠줄 자료를 준비해 두세요.)

□ **使用（する）**
しよう

▶ コピー機は、故障のため、現在使用できません。
き こしょう げんざいしよう

(to use／使用／사용하다)

(The copier is broken, so it can't be used now.／因为故障，打印机现在无法使用。／복사기는 고장 때문에 현재 사용할 수 없습니다.)

□ **勝負（する）**
しょうぶ
(to have a match／胜负／
승부하다)

▶ 勝負は最後までわからないよ。頑張って！
しょうぶ　さいご　　　　　　　　　　　　がんば
(You won't know if you've won or lost until the very end. Hang in there!／不到最后不知道胜负。加油啊！／승부는 마지막까지 모른다. 열심히 해!)

□ **証明（する）**
しょうめい
(to prove, to certify／证明
／증명하다)

▶ 何か身分を証明するものが必要らしい。
なに　みぶん　しょうめい　　　　　ひつよう
(Apparently, we need to provide some form of ID.／好像是需要证明身份的什么东西。／무언가 신분을 증명할 것이 필요한 것 같다.)

□ **制限（する）**
せいげん
(to limit／限制／제한하다)

▶ 会場はすごい混雑で、入場制限をしていました。
かいじょう　　　　こんざつ　　にゅうじょうせいげん
(The venue was really crowded, so they limited the number of people who could get in.／会场非常混乱,采取了入场限制。／회장은 꽤 혼잡해서 입장제한을 하고 있습니다.)

□ **整理（する）**
せいり
(to put in order／整理／
정리하다)

▷ 机の上を整理する、整理券
つくえ　うえ　せいり　　　　せいりけん
(to tidy up the top of one's desk, numbered ticket／整理桌子上面、序号券／책상 위를 정리하다, 정리권)

□ **選択（する）**
せんたく
(to choose／选择／선택하다)

▶ この中から好きなものを一つ選択できます。
なか　す　　　　　　　　ひと　せんたく
(You may choose one of these, whichever you like.／能从其中选出一个喜欢的东西。／이 안에서 좋아하는 것을 하나 선택할 수 있습니다.)

□ **宣伝（する）**
せんでん
(to advertise／宣传／선전하다)

▶ この映画は宣伝に力を入れてるね。
えいが　せんでん　ちから　い
(They're really trying hard to advertise this film.／这部电影在宣传上下了大力气呀。／이 영화는 선전에 힘을 들이고 있군.)

□ **想像（する）**
そうぞう
(to imagine／想象／상상하다)

▶ 音楽のない生活は想像できない。
おんがく　　　せいかつ　そうぞう
(I can't imagine life without music.／无法想象没有音乐的生活。／음악이 없는 생활은 상상할 수 없다.)

□ **対応（する）**
たいおう
(to respond, to deal with／应对／대응하다)

▶ 対応してくれた店員さんがとても親切だった。
たいおう　　　　　てんいん　　　　　　しんせつ
(The attendant who helped me was very kind.／接待我的店员非常热情。／대응해 준 점원이 무척 친절했다.)

□ **注目（する）**
ちゅうもく
(to pay attention／关注／주목하다)

▶ 中国経済が今後どうなるか、大変注目しています。
ちゅうごくけいざい　こんご　　　　　　　たいへんちゅうもく
(A lot of attention is focused on the direction that China's economy will take.／非常关注中国经济今后将会如何。／중국경제가 금후 어떻게 될지, 무척 주목되고 있습니다.)

□ **調査（する）**
ちょうさ
(to investigate／调查／조사하다)

▷ アンケート調査、市場調査
ちょうさ　　しじょうちょうさ
(questionnaire survey, market survey／问卷调查、市场调查／앙케트 조사, 시장조사)

□ **調整(する)** ▷ スケジュールを調整する
ちょうせい

(to adjust／調整／조정 (to adjust a schedule／调整日程安排。／스케줄을 조정하다)
하다)

□ **調節(する)** ▷ 温度を調節する
ちょうせつ　　　　　　　　おんど　　ちょうせつ

(to regulate, to adjust／调 (to adjust the temperature／调节温度。／온도를 조절하다)
节／조절하다)

□ **挑戦(する)** ▷ 新しいことに挑戦する
ちょうせん　　　　　　　　あたら　　　　　　ちょうせん

(to take on a challenge／挑 (to take on new challenges／挑战新事物。／새로운 것에 도전하다)
战／도전하다)

□ **追加(する)** ▶ すみません、野菜サラダを二つ追加してください。
ついか　　　　　　　　　　　　　　　　　　　　やさい　　　　　　　　　ふた　ついか

(to add／追加／추가하 (Excuse me. Could you add two garden salads to our order?／劳驾,请再追加
다) 两份蔬菜沙拉。／실례합니다, 야채샐러드를 두 개 추가해 주세요.)

□ **提案(する)** ▶ 別の方法を提案しました。
ていあん　　　　　　　　　べつ　ほうほう　ていあん

(to propose／建议／제안 (I proposed a different method.／提出了另外的方法。／다른 방법을 제안
하다) 했습니다.)

□ **手入れ(する)** ▶ この庭はよく手入れされていますね。
てい　　　　　　　　　　にわ　　　　てい

(to fix up, to maintain／修 (You sure take good care of your garden.／这个庭院被修整得很好。／이
整／손질하다) 정원은 잘 손질되어 있군요.)

□ **独立(する)** ▶ いつか会社を辞めて、独立するつもりです。
どくりつ　　　　　　　　　　　　かいしゃ　や　　　　　どくりつ

(to become independent／ (I plan on quitting the company and striking out on my own some day.／我打算
独立／독립하다) 什么时候辞去工作独立单干。／언젠가 회사를 그만두고 독립할 예정입
니다.)

□ **納得(する)** ▶ 今の説明では納得できない。
なっとく　　　　　　　　　いま　せつめい　　　なっとく

(to accept, to be convinced (I can't accept the explanation that was given just now.／刚才的说明无法让
／信服／납득하다) 人信服。／지금 설명으로는 납득할 수 없다.)

□ **値上がり(する)** ▶ バス代が値上がりした。
ねあ　　　　　　　　　　　　　　だい　ねあ

(to rise in price／涨价／ (The bus fare has gone up.／巴士费涨价了。／버스 요금이 인상됐다.)
가격 인상하다)

□ **発見(する)** ▶ 新しい星が発見された。
はっけん　　　　　　　　　あたら　　ほし　はっけん

(to discover／发现／발견 (A new star has been discovered.／发现了新星星。／새 별이 발견되었
하다) 다.)

敬語 11
決まった言い方 12
動詞① 13
動詞②(～する) 14
名詞 15
形容詞 16
副詞 17
接続詞 18
ぎおん語・ぎたい語 19
カタカナ語 20

□ **発達(する)**
はったつ
(to develop, to grow／发达
／발달하다)

▷ 脳の発達、技術の発達
のう　はったつ　ぎじゅつ　はったつ

(development of the brain, evolution of technology／　大脑发达、技术发达／
뇌의 발달, 기술의 발달)

□ **判断(する)**
はんだん
(to judge, to make decisions
／判断／판단하다)

▶ 自分一人で判断しないほうがいい。
じぶんひとり　はんだん

(You shouldn't make the decision on your own.／最好不要一个人判断。／
자기 혼자서 판단하지 않는 것이 좋다.)

□ **比較(する)**
ひかく
(to compare／比較／比
较하다)

▶ 前回と比較すると、だいぶよくなっている。
ぜんかい　ひかく

(It has gotten a lot better, compared with last time.／和上次相比好了很多。
／전번과 비교하면 무척 좋아졌다.)

□ **比較的**
ひかくてき

▶ 銀行、混んでた？　── いえ、今日は比較的空
ぎんこう　こ　　　　　　　　　　　　　きょう　ひかくてき　す
いていました。

("Was the bank crowded?" "No, there were relatively few customers today."／银
行人多吗? 不, 今天比较少。／은행, 붐비었니? 아니, 오늘은 비교적 비
어 있었습니다.)

27
CD2

□ **否定(する)**
ひてい
(to deny／否定／부정하
다)

▶ 今までのやり方を否定するつもりはありません。
いま　　　　　かた　ひてい

(It's not my intent to reject the way we have been doing things.／我并不打算
否定以前的做法。／지금까지의 방법을 부정할 생각은 없습니다.)

□ **不足(する)**
ふそく
(to lack／不足／부족하
다)

▶ 確かに、私たちは経験が不足しています。
たし　　　　わたし　　　　けいけん　ふそく

(It's true we lack experience.／确实是我们的经验不足。／분명히 우리는
경험이 부족합니다.)

▷ 力不足、寝不足
ちからぶそく　ねぶそく

(insufficient strength, lack of sleep／力量不足、睡眠不足／힘 부족, 잠 부족)

□ **負担(する)**
ふたん
(to bear／負担／부담하
다)

▶ 送料はこっちが負担するそうです。
そうりょう　　　　　　ふたん

(They said that we need to bear the shipping costs.／听说运费是我们负担。
／송료는 이쪽이 부담한다고 합니다.)

□ **変化(する)**
へんか
(to change／変化／변화
하다)

▷ 気温の変化、状況の変化
きおん　へんか　じょうきょう　へんか

(change in temperature, change in the situation／气温的变化、情况的变化
／기온의 변화, 상황 변화)

□ **変更(する)**
へんこう
(to modify, to change／変
更／변경하다)

▶ 飛行機が遅れて、予定を変更しなければならな
ひこうき　おく　　　　よてい　へんこう
くなった。

(The flight was delayed, so I had to change my itinerary.／飞机晚点, 必须变
更计划。／비행기가 늦어서 예정을 변경하지 않으면 안 되게 되었다.)

敬語 11

決まった言い方 12

動詞① 13

動詞②（〜する）14

名詞 15

形容詞 16

副詞 17

接続詞 18

ぎおん語・ぎたい語 19

カタカナ語 20

□ 保存（する）
ほ ぞん
(to preserve, to store／保存／보존하다)

▶ 冷凍すれば、長期間保存できます。
れいとう　　　　　　ちょうきかんほぞん
(You can store it for a long time if you freeze it.／如果冷冻，能长时间保存。／냉동하면 장기간 보존할 수 있습니다.)

□ 満足（する）
まんぞく
(to be satisfied／満足／만족하다)

▶ 今の仕事に満足している人は6割くらいです。
いま　しごと　まんぞく　　　　　ひと　　わり
(Roughly 60% of all workers say that they are satisfied with their jobs.／对现在的工作满足的人大约有6成。／지금의 일에 만족하는 사람은 6할 정도입니다.)

□ 無視（する）
むし
(to ignore／无视／무시하다)

▶ 一回断ったのにまたメールが来たので、今度は無視することにしました。
いっかいことわ　　　　　　　　　　　　き　　　　こんど　むし
(They sent me another e-mail even though I said no to their last one, so I'm going to ignore it.／尽管拒绝了一次，但又来邮件了，这次我打算置之不理。／한번 거절했는데 또 메일이 와서 이번은 무시하기로 했습니다.)

□ 用心（する）
ようじん
(to be cautious／小心／주의하다)

▶ 最近、変な事件が多いから、夜、一人で歩くときは用心してね。
さいきん　へん　じけん　おお　　よる　ひとり　ある　　　ようじん
(A lot of strange incidents have occurred recently, so be careful when walking alone at night.／最近奇怪的事件频发，所以，晚上一个人走路时要小心。／최근, 이상한 사건이 많아서 밤에 혼자 걸을 때는 주의해.)

□ 予想（する）
よそう
(to expect, to anticipate／预想／예상하다)

▶ 予想した以上に混んでいました。
よそう　いじょう　こ
(It was more crowded than I expected.／拥挤得超出了预想。／예상했던 이상으로 붐비고 있습니다.)

□ 予防（する）
よぼう
(to prevent／预防／예방하다)

▶ 風邪の予防として、帰ったら必ず手を洗っています。
かぜ　よぼう　　　　かえ　　　かなら　て　あら
(As one way to keep from catching colds, I always wash my hands after returning home.／作为感冒的预防措施，回去后肯定洗手。／감기 예방으로 돌아가면 반드시 손을 씻고 있습니다.)

□ 理解（する）
りかい
(to understand／理解／이해하다)

▶ この言葉の意味をやっと理解することができた。
ことば　いみ　　　　りかい
(I finally understood the meaning of this word.／终于理解了这个词的意思了。／이 말의 의미를 겨우 이해할 수 있었다.)

□ 連続（する）
れんぞく
(to be in succession／连续／연속하다)

▶ 最近、同じような事件が連続して起こっている。
さいきん　おな　　　　じけん　れんぞく　お
(A series of similar incidents has taken place recently.／最近，类似的事件连续发生。／최근, 같은 사건이 연속해서 일어나고 있다.)

15 名詞 (Nouns／名词／명사)
めい し

□ 案 あん (proposal／办法、方法／ 안)	▶ 鈴木さんも何か案を出してください。 すずき　　　なに　あん　だ (Ms. Suzuki, you should submit some kind of proposal, too.／铃木先生也请想想办法吧。／스즈키 씨도 무언가 안을 내주세요.)
□ 言い訳(する) い わけ (excuse／借口／변명(하다))	▶ 彼は言い訳ばかりで、全然謝らない。 かれ　い　わけ　　　　　ぜんぜんあやま (He is always making excuses; he never apologizes.／他净是借口，一点儿都不道歉。／그는 변명만 하고 전혀 사과하지 않는다.)
□ 意志 い し (will／意志／의지)	▷ 強い意志 つよ　い　し (strong will／坚强的意志／강한 의지)
□ 一般 いっぱん (average (the public)／一般 ／일반(으로))	▶ ここはスタッフ専用の通路で、一般の方は通る せんよう　つうろ　　　いっぱん　かた　とお ことができません。 (This aisle is for staff only; the public can't use it.／这是职员的专用通道，一般人不能通过。／여기는 스태프전용의 통로로 일반인은 지나갈 수 없습니다.)
□ 居眠り(する) い ねむ (nod off／打盹儿、打瞌睡 ／졸다)	▶ あまりに眠くて、授業中、居眠りをしてしまいました。 ねむ　　　じゅぎょうちゅう　い ねむ (I was so sleepy that I nodded off during class.／太困了，上课的时候，睡着了。／너무나 졸려서 수업 중에 졸아버렸습니다.)
□ 絵本 え ほん	(picture book／连环画／그림책)
□ 贈り物(をする) おく もの (present／赠送礼物／礼 物)	▶〈店で〉贈り物なので、簡単に包んでもらえますか。 みせ　　　おく もの　　　　かんたん　つつ ((In a store) It's a present, so could you wrap it up simply for me?／"〈在商店〉这是礼物，能简单包装一下吗？"／〈가게에서〉 선물이니까 간단히 포장해 줄 수 있습니까.)
□ 落し物(をする) おと もの (lost article／遗失物品／ 물건을 떨어뜨림)	▶ あれ何だろう？ ── 誰かの落し物じゃない？ なん　　　　　だれ　　　おと もの (What's that? Probably something someone dropped.／那是什么？─是谁掉的东西吧？／저것은 무엇일까？ㅡ누군가 떨어뜨린 물건이 아닐까?)
□ 忘れ物(をする) わす もの (something forgotten／忘东 西／물건을 잃다)	▶ すみません、忘れ物をしたので取りに戻ります。 わす　もの　　　　　と　　もど (Sorry. I'm going back to get something I forgot.／不好意思，忘东西了，我回来取。／실례합니다, 물건을 잃어버려서 가지러 돌아왔습니다.)
□ おまけ(する) (lagniappe／降价；另外附 加／덤으로 받다)	▶ 以前、この店で買い物をした時、かわいい絵は いぜん　　　みせ　か　もの　　　とき がきをおまけでもらった。 え (When I bought something at this store before, they gave me a cute postcard as a lagniappe.／以前在这个商店买东西的时候，得到过可爱的明信片。／이전, 이 가게에서 쇼핑했을 때, 귀여운 그림엽서를 덤으로 받았다.)

敬語 11
決まった言い方 12
動詞① 13
動詞②（〜する） 14
名詞 15
形容詞 16
副詞 17
接続詞 18
ぎおん語・ぎたい語 19
カタカナ語 20

☐ **思い出**
おも　で
(memories／回忆／추억)

▶ この街にはいろいろな思い出があります。
まち　　　　　　　　　　　　　　おも　で
(I have many memories of this town.／这条街有着我们各种各样的回忆。
／이 거리는 여러 추억이 있습니다.)

☐ **香／香り**
かおり　かお
(fragrance／香味儿／향)

▶ この花、いい香りがするね。
はな　　　かお
(This flower has a nice fragrance.／这个花,挺香的。／이 꽃, 좋은 향이 나는군.)

☐ **課題**
か　だい
(subject, assignment／课题／과제)

☐ **可能性**
か　のうせい
(possibility／可能性／가
능성)

▶ 当たる可能性は１パーセントくらいです。
あ　　　か　のうせい
(There is only about a one-percent chance of winning.／中的可能性是百分
之一左右。／당첨될 가능성은 1퍼센트 정도입니다.)

☐ **感想**
かんそう
(impressions／感想／감
상)

▶ 映画を見た感想を聞かせてください。
えい　が　み　　かんそう　き
(Tell me your impressions of the movie you saw.／请说一下看了这部电影的
感想。／영화를 본 감상을 들려주세요.)

☐ **基礎**
き　そ
(basics／基础／기초)

▶ これは基礎から応用まで学べるコースです。
き　そ　　おうよう　まな
(This course enables you to learn everything from the basics to application.／这
个课程能从基本学到应用。／이것은 기초에서 응용까지 배우는 코스입
니다.)

☐ **喫煙（する）**
きつえん
(smoking／吸烟／담배
(피다))

▶ たばこの喫煙が病気の進行を早めます。
きつえん　びょうき　しんこう　はや
(Smoking accelerates the progress of the disease.／继续吸烟会导致病情恶
化。／담배의 끽연이 병의 진행을 빠르게 합니다.)

☐ **基本**
き　ほん
(fundamentals／基本／기
본)

▶ まずは基本をしっかり身につけましょう。
き　ほん　　　　　　み
(First master the fundamentals.／首先,要好好掌握基本的东西。／우선은
기본을 제대로 몸에 익힙시다.)

☐ **基本的（な）**
き　ほんてき
(basic／基本的、基础的
／기본적인)

▶ 基本的な質問ですみませんが、これはどういう
き　ほんてき　しつもん
意味ですか。
い　み
(I'm sorry to ask such a basic question, but what does this mean?／ 不好意
思,是个基础的问题,这是什么意思啊?／기본적인 질문이어 죄송합니
다만, 이것은 어떤 의미입니까.)

☐ **行列**
ぎょうれつ
(queue／排队／행렬)

▶ このラーメン屋はいつも長い行列ができている。
や　　　　　なが　ぎょうれつ
(This ramen shop always has a long queue in front of it.／这个拉面店总是排
着长队。／이 라면 가게는 항상 긴 행렬이 생긴다.)

☐ **くせ（癖）**
くせ
(habit／习惯／癖好／버
릇)

▶ 妹には爪をかむくせがあります。
いもうと　つめ
(My little sister has the habit of biting her nails.／妹妹有咬指甲的习惯。／여
동생은 손톱을 깨무는 버릇이 있습니다.)

□ **景色**
けしき
(scenery／景色／경치)

▶ どこか景色のいいところに行きたい。
けしき い
(I want to go somewhere that has nice scenery.／想去一些风景好的地方。
／어딘가 경치가 좋은 곳에 가고 싶다.)

□ **風景**
ふうけい
(scenes／风景／풍경)

▶ 北海道の自然から東京の街、地方のお祭りなど、
はっかいどう しぜん とうきょう まち ちほう まつ
さまざまな風景の写真があった。
ふうけい しゃしん
(There were photos of many scenes, including the nature of Hokkaido, the streets
of Tokyo, and regional festivals.／从北海道的照片到东京的街景以及地方
上的节日等等, 有各种各样的风景照。／북해도의 자연에서 동경의 거
리, 지방의 축제 등 여러 풍경의 사진이 있었다.)

□ **結論**
けつろん
(conclusion, agreement／结论／결론)

▶ 2時間話し合ったけど、結論は出なかった。
じかんはな あ けつろん で
(We talked for two hours but didn't come to an agreement.／商量了两个小
时, 没有得出结论。／2시간 이야기를 했지만, 결론은 나오지 않았다.)

□ **原因**
げんいん
(cause／原因／원인)

▷ 故障の原因、火事の原因
こしょう げんいん か じ げんいん
(cause of the trouble or breakdown; cause of the fire／事故的原因、火灾的
原因／고장의 원인, 화재의 원인.)

□ **効果**
こうか
(result, effect／效果／효과)

▶ 3カ月このダイエットをやってみたけど、効果が
げつ こうか
なかった。
(I tried dieting for three months, but there was no effect.／减肥减了三个月,
没有效果。／3개월 이 다이어트를 해 보았지만, 효과가 없었다.)

□ **心**
こころ
(heart／内心／마음)

▶ 心からお礼を申し上げます。
こころ れい もう あ
(I express my gratitude from my heart.／真心道谢。／마음으로부터 예를
말씀드리겠습니다.)

▷ 心と体、心の病気、日本人の心
こころ からだ こころ びょうき にほんじん こころ
(heart and body; psychological illness; the soul of the Japanese／内心和身
体、心病、日本人的内心／마음과 몸, 마음의 병, 일본인의 마음)

□ **差**
さ
(difference／差／차)

▶ 昼と夜の気温の差が大きい。
ひる よる きおん さ おお
(There's a big difference in temperature between day and night.／昼夜温差大
／낮과 밤의 기온 차가 크다.)

□ **最新**
さいしん
(latest／最新／최신)

▷ 最新のニュース、最新の設備
さいしん さいしん せつび
(latest news; latest facilities／最新消息、最新设备／최신 뉴스, 최신 설비)

□ **参考**
さんこう
(reference／参考／참고)

▶ よかったら、この資料を参考にしてください。
しりょう さんこう
(Please refer to this material if you like.／可以的话, 请参考一下这些资料。
／좋으시면 이 자료를 참고로 해 주세요.)

□ **種類**
しゅるい
(kinds／种类／종류)

▶ メニューは 100 種類以上ある。
しゅるいいじょう
(There are over 100 kinds of menu choices.／菜单上有一百多种类的菜肴。
／메뉴는 100종류 이상 있다.)

☐ **状況**
じょうきょう

(situation／状况、情况／상황)

▶ 電話がつながらないから、向こうの状況がわからない。

(I can't get through on the phone, so I don't know what the situation is over there.／电话打不通,不知道对方的情况。／전화가 연결되지 않으니까 건너편의 상황을 알 수 없다.)

☐ **条件**
じょうけん

(qualifications, condition／条件／조건)

▶ 募集しているんですが、なかなか条件に合う人がいません。

(We're looking for someone for the position, but it's difficult to find someone who has the right qualifications.／是在招人,但是总找不到条件合适的人。／모집하고 있지만 좀처럼 조건에 맞는 사람이 없습니다.)

☐ **常識**
じょうしき

(common sense／常识／상식)

▶ 誰がこんなところに捨てるんだ!? ── 世の中には常識のない人がいるんだよ。

(Who would throw something away in a place like this!? Some people have no common sense.／谁扔到这里的啊!？--这个世界上还真有没有常识的人。／누가 이런 곳에 버렸니!?-세상에는 상식이 없는 사람이 있다.)

☐ **状態**
じょうたい

(state／状态／상태)

▶ 熱がひどくて、外出できる状態じゃない。

(I have a terrible fever, and am in no state to go outside.／发热很厉害,不能外出。／열이 심해서 외출할 수 있는 상태가 아니다.)

☐ **情報**
じょうほう

(information／情报、信息／정보)

▶ 何か新しい情報が入ったら、知らせてください。

(If you get in any new information, please tell me.／要是有什么新消息,请告诉我。／무언가 새 정보가 들어오면 알려 주세요.)

☐ **宝**
たから

(treasure／宝物／보물)

☐ **卓球／ピンポン**
たっきゅう

(table tennis／乒乓球／탁구)

☐ **調子**
ちょうし

(condition／情况／状態)

▷ 体の調子がいい、機械の調子が悪い

(body is in good condition; machine is in bad condition／身体情况好、机械的状况不好／몸의 상태가 좋다, 기계의 상태가 나쁘다.)

☐ **都合**
つごう

(convenience of schedule／情况、情形／사정)

▶ その日はちょっと都合が悪くて……。ほかの日にしてもらえませんか。

(That day isn't convenient for me. Could you make it another day?／那天有点儿事儿……。其他日子行吗？／그날은 조금 사정이 나빠서……, 다른 날로 해 주시지 않겠습니까.)

☐ **出来事**
できごと

(event／事件、事故／일)

▶ 今年一番印象に残った出来事は何ですか。

(What was the most memorable event this year?／今年印象最深的事情是什么呢？／올해 가장 인상에 남은 일은 무엇입니까.)

☐ **電子辞書**
でんしじしょ

(electronic dictionary／电子辞典／전자 사전)

□ 伝統
でんとう
(tradition／传统／전통)

□ 伝統的（な）
でんとうてき
▷ 伝統的な行事
でんとうてき ぎょうじ

(traditional／传统的／전통적인)　(traditional event／传统节日／전통적인 행사)

□ 当然
とうぜん
▶ お礼をするのは当然のことです。
れい　　　　とうぜん

(natural, right／当然／당연)　(It is only right to express gratitude.／当然要感谢了。／예를 하는 것은 당연합니다.)

▶ そんなひどいことを言ったの？ 彼女が怒るのも
い　　　　　　　　かのじょ　おこ
当然だよ。
とうぜん

(You said something as horrible as that? Then it's only natural that she got upset.／你说得那么过分吗? 她当然要生气了。／그런 심한 것을 말했니? 그녀가 화를 내는 것도 당연하다.)

□ 特徴
とくちょう
▶ この商品の特徴は、軽くて持ち運びに便利なとこ
しょうひん　とくちょう　かる　　　も　　はこ　　べんり
ろです。

(feature／特征／특징)　(The good features of this product are that it is light and convenient to carry.／这种商品的特点就是很轻,方便携带。／이 상품의 특징은 가볍고 옮기기 편리한 점입니다.)

□ 内容
ないよう
▶ その映画は見たことあるけど、どんな内容だっ
えいが　み　　　　　　　　　　　　ないよう
たか、よく覚えてない。
おぼ

(content, what something is about／内容／내용)　(I have seen that movie, but I don't remember very well what it was about.／我看过这部电影,但是不记得内容了。／그 영화는 본 적은 있지만 어떤 내용이었는지 잘 기억하지 못한다.)

□ 中身
なかみ
▷ 箱の中身、中身が重要
はこ　なかみ　なかみ　じゅうよう

(content, contents／内容／안)　(contents of a box; What is important is content.／箱子的里面、内容重要／상자 속, 내용이 중요)

□ 無し
な
▶ じゃ、この計画は無し、ということにしましょう。
けいかく　な

(naught, zilch／没有、无／없음)　(Let's just say that this plan is naught.／那这个计划就当没有过吧。／그럼, 이 계획은 없었던 것으로 합시다.)

▷ 変更無し、問題無し
へんこう な　　もんだい な
(no change; no problem／没有变更、没有问题／변경없음, 문제없음)

□ にせ（偽）物
にせ もの
▶ 安いと思ったら、にせ物だった。
やす　おも

(fake, counterfeit／冒牌货、假货／가짜)　(I thought it was cheap; it was a fake.／还以为很便宜,结果是假货。／싸다고 생각했는데 가짜였다.)

□ 日常
にちじょう
▷ 日常会話、日常生活
にちじょうかいわ　にちじょうせいかつ

(daily／日常／일상)　(daily conversation; daily life／日常会话、日常生活／일상회화, 일상생활)

□ 売店
　ばいてん
(shop, store／小卖部／매점)

□ 場面
　ば　めん
(scene／场面／장면)

▶ 〈映画について〉一番印象的な場面はどこですか。
　　えいが　　　　　いちばんいんしょうてき　　　ば　めん
((about a movie) What was the most memorable scene?／（关于电影）你印象最深的是哪个场面？／<영화에 대해> 가장 인상적인 장면은 어디입니까?)

□ 非常
　ひ　じょう
(emergency／非常／비상)

▶ 非常口、非常手段
　ひ　じょうぐち　ひ　じょうしゅだん
(emergency exit, emergency measures／紧急出口、非常手段／비상구, 비상수단)

□ 無事
　ぶ　じ
(safe and well／平安无事／무사)

▶ ずっと連絡がとれないから心配しましたよ。でも、無事でよかったです。
　　　　　れんらく　　　　　　　　　しんぱい　　　　　　　　　ぶ　じ
(I was worried because I couldn't get in contact with you for a long time. I'm glad you're safe and well.／一直没联络上非常担心。平安就好。／쭉 연락이 안 되어서 걱정했습니다. 하지만, 무사해서 잘되었습니다.)

▶ 娘のピアノの発表会が無事終わって、ほっとしています。
　むすめ　　　　　　　はっぴょうかい　　ぶ　じ　お
(I'm relieved that my daughter's piano recital went off smoothly.／女儿的钢琴发表会顺利结束了,我也放心了。／딸의 피아노 발표회가 무사히 끝나서 안심했습니다.)

□ 雰囲気
　ふんいき
(atmosphere／气氛／분위기)

▶ ここはおいしくて雰囲気がいいので、気に入っています。
　　　　　　　　　ふんいき　　　　　　　　　き　い
(This place has good food and a nice atmosphere, so I like it.／这里的东西又好吃、气氛也好,我很喜欢。／여기는 맛있고 분위기가 좋아서 마음에 듭니다.)

□ ほこり
(dust／灰尘／자랑)

▶ ずっと掃除をしていなかったから、ほこりがたまっている。
　　　　そうじ
(Since I haven't cleaned for a long time, dust has piled up.／一直没有打扫卫生,灰尘堆积起来了。／쭉 청소하지 않았기 때문에 먼지가 쌓여 있다.)

□ 真似(する)
　ま　ね
(mimic／模仿／흉내(내다))

▶ 子どもの時からそうですが、妹はすぐ私の真似をするんです。
　　　　　とき　　　　　　　いもうと　　　わたし　ま　ね
(From our childhoods, my little sister has always immediately mimicked me.／从小时候就这样,妹妹马上就模仿我。／아이 때부터 그렇습니다만, 여동생은 금방 나의 흉내를 냅니다.)

□ 真似る
　ま　ね
(imitate／模仿／흉내 내다)

□ 無理(する)
　む　り
(too much／勉强／무리(하다))

▶ これを全部運ぶんですか。私一人じゃ無理です。
　　　　ぜんぶはこ　　　　　　わたしひとり　　　む　り
(You want me to carry all of this? That's too much for me to do by myself.／这些全部都搬吗？我一个人不行啊。／이것을 전부 나릅니까. 나 혼자서는 무리입니다.)

▶ 具合が悪いんでしょ。あまり無理しないで。
ぐ あい わる　　　　　　　　　　　　　　　む り

(You're not feeling well, right? Please don't overdo it.／你身体不太舒服吧。
别硬撑。／몸의 상태가 나쁘지? 무리하지 마라.)

□ 目的
もくてき

(objective／目的／목적)

▷ 来日の目的、練習の目的
らいにち もくてき れんしゅう もくてき

(objective of coming to Japan; objective of the drills／来日本的目的、练习的
目的／일본에 온 목적, 연습 목적)

□ 目標
もくひょう

(goal／目标／목표)

▶ これからも、教師になるという目標に向かって頑
きょうし　　　　　　　 もくひょう む　　　　　　 がん
張ってください。
ば

(Please try hard to achieve your goal of becoming a teacher.／今后也要朝着
当老师的目标不断努力。／앞으로도 교사가 되는 목표를 향하여 노력
해 주세요.)

□ 元
もと

(original／原来／원래)

▶ 使ったら、元の場所に戻しておいてください。
つか　　　　　 もと ばしょ もど

(Please return it to its original place when you're done using it.／使用后，请放
回原处。／사용하면 원래 장소에 돌려놓아 주세요.)

□ 物
もの

(things／事物／물건)

▷ 自分の物、便利な物
じ ぶん もの べんり もの

(one's own things; convenient things／自己的东西、方便的东西／자기의
것, 편리한 것)

▷ 大切なもの、気になるもの
たいせつ　　　　　 き

(important things; things that are of concern／重要的东西、担心的东西／중
요한 것, 신경이 쓰이는 것)

□ 様子
ようす

(appearance; situation／样
子、情况／모습)

▶ 会場の様子が気になるので、ちょっと見てきます。
かいじょう ようす き　　　　　　　　　　　　　　 み

(I'm concerned about the appearance of the meeting venue, so I think I'll go
check on it.／我担心会场的情况，过来看看。／회장의 모습이 신경이 쓰
이니까 조금 보고 오겠습니다.)

□ 歴史
れきし

(history／历史／역사)

▶ このお祭りには500年の歴史がある。
まつ　　　　　　　 ねん れきし

(This festival has 500 years of history.／这个节日有五百年的历史。／이 축
제는 500년의 역사가 있다.)

⑯ 形容詞 けいようし （Adjectives／形容詞／형용사）

敬語 11
決まった言い方 12
動詞① 13
動詞②（〜する） 14
名詞 15
形容詞 16
副詞 17
接続詞 18
ぎおん語・ぎたい語 19
カタカナ語 20

□ 曖昧（な）
あいまい

(ambiguous／模糊的、不清楚的／애매(한))

▶ そんな曖昧な答えでは困ります。
あいまい こた こま

(A wishy-washy answer like that doesn't help me.／那么不清楚的答案,真让人为难。／그런 애매한 답으로는 곤란합니다.)

□ 怪しい
あや

(suspicious／样子奇怪的、可疑的／이상하다)

▶ あそこにサングラスをかけた怪しい人がいる。
あや ひと

(There's a suspicious man in sunglasses over there.／那里有个带着墨镜的人,样子挺奇怪的。／저기에 선글라스를 낀 이상한 사람이 있다.)

□ いい加減（な）
か げん

(irresponsible, outrageous／适可而止的、马马虎虎、靠不住／적당(히 하는))

▶ 彼はいいかげんだから、大事なことは頼めない。
かれ だいじ たの

(She's irresponsible, so I can't trust her with big tasks.／他靠不住,重要的事情别拜托他。／그는 적당히 하는 사람이니까 중요한 일은 부탁할 수 없다.)

▶ また間違い電話？ いいかげんにしてほしいね！
まちが でんわ

(Another wrong number? I wish these people would learn how to use the phone!／又打错电话啦? 拜托别再打来了。／또 잘 못 걸려온 전화? 적당히 해라!)

□ 薄暗い
うすぐら

(dim／昏暗的、微暗的／어득하다)

▶ そんな薄暗いところで読んでると、目が悪くなるよ。
うすぐら よ め わる

(Your eyes will go bad if you keep reading in a poorly lit place like that.／在这么昏暗的地方读书的话,眼睛会变坏的哟。／그런 어둑한 곳에서 책을 읽고 있으면 눈이 나빠진다.)

□ おかしい

(odd, improper, funny／可笑的、可疑的、不正常的、奇怪的／이상하다, 웃기다)

▶ あの人の言っていることはおかしいと思う。
ひと い おも
—— 確かにちょっと乱暴な意見だよね。
たし らんぼう いけん

("I think what he says is off base." "He does have a bit of a blunt opinion."／他说的东西挺奇怪的。——确实是些粗鲁的意见。／저 사람이 말하는 것은 이상하다고 생각한다.--분명히 조금 난폭한 의견이군.)

▶ 何がそんなにおかしいの？ 笑わないでよ。
なに わら

(What's so funny? Stop laughing.／什么这么可笑啊? 别笑了啊! ／뭐가 그렇게 재미있니? 웃지 마.)

□ おかし（な）

(odd, funny／可笑的／이상한, 우스운)

▷ おかしな顔
かお

(funny face／可笑的样子／재미있는 얼굴)

□ おしゃれ（な）

(stylish, chic／时髦的、好打扮的、好修饰的／치장(한))

▷ おしゃれな人／服
ひと ふく

(stylish person/clothes／好打扮的人/时髦的衣服／치장한 사람/옷)

▶ 今日はホテルで食事なので、ちょっとおしゃれ
をして行きます。

(I'm dining at a hotel today, so I'm going to get a little dressed up.／今天在酒店就餐，打扮一下再去。／오늘은 호텔에서 식사이기 때문에 조금 치장을 하고 갑니다.)

□ 主(な)
　おも

(main／主要的／주(된))

▶ 今回の旅行の主な目的は、昔の友だちに会うこと
でした。

(The main purpose of my upcoming trip is to visit with a old friend.／这次旅行的主要目的是见过去的朋友。／이번 여행의 주된 목적은 옛 친구를 만나는 것이었습니다.)

□ 主に
　おも

(mainly／主要／주로)

▶ この病気には、主に３つの原因が考えられます。

(There are mainly three factors that lead to this disease.／这个病，主要有三个原因。／이 병에는 주로 3개의 원인을 생각할 수 있습니다.)

□ 確実(な)
　かくじつ

(reliable, certain／確実、
可靠、确凿／확실(한))

▷ 確実な方法
　かくじつ　ほうほう

(a surefire method／可靠的方法／확실한 방법)

□ 硬い／固い
　かた　　かた

(hard, stiff, tight／坚硬的／
紧的／딱딱 하다)

▷ 硬い木、体が硬い
　かた　き　からだ　かた

(hard wood, body is stiff／硬木头、身体僵硬／딱딱한 나무, 몸이 딱딱하다)

▶ ふたが固くて開けられない。
　　　　かた　　あ

(I can't open this because the lid is screwed on tight.／盖子太紧了，打不开。／뚜껑이 딱딱해서 열수가 없다.)

□ 可能(な)
　かのう

(possible／可能的／가능
(한))

▶ このホテルなら、ペットと一緒に泊まることも
可能です。
　かのう

(If we choose this hotel, we'll be able to have our pets stay with us.／这个酒店的话，可以和宠物一起住宿。／이 호텔이라면 애완동물과 함께 묵는 것도 가능합니다.)

□ 不可能(な)
　ふかのう

(impossible／不可能的／
불가능(한))

▶ これを明日までにやるのは不可能です。
　　　　あした　　　　　　　ふかのう

(It's impossible to get this done by tomorrow.／这件事明天之前做完是不可能的。／이것을 내일까지 하는 것은 불가능합니다.)

□ 完全(な)
　かんぜん

(complete／完全、完美／
완전(한))

▷ 完全な計画
　かんぜん　けいかく

(a complete plan／完美的计划／완전한 계획)

□ 完全に
　かんぜん

(completely／完全、彻底
／완전히)

▶ もう９時!?　だめだ、完全に遅刻だ！
　　　　じ　　　　　　　かんぜん　ちこく

(It's 9 o'clock already? Oh no, I'm totally late!／已经九点了！？ 不好，彻底迟到了。／벌써 9시! 안된다, 완전히 지각이다!)

11 敬語
12 決まった言い方
13 動詞①
14 動詞②（〜する）
15 名詞
16 形容詞
17 副詞
18 接続詞
19 ぎおん語・ぎたい語
20 カタカナ語

□ **きつい**
（tight, tough／紧紧的、没有空隙的、吃力的、费力的／작다, 힘들다）

▶ Ｓサイズだと、ちょっときつい。
(Size S is a little tight for me.／要是S号的话，就有些紧了。／Ｓサイズ이면 조금 작다.)

▶ 仕事はちょっときついけど、給料はいいです。
(My job is a little tough, but it pays well.／工作有些吃力，工资还不错。／일은 조금 힘들지만, 급료는 좋습니다.)

□ **臭い**（くさい）
（smelly／臭的／악취가 나다）

▶ この部屋、ちょっとたばこ臭い。
(This room stinks of cigarettes a bit.／这个房间有些烟臭味儿。／이 방, 조금 담배냄새가 난다.)

□ **詳しい**（くわしい）
（detailed, knowledgeable／详细的／상세하다）

▷ 詳しい内容／説明、法律に詳しい
(detailed content/explanation, knowledgeable about law／详细的内容/说明，精通法律／상세한 내용/ 설명, 법률에 자세하다)

□ **幸運（な）**（こううん）
（lucky, fortunate／幸运的／행운(인)）

▶ こんな素晴らしい経験ができて、幸運だと思う。
(I'm lucky to have had such a wonderful experience as this.／有这么出色的经验，我认为真是很幸运。／이런 멋진 경험을 할 수 있어서 행운이라고 생각한다.)

□ **不運（な）**（ふうん）
（unfortunate／不走运的／불운(인)）

□ **高価（な）**（こうか）
（expensive／贵的、高价的／고가(인)）

▶ こんな高価なもの、いただけません。　―― いえいえ、そんなに高いものではないです。
("I can't take something expensive like this." "Oh, it's not that expensive."／这么贵的东西，我不能接受。———没有没有，并不是那么贵。／이런 고가인 것, 받을 수 없습니다.--아니요, 그렇게 비싼 것은 아닙니다.)

□ **幸福（な）**（こうふく）
（happy／幸福的／행복(한)）

□ **不幸（な）**（ふこう）
（unhappy, miserable／不幸的／불행(한)）

▶ 結婚して幸せになる人もいれば、不幸になる人もいる。
(Marriage makes some people happy, others miserable.／有结婚后生活得很幸福的人，也有不幸福的人。／결혼해 행복하게 되는 사람도 있다면 불행하게 되는 사람도 있다.)

□ **盛ん（な）**（さかん）
（thriving, popular, active／繁荣的、昌盛的／활발(한)）

▶ この地方は、昔から米作りが盛んなところです。
(This region has been a rice belt for centuries.／这个地方很久以前就盛产大米。／이 지방은 옛날부터 쌀농사가 활발한 곳입니다)

□ **様々（な）**（さまざま）
（various／各种各样的／여러）

▷ さまざまな職業
(various occupations／各种职业／여러 직업)

□ **騒がしい**（さわがしい）
（noisy, raucous／吵闹的、喧嚣的／시끄럽다）

▶ 外が騒がしいね。何かあったのかなあ。
(It sure is noisy outside. Maybe something happened.／外面真吵。发生什么事儿了。／밖이 시끄럽군요. 무언간 있었던 것일까.)

□ **自然（な）**
しぜん

　▶ お昼を食べたあと眠くなるのは、自然なことですよ。
　　ひる　　た　　　　　　　ねむ　　　　　　　　　　しぜん

(natural／自然的／자연(스러운))

(It's natural for people to feel sleepy after eating lunch.／吃了午饭就犯困是很自然的事情。／점심을 먹은 다음 졸리는 것은 자연스러운 일입니다.)

□ **自然に**
しぜん

　▶ あまり難しく考えないで、もっと自然に話したほうがいいです。
　　　　むずか　かんが　　　　　　　　　　　　　　しぜん　はな

(naturally／自然／자연히)

(Instead of thinking too deeply, you should just speak more naturally.／别想得太难, 说得更自然一点儿。／그다지 어렵게 생각하지 말고 좀 더 자연스럽게 말하는 편이 좋습니다.)

□ **自由（な）**
じゆう

　▶ 服装は自由です。
　　ふくそう　じゆう

(free／自由的／자유(로운))

(You may wear whatever you like.／服装自由。／복장은 자유입니다.)

□ **自由に**
じゆう

　▶ どうぞご自由にお持ち帰りください。
　　　　　じゆう　　も　　かえ

(freely／自由地、随便／자유롭게)

(Feel free to take it home with you.／请随便带回去。／자유롭게 가지고 가십시오.)

□ **不自由（な）**
ふじゆう

　▷ 不自由な生活、体の不自由な方
　　ふじゆう　せいかつ　からだ　ふじゆう　かた

(inconvenient, impaired／不自由,不方便／부자유(한))

(a hard life, disabled person／不自由的生活、身体有障碍的人／부자유스러운 생활, 몸의 불편한 분.)

□ **真剣（な）**
しんけん

　▶ 人が真剣に話しているときに冗談を言うなよ。
　　ひと　しんけん　はな　　　　　　　じょうだん　い

(serious／认真的／진지(한))

(Don't joke around when someone is trying to have a serious talk.／别人在认真说话的时候, 请别开玩笑。／사람이 진지하게 이야기하고 있을 때에 농담하지 마라.)

□ **新鮮（な）**
しんせん

　▷ 新鮮な野菜
　　しんせん　やさい

(fresh／新鲜的／신선(한))

(fresh vegetables／新鲜的蔬菜／신선한 야채)

□ **鋭い**
するど

　▶ へー、こんな硬い実を食べるんだ。　── けっこう鋭い歯をしているからね。
　　　　　かた　み　た　　　　　　　　　　　するど　は

(sharp／尖的、锋利的／날카롭다)

("Wow, they eat hard nuts like these." "Well, they can because they have got some pretty sharp teeth."／咦, 吃这么硬的果实啊。─牙真好啊。／허, 이런 딱딱한 열매를 먹는구나.--꽤 날카로운 이를 가졌으니까.)

□ **正確（な）**
せいかく

(accurate, correct／正确的／정확(한))

□ **贅沢（な）**
ぜいたく

　▶ ボーナスが入ったから、ちょっとぜいたくな食事をしました。
　　　　　　はい　　　　　　　　　　　　　　　しょく

(extravagant／奢侈的／사치(스러운))

(I received my bonus today, so I splurged a little on dinner.／领奖金了, 吃了点顿奢侈的饭。／보너스가 들어와서 조금 사치스러운 식사를 했습니다.)

□ **退屈（な）**
たいくつ

(boring／无聊的／지루(한))

33
CD2

□ **退屈(する)**
たいくつ
(bored／无聊／지루(하다))

▶ 退屈してるなら、こっち来てちょっと手伝って。
たいくつ　　　　　き　　　　　　　てつだ
(If you're bored, then come here and give me a hand.／如果你感到无聊,就到我这里来帮忙。／지루하면 이쪽으로 와서 조금 도와줘.)

□ **確か(な)**
たし
(certain／真的、确实／분명(한))

▶ それは確かですか。　── ええ。本人から聞きました。
たし　　　　　　　　　　　　ほんにん　　　き
("Is that for sure?" "Yes, she told me herself."／那是真的吗? ──是啊,是从他本人那里听说的。／그것은 분명합니까?--네. 본인에게서 들었습니다.)

□ **確かに**
たし
(certainly／确实／분명히)

▶ 確かに彼女は美人だと思う。
たし　　かのじょ　びじん　　　おも
(I think she's definitely a beauty.／她确实是个美女。／분명히 그녀는 미인일 것이라고 생각해)

□ **確か**
たし
(maybe／确实／분명히)

▷ チケットは確か今日、発売だったと思う。
たし　きょう　はっぱい　　　おも
(Tickets go on sale today, if I remember correctly.／票确实是今天发售。／티켓은 분명히 오늘 발매였다고 생각한다.)

□ **適当(な)**
てきとう
(appropriate, suitable／适当的、正好的／적당(한))

▶ 〈試験問題〉次の（　　　）に適当な言葉を入れなさい。
しけんもんだい　つぎ　　　　　　てきとう　ことば　い
((Test question) Fill in the following blank with an appropriate expression.／〈试题〉请将正确的词语填入下列（　　）里。／<시험 문제> 다음의 （　　） 에 적당한 말을 넣으시오.)

□ **適当に**
てきとう
(as one sees fit／适当／적당히)

▶ どういうお菓子がいい？　── 適当に選んで買ってきて。任せる。
かし　　　　　　　　てきとう　えら　　　か　　　まか
("What sort of sweets should I get?" "Just buy whatever you think is best. I'll leave it up to you."／什么糕点好? ──你看着买吧。拜托了。／어떤 과자가 좋니?--적당히 골라 사 와. 맡길게.)

□ **不適当(な)**
ふてきとう
(unsuitable, improper／不恰当的／부적당(한))

□ **鈍い**
にぶ
(dull, slow／迟钝的／둔하다)

▶ 寒いと動きが鈍くなりませんか。
さむ　うご　にぶ
(Do you feel sluggish when it's cold?／冷的话,动作就会变慢吧。／추우면 움직임이 둔해지지 않습니까.)

▷ 足の感覚が鈍くなる
あし　かんかく　にぶ
(legs start to feel numb／脚的感觉变得迟钝起来／발의 감각이 둔해지다.)

□ **激しい**
はげ
(intense／激烈的／격렬하다)

▶ 熱が下がるまで、激しい運動はしないでください。
ねつ　さ　　　　　はげ　　うんどう
(Avoid all strenuous activity until your fever comes down.／在烧没有退之前,别剧烈运动。／열이 내리기까지 격렬한 운동은 하지 말아 주세요.)

□ **激しく**
はげ
(intensely／过甚地、激烈地／격렬히)

□ 微妙（な）
びみょう
(subtle, tricky／微妙的／
미묘(한))

▷ 微妙な問題
びみょう もんだい
(tricky problem／微妙的问题／미묘한 문제)

□ 微妙に
びみょう
(subtly／微妙／미묘하
게)

▶ この二つは似てるけど、微妙に違う。
ふた に びみょう ちが
(These two look alike, but they are subtly different.／这两个很相似 ,但有点儿
细微的差别。／이 두 개는 닮았지만 미묘하게 다르다)

□ 貧乏（な）
びんぼう
(poor, impoverished／贫穷的／가난(한))

□ 平気（な）
へいき
(nonchalant, indifferent／
满不在乎的／아무렇지
않은)

▶ この子は転んでも平気な顔をしている。
こ ころ へいき かお
(That kid looks unfazed for someone who just fell down.／这个小孩，就是摔
倒了也满不在乎的样子。／이 아이는 넘어져도 아무렇지 않은 얼굴을
하고 있다.)

□ 平和（な）
へいわ
peaceful／和平的／평화
(로운)

▶ 戦争のない、平和な世界になってほしいと思う。
せんそう へいわ せかい おも
(I wish for a peaceful world free of war.／希望能成为没有战争、和平的世
界。／전쟁이 없는 평화로운 세계가 되었으면 한다.)

□ 豊富（な）
ほうふ
(abundant／丰富的／풍
부(한))

▶ 彼は知識も経験も豊富です。
かれ ちしき けいけん ほうふ
(He has tons of knowledge and experience.／他知识和经验都很丰富。／그
는 지식도 경험도 풍부합니다.)

□ めちゃくちゃ(な)／
めちゃめちゃ(な)
(wrecked, in a mess／乱
七八糟的／엉망)

▶ 台風で畑がめちゃくちゃになった。
たいふう はたけ
(The typhoon pulverized the crops.／台风把田地吹得乱七八糟的。／태풍
으로 밭이 엉망이 되었다.)

□ めちゃくちゃ
(incredibly, absolutely／特
别、非常、很／무척)

▷ めちゃくちゃ面白い / 安い
おもしろ やす
(incredibly funny/cheap／非常有趣/非常便宜／무척 재미있다/ 싸다)

□ 面倒（な）
めんどう
(hassle, trouble／麻烦的
／귀찮(은))

▶ 手続きがこんなに面倒だとは思わなかった。
てつづ めんどう おも
(I didn't think the procedures would be this much of a hassle.／没想到手续这
么麻烦。／수속이 이렇게 귀찮다고는 생각하지 못했다.

□ ものすごい
(tremendous, incredible／惊
人的、可怕的／굉장하다)

▶ 今、外でものすごい音がしたね。
いま そと おと
(There was a loud noise outside just now, wasn't there?／刚才听到外面发出
很响的声音。／지금, 밖에서 굉장한 소리가 났다.)

□ ものすごく
(incredibly／很、非常／굉
장히)

▶ 森さんを誘う？ ── 彼女はだめ。今、ものす
もり さそ かのじょ いま
ごく忙しいって。
いそが
("Shall we invite Mori?" "She can't come. She said she's incredibly busy now."／
要邀请森小姐吗？──她不行吧。听说她很忙。／모리 씨를 같이 가자
고 할까？--그녀는 안돼. 지금 굉장히 바쁘대.)

敬語 11
決まった言い方 12
動詞① 13
動詞②（〜する） 14
名詞 15
形容詞 16
副詞 17
接続詞 18
ぎおん語・ぎたい語 19
カタカナ語 20

□ **ゆるい**
(loose, gentle／宽松的／느슨하다)

▶ スカートのゴムがちょっとゆるい（←→きつい）。
My skirt's elastic waist is a bit loose. (←→ tight)／裙子的裤腰有些松(←→紧)。／스커트의 고무가 조금 느슨하다(←→조인다))

▷ ゆるい（←→急な）カーブ、規則がゆるい
(gentle (←→sharp) curve, the rules are lax／缓的(←→急的)拐弯处、规定宽松／완만한 (←→급한) 커브, 규칙이 느슨하다)

□ **乱暴（な）**
らんぼう
(violent／粗鲁的、粗暴的、野蛮的／난폭(한))

▷ 乱暴な運転、乱暴な性格
らんぼう うんてん　らんぼう せいかく
(reckless driving, violent temperament／开车野蛮、粗鲁的性格／난폭한 운전, 난폭한 성격)

□ **乱暴に**
らんぼう
(roughly, violently／不客气地、粗暴地、野蛮地／난폭하게)

▷ ドアを乱暴に閉める
らんぼう　　し
(to open the door roughly／很野蛮地关门／문을 난폭하게 닫)

□ **乱暴（する）**
らんぼう
(to assault／乱动手／난폭하다)

□ **冷静（な）**
れいせい
(calm, cool／冷静的／냉정(한))

▷ 冷静な判断
れいせい　はんだん
(cool judgment／冷静的判断／냉정한 판단)

□ **冷静に**
れいせい
(calmly, coolly／冷静／냉정하게)

▶ 地震や火災が起きたときは、あわてず、冷静に行
じしん　かさい　お　　　　　　　　　　れいせい　こう
動するようにしてください。
どう
(In the event of an earthquake or fire, do not panic. Instead, calmly respond to the situation.／发生地震或者火灾的的时候，不要着急，要冷静处理。／지진이나 화재가 일어났을 때는 당황해 하지 말고 냉정하게 행동하도록 해 주세요.)

□ **若い**
わか
(young／年轻／어린)

▷ 若い女性、若い木、若い会社
わか じょせい　わか き　わか かいしゃ
(young woman, young tree, young company／年轻女子，幼树，年轻的公司／젊은 여성, 젊은 나무, 젊은 회사)

34
CD2

17 副詞（ふくし） (Adverbs／副词／부사)

☐ **一時**（いちじ）
(at one time／曾经、当时／한 때)

▶ 一時（いちじ）、東京（とうきょう）に住（す）んでいました。
(I lived in Tokyo at one point.／曾经住在东京。／한 때 동경에 살았었습니다.)

▶ 危（あぶ）なかったですね。一時（いちじ）はどうなるかと思（おも）いました。
(That was dangerous! At one point I was wondering what was going to happen.／好危险呀。当时真不知道会怎样。／위험했군요. 한 때는 어떻게 되는가 싶었습니다.)

☐ **一度に**（いちどに）
(all at once／一下子／한 번에)

▶ 一度（いちど）に全部（ぜんぶ）覚（おぼ）えられないので、メモを取（と）ってもいいですか。
(I can't remember everything all at once - can I take notes?／因为不可能一下子全记住，可以记笔记吗。／한 번에 전부 외울 수 없으니까 메모를 해도 됩니까?)

☐ **いつか**
(someday／什么时候／언젠가)

▶ いつか、富士山（ふじさん）に登（のぼ）ってみたいです。
(I'd like to climb Mount Fuji someday.／想什么时候去登富士山。／언젠가 후지 산에 올라 보고 싶습니다.)

☐ **一瞬**（いっしゅん）
(in an instant／一瞬间／일순)

▶ イエスとノーを間違（まちが）えて押（お）したら、データが一瞬（いっしゅん）で消（き）えてしまった。
(I mistook "yes" for "no" and when I pressed the button, all my data got deleted in an instant.／把Yes和No摁错了，数据瞬间消失了。／예스와 노를 잘못 눌렀더니 데이터가 일순에 사라져버렸다.)

▶ 一瞬（いっしゅん）の出来事（できごと）で、何（なに）が何（なん）だか、わかりませんでした。
(For a fleeting moment, I had no idea what was what.／一瞬间发生的事情，不知道究竟是怎么回事儿。／한순간에 생긴 일이어서 무엇이 무엇인지 모르겠습니다.)

☐ **一層**（いっそう）
(all the more, even more／更加／한층)

▶ 温（あたた）めると一層（いっそう）おいしくなります。
(It'll be even more delicious if you heat it up.／加热后更好吃。／데우면 한층 맛있어집니다.)

☐ **いったい**
(on earth, at all／究竟／도대체)

▶ いったい誰（だれ）がこんなことをしたんだろう。
(Who on earth would do such a thing?／究竟是谁干了这种事。／도대체 누가 이런 것을 했을까.)

☐ **一方**（いっぽう）
(although, on the one/other hand／一方面／한편)

▶ 新（あたら）しい治療（ちりょう）が期待（きたい）される一方（いっぽう）、その費用（ひよう）が心配（しんぱい）されています。
(Although the new treatment is eagerly anticipated, there are also concerns about its cost.／一方面期待新的治疗，却又担心费用。／새 치료가 기대되는 한편, 그 비용이 걱정되고 있습니다.)

敬語 11

決まった言い方 12

動詞① 13

動詞②（〜する） 14

名詞 15

形容詞 16

副詞 17

接続詞 18

ぎおん語・ぎたい語 19

カタカナ語 20

□ **多く**
おお
(many／許多／많이)

▶ ここには外国人の観光客も多く訪れる。
がいこくじん　かんこうきゃく　おお　おとず

(Many foreign tourists also visit this place.／也有许多外国游客来这里。／여기에는 외국인 관광객도 많이 방문한다.)

□ **おおよそ／およそ**
りょこう

▶ ハワイに旅行するとしたら、おおよそいくらぐらいかかりますか。

(approximately／大約／대략)

(How much would it roughly cost to go on vacation in Hawaii?／如果去夏威夷旅行，大约花费多少钱呢？／하와이에 여행한다고 하면 대략 얼마 정도 걸립니까.)

□ **恐らく**
おそ

▶ みんなとサッカーができるのは、恐らくこれが
おそ
最後だと思います。
さいご

(probably／恐怕／틀림없이)

(I think this is probably the last time that I'll be able to play soccer with everyone.／能和大家踢足球,恐怕这是最后一次了。／모두와 축구를 할 수 있는 것은 틀림없이 이것이 마지막이라 생각합니다.)

□ **かなり**

▶ 私が浅草に行ったのは、かなり前のことです。
わたし　あさくさ　い　　　　　　　　　まえ

(fairly, quite／很／상당히)

(The last time I went to Asakusa was quite a while back.／我去浅草，那是很早之前的事。／내가 아사쿠사에 갔던 것은 상당히 오래전의 일입니다.)

□ **気軽に**
きがる
(casual／轻松、随意／가볍게)

▶ 気軽に話しかける、気軽なお店
きがる　はな　　　　　きがる　　みせ

(to casually chat someone up, a casual restaurant／随意打招呼、轻松愉快的店／가볍게 말을 걸다, 가벼운 가게.)

▷ どうぞ気軽にしてください。

(Please make yourself at home.／请放松一些。／부디 선선히 행동해 주세요.)

□ **きちんと**

▶ もうすぐお客さんが来るから、いすをきちんと
きゃく　　く
並べておいてくれる？
なら

(properly, neatly／整齐／제대로)

(Our customers are coming soon - could you please arrange the chairs properly?／客人马上就来,能帮我把椅子摆整齐吗？／이제 곧 손님이 오니까 의자를 제대로 늘어놓아 줄래?)

□ **偶然**
ぐうぜん
(by chance/coincidence／偶然／우연)

▶ 今朝、原さんと偶然、駅で会いました。
けさ　はら　　　ぐうぜん　えき　あ

(I ran into Hara-san by chance at the station this morning.／今天早晨在车站偶然碰上了原。／오늘 아침, 하라 씨와 우연히 역에서 만났습니다.)

□ **結局**
けっきょく
(in the end／最终／결국)

▶ この前の話、結局、どうなりましたか。
まえ　はなし　けっきょく

(That thing you mentioned the last time - what happened in the end?／上次那个事,最终怎么样了？／일전의 이야기, 결국 어떻게 되었습니까?)

□ **さっさと**

▶ さっさと仕事を終わらせて、早く帰ろう。
しごと　お　　　　　　はや　かえ

(quickly／赶快／재빨리)

(Let's get this work done quickly and go home early.／赶快把工作干完,咱们早点回去吧。／빨리 일을 마치고 빨리 집에 돌아가자.)

□ **早速**
さっそく
(soon, prompt／马上／곧)

▶ 新聞に広告を出したら、早速、電話がかかってきた。
しんぶん こうこく だ さっそく でんわ
(We started getting calls soon after we placed an ad in the newspaper.／在报纸上登了广告，结果马上就有电话打来。／신문에 광고를 냈더니 곧 전화가 걸려 왔다.)

□ **ざっと**
(brief, quick／大致／대강)

▶ この資料をざっと読んでおいてください。
しりょう よ
(Please take a quick look at these documents.／请大致浏览一下这份资料。／이 자료를 대강 읽어 두세요.)

□ **さらに**
(even more, another／更加／더욱)

▶ 新しくなって、さらに使いやすくなりました。
あたら つか
(This new version has become even easier to use.／变新了,更容易用了。／새롭게 돼서 더욱 사용하기 쉬워졌습니다.)

□ **しかも**
(moreover, and／而且／게다가)

▶ この店はいいですよ。料理がすごくおいしくて、しかも安いんです。
みせ りょうり
やす
(This is a really good place. The food is delicious, and it's cheap!／这家店很好。饭菜非常好吃,而且便宜。／이 가게는 좋습니다. 요리가 무척 맛있고 게다가 쌉니다.)

□ **実際／実際に**
じっさい じっさい
(for real／实际上／실제/실제로)

▶ 写真では何度か見ましたが、実際に見るのは初めてです。
しゃしん なんど み じっさい み はじ
(I've seen it several times in photos, but this is my first time seeing the real thing.／在照片上见好几次,实际见面还是第一次。／사진에서는 몇 번이나 보았습니다만, 실제로 보는 것은 처음입니다.)

□ **実は**
じつ
(actually／说实话／실은)

▶ 週末は時間がありません。実はまだレポートを書いていないんですよ。
しゅうまつ じかん じつ
か
(I don't have time on the weekends. Actually, I haven't written up the report yet.／周末没有时间.说实话,我还没写报告呢。／주말은 시간이 없습니다. 실은 아직 리포트를 쓰지 않았습니다.)

□ **しばしば**
(often／经常／종종)

▶ 都会では、こういう問題がしばしば起こります。
とかい もんだい お
(This sort of problem happens quite often in big cities.／在城市里,这样的问题经常发生。／도회에서는 이런 문제가 가끔 일어납니다.)

□ **徐々に**
じょじょ
(gradually／逐渐／서서히)

▶ 事故の原因が、徐々に明らかになってきた。
じこ げんいん じょじょ あき
(The cause of the accident gradually became clear.／事故的原因逐渐清楚了。／사고의 원인이 서서히 밝혀졌다.)

□ **ずいぶん(随分)**
ずいぶん
(a lot, considerably／非常／무척)

▶ 随分大きな荷物ですね。何が入ってるんですか。
ずいぶんおお にもつ なに はい
(That's quite a big bag you have there. What's in it?／好大的行李呀。装了什么? ／무척 큰 물건이군요. 무엇이 들어 있습니까?)

敬語 11

決まった言い方 12

動詞① 13

動詞②（～する） 14

名詞 15

形容詞 16

副詞 17

接続詞 18

ぎおん語・ぎたい語 19

カタカナ語 20

□ **少なくとも**
すく

（at least／至少／적어도）

▶ 次に薬を飲むまで、少なくとも3時間は空けてください。
つぎ くすり の　　　　　　すく　　　　　　 じかん あ

（Please wait at least 3 hours until you next drink your medicine.／到下次吃药前至少要间隔3个小时。／다음에 약을 먹기까지 적어도 3시간은 비워 두세요.）

□ **ずっと**

（the whole time, all along／一直／쭉）

▶ どこに行ってたんですか。みんな、ずっと心配してたんですよ。
い　　　　　　　　　　　　　　　　　しんぱい

（Where did you go? Everyone was worried about you the whole time.／你去哪了？大家一直都在担心。／어디에 갔습니까? 모두, 쭉 걱정했었습니다.）

□ **既に**
すで

（already／已经／이미）

▶ すみません、こちらの商品は、既に全部売り切れてしまいました。
しょうひん　　 すで ぜんぶ う き

（I'm sorry - this product is already sold out.／对不起,这边的商品已经全部卖完了。／미안합니다. 이쪽 상품은 이미 전부 팔려 버렸습니다.）

□ **せっかく**

（taking the effort/trouble to／好不容易／모처럼）

▶ せっかく東京に来たんだから、秋葉原に行ってみたいです。
とうきょう き　　　　　　あきはばら い

（I took the trouble to come all the way to Tokyo, so I'd like to go to Akihabara.／好不容易来到东京,想去秋叶原看看。／모처럼 동경에 왔으니까 아카하바라에 가 보고 싶습니다.）

□ **絶対に**
ぜったい

（absolutely／绝对／절대로）

▶ 飛行機に乗り遅れるので、絶対に遅刻しないでください。
ひこうき の おく　　　　　 ぜったい ちこく

（Please be absolutely sure not to be late, or you'll miss the plane.／会赶不上飞机的,请绝对不要迟到。／비행기를 놓치니까 절대로 지각하지 말아 주세요.）

□ **そう**

（that, so／那么／그렇게）

▶ この仕事は、そう簡単じゃないと思う。
しごと　　　　　 かんたん　　　　 おも

（I don't think this job is that easy.／我觉得这工作不那么简单。／이 일은 그렇게 간단하지 않다고 생각한다.）

▶ 先にお昼を食べる？ ── うん、そうしよう。
さき ひる た

（Shall we have lunch first? --Yeah, let's do that.／先吃午饭吗？ ──嗯,好吧。／먼저 점심을 먹을래?--응, 그렇게 하자.）

□ **相当**
そうとう

（considerably, quite／相当／상당히）

▶ すみません、駅はどっちですか。 ── 歩いて行くんですか。相当ありますよ。
えき　　　　　　　　　　　　　　 ある
い　　　　　　 そうとう

（Excuse me, where's the station? --Are you planning on walking there? It's quite far away.／不好意思,车站在哪边？ ──你走着去吗？相当远的。／실례합니다. 역은 어느 쪽입니까?--걸어서 갑니까? 상당히 걸립니다.）

□ **たまたま**

（by chance/coincidence／碰巧／우연히）

▶ 「雪まつり」は見たことがあります。出張で北海道に行ったのが、たまたまその時期だったんです。
ゆき み　　　　　　　　　　　 しゅっちょう ほっかいどう
い　　　　　　　　　　　　 じき

（I've seen the snow festival before. I happened to be in Hokkaido on a business trip at the time.／我看过"雪节"。出差去北海道,碰巧赶上那个时期。／"눈축제"는 본적이 있습니다. 출장으로 북해도에 갔던 것이 우연히 그 시기였었습니다.）

□ ちゃんと	▶ 寝坊しないか心配でしたが、ちゃんと７時に起きました。
（properly, exactly／准时／제대로）	（I was worried that I would oversleep, but I got up exactly at 7 o'clock.／本来还担心会不会睡懒觉,7点准时起床了。／늦잠을 자지 않을까 걱정했습니다만, 제대로 7시에 일어났습니다.）

□ 直接 ちょくせつ	▶ 気になるんだったら、本人に直接聞いてみたら？
（directly／直接／직접）	（If you're concerned, why don't you ask him directly?／如果在意的话,你直接问本人好了。／신경이 쓰이면 본인에게 직접 물어보면 어때?）

□ ついに(遂に)	▶ これまで何度も失敗しましたが、ついに成功しました！
（finally, at last／终于／마침내）	（I failed many times before, but I succeeded at last!／此前失败过好几次,但终于成功了。／지금까지 몇번이나 실패했습니다만, 마침내 완성했습니다!）

□ 常に つね	▶ 子どもの写真は、常に財布の中に入れています。
（always／经常／항상）	（I always keep a photo of my children in my wallet.／孩子的照片经常放在钱包里。／아이의 사진은 항상 지갑 속에 넣고 있습니다.）

□ どうしても	▶ 映画はあと少しで終わりだったけど、どうしても我慢できなくて、トイレに行きました。
（by any means／无论如何也／아무리 해도）	（The movie was almost about to end, but I just couldn't hold on any longer, so I left to go to the toilet.／电影还差一点就结束了,但无论如何也忍不住了,就去了厕所。／영화는 조금 더하면 끝이지만, 아무리해도 참을 수 없어서 화장실에 갔습니다.）

□ とうとう	▶ 機械が苦手な母も、とうとう自分用のパソコンを買いました。
（finally／终于／마침내）	（My mother, who really doesn't like gadgets, finally bought a computer of her own.／就连不擅长用机械的妈妈也终于买了自己用的电脑。／기계를 잘못만지는 엄마도 마침내 개인용 컴퓨터를 샀습니다.）

□ どこか	▶ 今度の日曜、どこか行かない？
（somewhere／什么地方／어딘가）	（Shall we go somewhere next Sunday?／这个星期天要不要去什么地方？／이번 일요일, 어딘가 가지 않을래?）

□ とにかく	▶ できるかどうか、わからないけど、とにかくやってみます。
（anyhow, anyway／总之／어쨌든）	（I don't know if I can do it, but I'm going to try anyway.／虽然不知道能不能做到,总之先试着做。／할수 있을지 어떨지 모르겠지만, 어쨌든 해 보겠습니다.）

敬語 11

決まった言い方 12

動詞① 13

動詞②(~する) 14

名詞 15

形容詞 16

副詞 17

接続詞 18

ぎおん語ぎたい語 19

カタカナ語 20

□ **どんなに～ても** ▶ どんなに忙しくても、バイオリンの練習は毎日続けています。

(no matter how ~ ／不论多么～／아무리~해도)
(I keep practicing my violin everyday, no matter how busy I am. ／不论多么忙，每天都坚持练习小提琴。／아무리 바빠도 바이올린의 연습은 매일 계속하고 있습니다.)

□ **なかなか(～ない)** ▶ なかなか風邪が治らない。

(quite, slow／怎么也(不)／좀처럼)
(My cold isn't getting any better. ／感冒怎么也不好。／좀처럼 감기가 낫지 않는다.)

□ **なかなか** ▶ ここのピザはなかなかおいしかったね。

(quite, slow／很／좀처럼)
(The pizza here was pretty good, wasn't it? ／这里的皮萨很好吃。／여기의 피자는 상당히 맛이 있군.)

□ **非常に** ▶ 車の窓から手や顔を出すのは、非常に危険です。

(extremely／非常／대단히)
(Sticking your hand or head out of a car window is extremely dangerous. ／从车窗伸出手或脸是非常危险的。／차창에서 손이나 얼굴을 내미는 것은 대단히 위험합니다.)

□ **別に** ▶ 昨日はごめんね。 ── 別に気にしてないよ。

((not) particularly／并(不)／별로)
(Sorry about yesterday. --No offence taken. ／昨天对不起了。──我并没有在意。／어제는 미안. --별로 신경 쓰지 않아.)

▶ ごめん、今忙しい？ ── ううん、別に。どうしたの？

("Sorry, are you busy now?" "Nope, not particularly. What's up?"／"对不起,忙吗？""不,并不忙。怎么了？"／"미안, 지금 바빠?" "아니, 별로. 왜?")

□ **ほぼ** ▶ 準備はほぼ完了です。

(almost／大致／거의)
(Preparations are almost complete. ／准备大致结束。／준비는 거의 완료입니다.)

□ **まさに** ▶ その美しさは、まさに国の宝といえるものでした。

(truly, exactly／确实是／정말로)
(Beauty like that is truly a national treasure. ／那么美丽,确实堪称国宝。／그 아름다움은 정말로 나라의 보물이라고 말할 수 있는 것이었습니다.)

□ **ますます** ▶ この本を読んで、ますます興味を持ちました。

(more and more／越来越／점점)
(I got more and more interested as I read this book. ／读了这本书,越来越感兴趣了。／이 책을 읽고 점점 흥미를 느꼈습니다.)

□ **間もなく** ▶ 間もなく、試合開始です。

(shortly, soon／马上／곧)
(The game will start shortly. ／马上比赛就要开始。／곧 시합개시입니다.)

☐ **まるで** ▶ これ、お菓子でできてるの？　まるで本物みたい。

(as though／简直／마치)　(This is made of candy? It looks just like the real thing.／这是用点心做的？简直像真的一样。／이것, 과자로 되어 있니? 마치 진짜 같다.)

☐ **もう** ▷ もう一つ、もう少し、もうあと５センチ

(〜 more／再、还／또, 더〜)　(one more, a little more, another 5cm／再一个、再一点、还有5厘米／더 하나, 좀더, 5센티 더)

☐ **元々** ▶ 私は元々、大阪に住んでいました。

(originally／原本／원래)　(Originally, I lived in Osaka.／我原本住在大阪。／나는 원래, 오사카에 살고 있었습니다.)

☐ **わざと** ▶ 父と何かゲームをしたら父はいつもわざと負けて、お菓子を少しくれたんです。

(on purpose／故意／일부러)　(Whenever I played some game with my father, he would always lose on purpose and give me some candy.／和爸爸玩什么游戏的时候, 爸爸总是故意输, 然后给我些点心。／아버지와 무언가 게임을 하면 아버지는 항상 일부러 져서 과자를 조금 주었습니다.)

☐ **わざわざ** ▶ わざわざ会って話さなくてもいいんじゃない。メールで十分だと思う。

(specially, expressly／特意／일부러)　(You don't have to make a special effort to meet him to talk, right? An email exchange is sufficient.／不用特意见面谈也行吧。我觉得邮件就够了。／일부러 만나서 말하지 않아도 좋지 않아. 메일로 충분해.)

⑱ 接続詞
せつぞくし
（Conjunctions／接续词／접속사）

□ **あるいは**

(or／或者／혹은)

▶ 申込書を下記までお送りください。あるいは、直接、窓口にお出しください。
もうしこみしょ　か　き　　　　　　　　　ちょくせつ　まどぐち　だ
(Please send your application to the contact listed below, or drop it off at our office.／申请书请邮寄到下列地址。或者，直接交到窗口处。／신청서를 하기로 보내주세요. 혹은 직접 창구에 내세요.)

▶ メールあるいはファックスでお送りください。
(Please send it by e-mail or fax.／请用邮件或者传真发过来。／메일 혹은 팩스로 보내주세요.)

□ **さて**

(well／那么、然后／자)

▶ さて、次はどこに行こうか。
つぎ
(Well, where shall we go next?／下面去哪里呢？／자, 다음은 어디로 갈까.)

□ **したがって**

(therefore, so／因此、所以／따라서)

▶ Ａチームが合計で56点、Ｂチームが59点。従って、今回はＢチームの勝ちです。
ごうけい　てん　　　　　てん
したが　　　　こんかい　　　　　　か
(The total scores are 56 points for Team A, and 59 points for Team B, which means that Team B are the winners.／A组合计56分、B组是59分。因此，这次是B组的胜利。／A 팀이 합계로 56점, B 팀이 59점. 따라서 이번은 B 팀의 승리입니다.)

□ **そこで**

(so, with that／因此、所以／그래서)

▶ このイベントには外国の方もたくさん来ます。そこで、皆さんに協力をお願いしたいと思ったのです。
がいこく　かた
みな　　きょうりょく　ねが　　　　　おも
(This event attracts many foreigners, so I decided to ask for everyone's cooperation.／这次的活动有很多外国的朋友也会过来。因此，想请各位帮帮忙。／이 이벤트에는 외국 분도 많이 옵니다. 그래서 여러분에게 협력을 부탁하고 싶은 것입니다.)

□ **そして**

(and／并且／그리고)

▶ 日本に行ったら、浅草と秋葉原に行くつもりです。そして、ぜひ、富士山に登ってみたいと思っています。
にほん　い　　　あさくさ　あきはばら　い
ふじさん　のぼ
おも
(After I get to Japan, I plan to visit Asakusa and Akihabara. Also, I really would like to climb Mt. Fuji.／去日本的话，我打算去浅草和秋叶原。然后，我还想登一下富士山。／일본에 가면 아사쿠사와 아키하바라에 갈 생각입니다. 그리고 꼭 후지 산에 오르고 싶습니다.)

□ **その上**
うえ

(moreover, what's more／并且／그 위에 더)

▶ 食事をごちそうになって、その上、お土産までいただいたんです。
しょくじ　　　　　　　　　　うえ　　みやげ
(They not only treated me to dinner, but also gave me a gift to take home.／请我吃了饭，还送了我土特产。／식사를 대접받은 데다가 선물까지 받았습니다.)

敬語 11
決まった言い方 12
動詞① 13
動詞②（～する）14
名詞 15
形容詞 16
副詞 17
接続詞 18
ぎおん語・ぎたい語 19
カタカナ語 20

□ **それで**

(so, and then／因此／그래서)

▶ 休みがとれなくて、旅行には行けなくなりました。それで、近くの海に行くことにしたんです。

(I couldn't go on the trip I planned because I couldn't take off work. So, I decided to go to a nearby beach instead.／请不到假,不能去旅行了。因此,决定去附近的海边看看。／휴일을 잡지 못해 여행에는 갈 수 없어졌습니다. 그래서 근처의 바다에 가기로 했습니다.)

□ **だが**

(however／但是、可是／그렇지만)

▶ 薬の効果は実験ではっきり示された。だが、いくつかの問題も明らかになった。

(Experiments have demonstrated the effectiveness of the drug. However, they have also uncovered several problems.／实验清楚地显示了药用效果。但是,也发现了一些问题。／약의 효과는 실험으로 확실히 제시됐다. 하지만, 몇가지 문제도 분명해졌다.)

□ **だけど**

(however／但是、可是、然而／그렇지만)

▶ 確かにいろいろ機能があって便利だと思う。だけど、人には勧められないよ。ちょっと高すぎる。

(It certainly is convenient for all the features it has, but I can't recommend it to others. It's a little too expensive.／确实有很多功能很方便。但是,不能向别人推荐。有点太贵。／분명히 여러 기능이 있어 편리하다고 생각한다. 하지만, 다른 사람에게는 권할 수 없다. 조금 너무 비싸다.)

38
CD2

□ **ただし**

(however, provided that／但是、但／단)

▶ 時給は 1,000 円です。ただし、最初の 2 週間は 800 円です。

(The job pays ¥1,000 per hour. However, you start out at ¥800 for the first two weeks.／一个小时1000日元。但是,开始的两周是800日元。／시급은 1000엔입니다. 단, 처음 2주간은 800엔입니다.)

□ **だって**

(that's because, I'm telling you／因为／왜냐하면)

▶ 村田先生はあんまり好きじゃない。だって、怖いんだもん。

(I don't care much for Prof. Murata. I'm telling you, he can be really scary.／不太喜欢村田老师。因为他太凶了。／무라타 선생님은 그다지 좋아하지 않는다. 왜냐하면, 무섭거든.)

□ **つまり**

(in other words, that is／总之、也就是说／즉)

▶ まず経済的なサポート、つまり、お金が必要なのです。

(First, we have to have economic support, meaning that we need money.／首先是经济上的支援,总之需要钱。／우선 경제적인 서포트, 즉 돈이 필요한 것입니다.)

▶ …そうですか。つまり、協力は難しい、ということですね。

(I see. So you're saying that it would be hard for you to provide support.／…是吗。也就是说很难帮忙是吧。／…그렇습니까? 즉 협력은 어렵다는 것이군요.)

288

□ **ところが**	▶ 〈小説について〉私はずっと、その秘書が犯人だと思っていたんです。ところが、全然違っていたんです。
(however／但是／그런데)	(Talking about a novel) All along, I thought it was the secretary who was the culprit, but it turned out I was totally wrong.／〈关于小说〉我一直以为那个秘书就是犯人呢。可完全不是那样。／<소설에 대해>나는 쭉 그 비서가 범인이라고 생각했습니다. 전혀 달랐군요.)
□ **ところで**	▶ ところで、来週の土曜って、何か予定ある？
(by the way, incidentally／可是、有时、对了／그것은 그렇고)	(By the way, do you have any plans for Saturday next week?／对了,下周的星期六,有什么事情吗？／그런데 다음주 토요일에 무언가 예정이 있니?)
□ **また**	▶ また近いうちに会いましょう。
(again, also／还、又／또)	(Let's get together again sometime soon.／有时间我们再聚吧。／또 가까운 시일에 만납시다.)
	▶ 現在、この治療方法が最も効果的です。また、費用もそれほどかかりません。
	(At present, this is the most effective treatment. Also, it's not too expensive.／现在这种治疗方式是最有效果的。而且,也很省钱。／현재, 이 치료방법이 가장 효과적입니다. 또, 비용도 그다지 걸리지 않습니다.)
□ **もしかしたら**	▶ もしかしたら、来年、転勤になるかもしれない。
(maybe／或许、可能、说不定／혹시)	(There's a chance that I'll get transferred next year.／或许,明年会调工作。／혹시 내년에 전근 될지도 모르겠다.)
□ **もしかして**	▶ こんな格好で来ているのは、もしかして、私だけ？
(by any chance／或许、也许／혹)	(I wouldn't, by any chance, be the only one here who's dressed like this, would I?／穿这种衣服来的,不会是只有我吧？／이런 모습으로 온것은 혹시 나만?)
□ **もしも**	▶ もしも事実なら、絶対に許されないことです。
(if／假使、万一／혹시)	(If that's what really happened, then he'll never be forgiven.／万一是事实的话,那是绝对不允许的。／혹시 사실이라면 절대로 용서할 수 없는 일입니다.)

決まった言い方 12
動詞① 13
動詞②（〜する） 14
名詞 15
形容詞 16
副詞 17
接続詞 18
ぎおん語・ぎたい語 19
カタカナ語 20

⑲ ぎおん語・ぎたい語 (Mimetic expressions／拟声词・拟态词／의성어・의태어)

□ **いらいら(する)**

(impatient, irritated／焦急、烦躁、坐立不安状／초조해(하다))

▶〈バス停で〉 そんなにいらいらしないでよ。もうすぐ来るって。

((At a bus stop) Stop being so impatient. The bus will be here any minute.／〈在公共汽车站〉不要那么着急嘛。说了马上就来了。／<버스정류장에서> 그렇게 초조해하지 마라. 이제 곧 온다.)

□ **うっかり(する)**

(absentminded／稀里糊涂、不注意／깜박(잊다))

▶返事するのをうっかり忘れてた。

(I spaced out sending a reply.／不小心忘记回信了。／답장하는 것을 깜빡 잊었다.)

□ **からから**

(dry／极其干燥貌／바짝 마름)

▶暑くて、もう、のどがからから。

(It's so hot I'm parched.／太热了，喉咙干得起火。／더워서 이제 목이 바짝 말랐다.)

□ **ぎりぎり**

(barely／极限、毫无余地／빠듯함)

▶だめかと思ったけど、ぎりぎり間に合った。

(I thought I wouldn't make it, but I got there in the nick of time.／还以为不行了呢，最后关头赶上了。／안되는가 생각했지만, 빠듯하게 시간에 댔다.)

□ **ぐっすり**

(soundly／酣然、熟睡貌／푹)

▶昨日はぐっすり眠れましたか。

(Did you have a good night's sleep last night?／昨天睡好了吗？／어제는 푹 잠을 수 있었습니까?)

□ **じっくり**

(thoroughly, carefully／慢慢地、不慌不忙地／차분히)

▶まだ時間はありますから、じっくり考えてください。

(There's still time left, so think about it carefully.／还有时间，请仔细思考。／아직 시간은 있으니까 차분히 생각해 주세요.)

□ **じっと(する)**

(still, fixedly／静止、一动不动地、目不转睛地／가만히(있다))

▶あっ、ハチ！ 危ないから、じっとしてて。

(Oh, it's a bee! Keep still or you'll get a nasty sting.／啊、黄蜂！危险，别动。／어, 벌! 위험하니까 가만히 있어.)

▶さっきから何をじっと見てるの？

(What are you staring at?／刚才你在目不转睛地看什么呢？／아까부터 무엇을 가만히 보고 있니?)

□ **すっきり(する)**

(refreshing, clear／爽快、痛快／상쾌해(지다))

▶汗をかいて気持ち悪かったけど、シャワーを浴びたらすっきりした。

(I felt gross from sweating so much, but I felt refreshed after taking a shower.／出了好多汗，很不舒服。但是洗了澡后，就清爽了。／땀을 흘려 기분이 나빴지만, 샤워하고 개운해졌다.)

敬語 11

決まった言い方 12

動詞① 13

動詞②(〜する) 14

名詞 15

形容詞 16

副詞 17

接続詞 18

ぎおん語・ぎたい語 19

カタカナ語 20

□ **すらすら**

▶ 日本の新聞がすらすら読めるようになりたいです。

(easily, smoothly／流暢、流利、順利／술술)

(I want to become able to read Japanese newspapers without effort.／真想能流利地读日语的报纸。／일본 신문을 술술 읽을 수 있게 되고 싶다.)

□ **そっくり(な)**

▶ あの親子はほんとにそっくりですね。

(splitting image／一模一样、酷似／똑 닮은)

(That mother and her daughter are splitting images of each other.／那对母子真是长得一模一样啊。／저 부모와 자식은 거의 똑 닮았군요.)

□ **そっと(する)**

▶ 子どもたちを起こさないように、そっと家を出ました。

(quietly, softly／悄悄地、偷偷地／살짝(하다))

(I left home quietly, so as not to wake the kids.／为了不叫醒孩子们，悄悄地离开了家。／아이들을 깨지 않도록 살짝 집을 나왔습니다.)

□ **どきどき(する)**

▶ 合格発表を見に行った時はすごくどきどきしました。

(nervous／心扑通扑通跳／두근두근(하다))

(My heart was racing when I went to see the test results.／去看成绩榜时，心扑通扑通直跳。／합격발표를 보러 갔을 때는 무척 두근거렸습니다.)

□ **どきっと(する)**

▶ 急に名前を呼ばれたから、どきっとした。

(startled／吓一跳的样子／덜컥(하다))

(I was startled because my name was called suddenly.／突然被叫到名字，心里咯噔了一下。／갑자기 이름을 불러서 덜컥했다.)

40 CD2

□ **にこにこ(する)**

▶ 山田先生は優しい先生で、いつもにこにこしていました。

(smiling, beaming／笑眯眯地／싱글벙글(하다))

(Mr. Yamada was a kind teacher who always had a smile on his face.／山田老师是个很亲切的老师，总是面带微笑。／야마다 선생님은 상냥한 선생님이어서 항상 싱글벙글했습니다.)

□ **にっこり(する)**

▶ 写真を撮りますから、皆さん、にっこり笑ってください。

(smiling, grinning／微笑、莞尔一笑／방긋(하다))

(I'm going to take your picture now, so please smile, everyone.／我照了，大家笑一下。／사진을 찍을 테니까 여러분 방긋 웃어 주세요.)

□ **のんびり(する)**

▶ たまには温泉でのんびりしたいです。

(leisurely, carefree／舒服服、无忧无虑、自由自在／느긋이(하다))

(I'd like to relax at a hot spring now and then.／时不时地也想在温泉里舒服服一下。／가끔 온천에서 느긋이 있고 싶다.)

□ **ばらばら(な)**

▶ チームが一つにならないと勝てないのに、今はばらばらです。

(disjointed, separate／零散、零乱、散乱／따로따로인)

(The team can't win if they don't come together as one, but they don't have any cohesion now.／球队不是一体的话，就不能取得胜利的。现在就是一盘散沙。／팀이 하나가 되지 않으면 이길 수 없는데 지금은 따로따로입니다.)

☐ **ぴかぴか(する)** (sparkling／闪闪、光亮／ 반짝반짝하다)	▶ 掃除したばかりだから、窓がぴかぴかです。 _{そうじ} _{まど} (I just finished cleaning, so the windows are sparkling clean.／刚刚才打扫完 卫生,窗户很亮堂。／청소를 한지 얼마 되지 않아 창이 번쩍번쩍합니다.)
☐ **びしょびしょ** (soaked／湿透、湿淋淋／ 흠뻑)	▶ どうしたの? ズボンがびしょびしょに濡れてるよ。 _ぬ (What happened? You're pants are soaked.／怎么了? 你裤子都湿透了。／ 어떻게 됐니? 바지가 흠뻑 젖었어.)
☐ **ぴったり** (tight, exactly／紧密地。紧 挨分不开状。准确无误、 完全一致。／딱)	▶ このシール、ぴったりくっついて、うまく取れな い。 _と (This sticker is stuck tight, so I can't get it off.／这个贴签,贴得太紧了,取不 下来。／이 실, 딱 붙어서 잘 떨어지지 않다.) ▶ 受付が始まる10時ぴったりに電話をかけました。 _{うけつけ} _{はじ} _じ _{でんわ} (I called at 10 sharp, right when they started taking applications.／正好赶在受 理开始的十点钟打了电话。／접수가 시작되는 10시에 딱 전화를 걸었 습니다.)
☐ **ふらふら(する)** (staggering, aimlessly／摇 晃、蹒跚、软弱无力／비 틀비틀(하다))	▶ あの人、大丈夫かなあ。ふらふらして、倒れそう。 _{ひと} _{だいじょうぶ} _{たお} (I wonder if that guy is all right. The way he's staggering, he looks like he could fall over.／他没事儿吧? 摇摇晃晃的,像要倒的样子。／저 사람, 괜찮 을까. 비틀거려 쓰러질 것 같아.) ▶ 林さんは暇そうで、昨日もふらふらここにやっ て来ました。 _{はやし} _{ひま} _{きのう} _き (Hayashi seems to have too much time on his hands. He came wandering over here again yesterday.／看来小林像有时间的样子,昨天也摇晃晃地过 来了。／하야시 씨는 한가로운 것 같아 어제도 어정어정 여기에 왔습 니다.)
☐ **ぺらぺら** (fluent／流利、流畅／술 술)	▶ 彼女はアメリカ育ちだから、英語がぺらぺらです。 _{かのじょ} _{そだ} _{えいご} (She grew up in the US, so she's fluent in English.／她是美国长大的,英语 很流利。／그녀는 미국에서 자라서 영어를 술술 말합니다.)
☐ **わくわく(する)** (excited／〈高兴得〉心扑 通扑通／두근두근(하 다))	▶ カルロスの演奏を生で聴けると思うと、わくわく するね。 _{えんそう} _{なま} _き _{おも} (It's exciting to think that I'm going to get to hear Carlos perform live.／一想到 能现场听到卡洛斯的演奏,心里面就高兴得扑通扑通直跳。／카를로 스의 연주를 생으로 들을 수 있다고 생각하니, 두근두근 거린다.)

⑳ カタカナ語 (Katakana words／外来语／카타카나 어)

□ **アイデア** ▷ アイデアが浮かぶ

(idea／主意／아이디어)   (to get an idea／想出主意／아이디어가 떠오르다)

□ **アップ(する)** ▶ 1年経ったので、時給が50円アップした。

(to increase／提高／업   (It's been a year, so I got a ¥50 raise in my hourly wage.／因为过了一年了，
(하다))   小时工资提高了50日元。／1년 지났기 때문에 시급이 50엔 업되었다.)

□ **アドバイス(する)** ▶ 何かいいアドバイスをしてもらえませんか。

(to give advice／建议／   (Could you give me some good advice?／能否给我什么好的建议呢。／무
어드바이스(하다))   언가 좋은 어드바이스를 해 주시지 않겠습니까.)

□ **アナウンス(する)** ▶ 駅のアナウンス、聞いた？ 電車が遅れるって。

(to announce／广播／아   (Did you hear the station announcement? It said the train's going to be late.／听
나운스(하다))   到车站广播了吗？说电车会晚点。／역의 어나운스, 들었니? 전차가 늦
   는대.)

□ **アマチュア／アマ** (amateur／业余爱好者／아마추어/아마)

□ **イメージ(する)** ▶ 「日本」と聞いて、どんなイメージが浮かびますか。

(image／印象／이미지   (What sort of image comes to mind when you hear the word "Japan"?／听到
(하다))   "日本"，会浮现出怎样的印象呢？／"일본"이라고 들어 어떤 이미지가
   떠오릅니까.)

□ **イヤホン(する)** (earphones／耳机／이어폰)

□ **インタビュー(する)** ▶ 〈テレビ〉これから選手へのインタビューが行われます。

(to interview／采访／인   (<TV> Up next is an interview with the athlete.／(电视)接下来对选手进行
터뷰(하다))   采访。／<텔레비전>앞으로 선수에의 인터뷰가 있었습니다.)

□ **ウェブ／ウエブ** ▷ ウェブサイト

(Web／万维／웹)   (website／网页／웹사이트)

□ **エアメール** (airmail／航空邮件／에어 메일)

□ **エネルギー** ▷ 太陽エネルギー

(energy／能量／에너지)   (solar energy／太阳能／태양에너지)

敬語 11
決まった言い方 12
動詞① 13
動詞②(〜する) 14
名詞 15
形容詞 16
副詞 17
接続詞 18
ぎおん語・ぎたい語 19
カタカナ語 20

□ オーバー	▷ 予算をオーバーする、オーバーに話す	
(to go over／超出、夸张／オーバー)	(to go over budget, to talk exaggeratedly／超出预算、夸张地说／예산을 오버하다, 오버하여 말하다.)	
□ オープン(する)	▷ 新しいお店は３月にオープンします。	
(to open／开张／오픈(하다))	(The new shop will open in March.／新店要在3月份开张。／새 가게는 3월에 오픈합니다.)	
□ ガイド(する)	▷ ガイドの人に聞いてみましょう。	
(to guide／导游／가이드(하다))	(Let's ask the guide.／问问导游吧。／가이드에게 물어봅시다.)	
□ カウンター	▷ カウンター席	
(counter, bar／柜台、服务台／카운터)	(seat at the counter/bar／柜台、服务台／카운터 석)	
□ カジュアル(な)	▷ カジュアルな格好でかまいません。	
(casual／简便／캐주얼(한))	(Casual dress is fine.／休闲打扮也没关系。／캐주얼한 모습으로 상관없습니다.)	
□ カット(する)	▷ 給料がちょっとカットされるかもしれない。	
(to cut／剪／커트(하다))	(My salary might be cut.／工资也许会削减一点。／월급이 조금 커트 될지도 모른다.)	
□ カップル	(couple／情侣／커플)	
□ キス(する)	(to kiss／亲吻／키스(하다))	
□ キャッシュカード	(cashcard／现金卡／현금카드)	
□ クイズ	▷ じゃ、私が一つクイズを出します。	
(quiz／猜谜／퀴즈)	(OK, I'm going to give you a quiz.／那, 我也出一个谜题。／자, 내가 하나 퀴즈를 내겠습니다.)	
□ クリップ	▷ クリップでとめる	
((paper) clip／夹子／클립)	(to clip together／用夹子固定／클립으로 고정하다)	
□ ケーブル	▷ パソコンのケーブル	
(cable／缆绳／케이블)	(computer cable／笔记本电脑的电线／컴퓨터의 케이블)	
□ コース	▷ 初級コース、散歩のコース、〈食事〉コースで頼む	
(course, route, set／课程、路线、套餐／코스)	(beginner's course, walking route, to order a set meal／初级课程、散步路线、点套餐。／초급 코스, 산책코스, 코스로 부탁하다)	

敬語 11

決まった言い方 12

動詞① 13

動詞②（〜する） 14

名詞 15

形容詞 16

副詞 17

接続詞 18

ぎおん語・ぎたい語 19

カタカナ語 20

□ ココア　　　▷ ホットココア

(cocoa／可可／코코아)　(hot cocoa／热可可／핫코코아)

□ サンプル　　(sample／样品／샘플／견본)

□ シール　　　▷ シールを貼る / はがす

(sticker／贴签／실)　(to paste/peel off a sticker／贴上贴签、揭下贴签／실을 바르다/떼다)

□ ジャケット　(jacket／茄克衫／재킷)

□ シャンプー　(shampoo／香波／샴푸)

□ スケジュール ▷ スケジュールを立てる

(schedule／日程表／스케줄)　(to make a schedule／制定日程表／스케줄을 세우다)

□ スタート(する)　(to start／开始／스타트 (하다))

□ スタイル　　▷ スタイルがいい、ヘアスタイル

(style／姿势、款式／스타일)　(to have good style, hairstyle／风度好、发型　／스타일이 좋다, 헤어스타일)

□ ストップ(する) ▷ 運転をストップする、電車がストップする

(to stop／停止／멈추다)　(to stop operation, train stopping／停止驾驶、电车停下／운전을 멈추다, 전차가 멈추다)

□ スニーカー　(sneakers／旅游鞋／운동화)

□ スピード　　▷ スピードを上げる / 落とす、スピードを出す、スピードが出る

(speed／速度／스피드)　(to increase/decrease speed, to gather speed, to go fast／提高（降低）速度、加速、速度快／스피드를 올리다/떨어뜨리다, 스피드를 내다 스피드가 나오다)

□ セット(する)　▷ 目覚まし時計をセットする、髪をセットする

(to set／设定／세트(하다))　to set an alarm clock, to set one's hair／定闹钟、做发型／자명 시계를 세트 하다, 머리를 세트 하다

　　　　　　　▷ セットメニュー

(set menu／套餐／세트메뉴)

☐ **セルフサービス** ▶ ここはセルフサービスだから、注文しに行かないと。

(self service／自助／셀フサービス)

(This place is self-service, so you have to go and place your order.／这里是自助,必须过去点菜。／여기에서는 셀프서비스이니까 주문하러 가지 않으면 안 돼.)

☐ **センス** ▷ センスがいい、ユーモアのセンス

(taste／灵感、常识／센스)

(good taste, sense of humor／有感觉,幽默感／센스가 좋다, 유머의 센스)

☐ **ソフトクリーム** (soft-serve ice cream／软冰糕／소프트크림)

☐ **ダウン(する)** ▶ 前の月よりも売上がダウンした。

(to fall, decrease／下降／다운(하다))

(Sales were down compared to the previous month.／营业额和上月相比下降了。／지난달보다 매상이 다운되었다)

☐ **チキン** (chicken／鸡肉／키틴)

☐ **チャージ(する)** (to charge, top up, refil／充电／충전(하다))

☐ **チャイム** (chime／门铃／차임)

☐ **チャレンジ(する)** ▶ もう一回チャレンジしたら?

(to challenge／挑战／챌린지(하다))

(Why don't you give it another try?／再挑战一次吧?／다시 한번 챌린지 하면 어때?)

☐ **チャンネル** ▶ その番組は何チャンネル?

(channel／频道／채널)

(What channel is that show on?／那节目是哪个频道?／그 프로그램은 몇 채널?)

☐ **チョーク** (choke, chalk／粉笔／초크)

☐ **ツナ** (tuna／绳索／참치)

☐ **ティー** ▷ アイスティー

(tea／茶／티)

(iced tea／冰茶／아이스티)

☐ **テイクアウト(する)** ▶ ここで食べる? それとも、テイクアウトする?

(takeout／外卖／테이크 아웃(하다))

(Shall we eat here? Or get takeout?／在这吃? 还是拿回去吃?／여기에서 먹을래? 그렇지 않으면 테이크 아웃 할래?)

敬語 [11]

決まった言い方 [12]

動詞① [13]

動詞②(〜する) [14]

名詞 [15]

形容詞 [16]

副詞 [17]

接続詞 [18]

ぎおん語・ぎたい語 [19]

カタカナ語 [20]

☐	ディナー	▶ ランチは安いけど、ディナーになると、やっぱり高いね。
	(dinner／晩餐／디너)	(Lunch is cheap, but it gets expensive at dinner.／午餐便宜，但如果是晚餐还是很贵。／런치는 싸지만 디너가 되면 역시 비싸다.)
☐	テーマ	▶ 論文のテーマ
	(theme, subject／題目／테마)	(subject of a thesis／论文题目／논문 테마)
☐	デザイン(する)	▷ デザイナー
	(design／设计／디자인(하다))	(designer／设计师／디자이너)
☐	トースト	(toast／烤面包片／토스트)
☐	トップ	▷ トップになる、トップクラス
	(top／第一位、顶头／톱)	(to climb to the top, top-class／成为第一名、尖端层次／톱이 되다, 톱클래스)
☐	ノック(する)	(to knock／敲门／노크(하다))
☐	パート	▷ 男性が歌うパート、パートで働く
	(part, part-time／部分、零工／파트)	(the part that the man sings, to work part-time／男性唱的部分(部分的意思)、做零工(零工的工作)／남성이 부르는 파트, 아르바이트로 일하다)
☐	バーベキュー	(barbecue／野外烧烤／바비큐)
☐	ハイヒール	(high heels／高跟鞋／하이힐)
☐	パス(する)	▷ パスの練習、飲み会をパスする
	(to pass／传球、不去〜／패스(하다))	(passing drills, to pass up a drinking party／练习传球、不去参加酒会／패스 연습, 술자리를 패스하다)
☐	バスケットボール	(basketball／篮球／농구)
☐	バランス	▷ バランスがいい、バランスをとる
	(balance／平衡／밸런스)	(well-balanced, to strike a balance／平衡好、取得平衡／밸런스가 좋다, 밸런스를 잡다)
☐	ヒーター	(heater／暖气设备／히터)
☐	ビーフ	(beef／牛肉／소고기)

□ ビザ	▷ ビザを取る
(visa／签证／비자)	(to get a visa／获取签证／비자를 받다)

□ ビスケット	(biscuit／饼干／비스킷)

□ ピン	▷ ピンでとめる、ヘアピン
(pin／别针／핀)	(to fasten with a pin／用别针固定／핀으로 고정하다)

□ ブーツ	(boots／鞋／부추)

□ ブザー	(buzzer／蜂鸣器、警报器／부저)

□ プライド	▶ こんなことをして！　プライドはないのか、と言いたい。
(pride／自尊／プライド)	(I want to say, "have you no pride, doing something like this?"／干这种事！我想说的是难道没有自尊吗。／이런 일을 하다니! 프라이드는 없는가 말하고 싶다.)
	▷ プライドが高い
	(a lot of pride／自尊心强／프라이드가 높다)

□ プラス(する)	▶ これにあと 10 個プラスしてください。
(to add／加上／플러스(하다))	(Please add 10 more to these.／除了这个，再加上10个。／이것에 더 10개를 플러스해 주세요.)

□ ブランド	▷ ブランド品
(brand／名牌／브랜드)	(branded goods／名牌商品／브랜드 품)

□ プログラム	▶ その曲も今回のプログラムに入ってますよ。2 番目の曲です。
(program／节目单、程序／프로그램)	(That song is also on today's program. It's the second piece.／那首曲子也在这次的节目单内。是第二首曲子。／그 곡도 이번 프로그램에 들어 있습니다. 2번 째의 곡입니다.)
	▷ コンピューターのプログラム
	(computer program／电脑程序／컴퓨터 프로그램)

□ ヘアー／ヘア	(hair／头发／헤어)

□ ベスト(な)	▶ 富士山の写真を撮るなら、この場所がベストですよ。
(best／最好／베스트(한))	(If you want to take a photo of Mount Fuji, this is the best place.／要是拍富士山的照片，这个地方最好。／후지 산의 사진을 찍는다면, 이 장소가 베스트입니다.)

□ ヘッドホン　　　(headphones／耳机／헤드폰)

□ ポイント　　　▷ ポイントを説明する、10ポイント加える

(point／要点、分数／포인트)　(to explain a point, to add 10 points／说明要点、加上10分／포인트를 설명하다. 10포인트 더하다)

□ ポーク　　　(pork／猪肉／포크)

□ ホームステイ　　　(homestay／借宿在国外居民家中／홈스테이(하다))

□ ボランティア　▷ ボランティアで通訳をする

(volunteer／志愿者／볼런티어)　(to volunteer as an interpreter／作为志愿者当翻译。／볼런티어로 통역하다)

□ ボリューム　　▶ すみません、ちょっとボリュームを下げてもらえませんか。

(volume (sound)／音量／볼륨)　(Excuse me, could you turn the volume down a bit please?／不好意思,能把音量调小一些吗?／미안합니다, 조금 볼륨을 낮추어 주시지 않겠습니까?)

□ ボリューム　　▶ ここのパスタはボリュームがありますね。全部食べられないかもしれない。

(volume (amount)／分量／볼륨)　The pasta here comes in big portions. I might not be able to finish all of it.／这里的意大利量大,也许全吃不完。／여기의 파스타는 볼륨이 있군요. 전혀 먹을수 없을지도 모른다.))

□ マーカー　　　(marker(pen)／记分员／마커)

□ マップ　　　(map／地图／지도)

□ マニュアル　　▶ わからなかったら、マニュアル見て、自分で調べて。

(manual／手册／매뉴얼)　(If there's anything you don't understand, look at the manual and find the answer yourself.／如果不明白,看着手册自己查吧。／모르면 매뉴얼을 보고 자기가 조사해라.)

□ ミス(する)　　▶ ミスをしないよう、気をつけてください。

(to make a mistake／出错／미스(하다))　(Please be careful not to make any mistakes.／请注意不要出错。／미스를 하지 않도록 주의해 주세요.)

□ ミネラルウォーター　　　(mineral water／矿泉水／미네랄워터)

□ メイク(する)　▶ 朝はメイクにどれくらい時間をかけていますか。

(to put on makeup／化妆／화장(하다))　(How much time do you spend in the morning putting on your makeup?／早晨用多少时间化妆呢?／아침은 화장에 어느 정도 시간을 씁니까?)

□ **メッセージ** ▷ メッセージを残す

（message ／口信、消息 　（to leave a message／留下口信／메시지를 남기다）
／메시지）

□ **ユーモア** ▶ ユーモアのある人が好きです。

（humor／幽默／유모어） 　（I like people with a sense of humor.／喜欢幽默的人。／유머가 있는 사람
이 좋습니다.）

□ **ヨーグルト** 　（yoghurt／酸奶／요구르트）

□ **ラベル** 　（label／贴纸、商标等的小标签／라벨）

□ **リサイクル(する)** ▷ ごみのリサイクル

（to recycle／再利用／리 　（recycling trash／垃圾再利用／쓰레기 리사이클）
サイクル(する)）

□ **リスト** ▶ これが、この近くの病院のリストです。

（list／一览表／리스트） 　（This is a list of nearby hospitals.／这是这附近医院的一览表。／이것이
이 근처 병원의 리스트입니다.）

□ **リュック/リュックサック** 　（rucksack, backpack／帆布背包／배낭）

□ **リラックス(する)** ▶ 親がいると安心なんですね。子どもたちはみん
な、リラックスしているみたいです。

（to relax／放松／릴렉스 　（You feel safe and secure if your parents are around. All the children seem to be
(する)） relaxed.／父母在就踏实了。孩子们好像都很放松。／부모가 있으면 안
심이군요. 아이들은 모두 릴렉스하는 것 같습니다.）

□ **レッスン(する)** ▷ レッスンを受ける

（lesson／功课／렛슨） 　（to take lessons／听课／레슨을 받다）

さくいん (Index／索引／색인)

●著者

倉品さやか（くらしな さやか）

筑波大学日本語・日本文化学類卒業、広島大学大学院日本語教育学修士課程修了。
スロベニア・リュブリャーア大学、福山 YMCA 国際ビジネス専門学校、仙台イ
ングリッシュセンターで日本語講師を務めた後、現在は国際大学言語教育研究
センター講師。

レイアウト・DTP	ポイントライン／朝日メディアインターナショナル／草の実工房すずき印刷
カバーデザイン	滝デザイン事務所
イラスト	白須道子
翻訳	Jon McGovern／Darryl Jingwen Wee／Jenine Heaton／王雪／李炜／張志剛／崔明淑／宋貴淑
編集協力	高橋尚子

日本語単語スピードマスター　STANDARD2400

平成23年（2011年）　2月10日　　初版第1刷発行
平成31年（2019年）　4月10日　　　　第6刷発行

著　者　倉品さやか
発行人　福田富与
発行所　有限会社　Jリサーチ出版
　　　　〒166-0002 東京都杉並区高円寺北 2-29-14-705
　　　　電話 03(6808)8801(代)　FAX 03(5364)5310
　　　　編集部 03(6808)8806
　　　　http://www.jresearch.co.jp
印刷所　株式会社シナノ パブリッシング プレス